新时代
国企改革策

李 锦 ◎ 著

·北京·

图书在版编目（CIP）数据

新时代国企改革策 / 李锦著.
北京：中国经济出版社，2017.11
ISBN 978-7-5136-4922-3

Ⅰ.①新… Ⅱ.①李… Ⅲ.①国企改革—研究—中国 Ⅳ.①F279.21

中国版本图书馆 CIP 数据核字（2017）第 257602 号

选题策划	伏建全
责任编辑	赵立颖
责任印制	马小宾
封面设计	任燕飞设计工作室

出版发行	中国经济出版社
印 刷 者	北京柏力行彩印有限公司
经 销 者	各地新华书店
开　　本	710mm×1000mm　1/16
印　　张	17.75
字　　数	248 千字
版　　次	2017 年 11 月第 1 版
印　　次	2017 年 11 月第 1 次
定　　价	58.00 元

广告经营许可证　京西工商广字第 8179 号

中国经济出版社 网址 www.economyph.com 社址 北京市西城区百万庄北街 3 号 邮编 100037
本版图书如存在印装质量问题，请与本社发行中心联系调换（联系电话：010 - 68330607）

版权所有　盗版必究（举报电话：010 - 68355416　010 - 68319282）
国家版权局反盗版举报中心（举报电话：12390）　　服务热线：010 - 88386794

序　言

新时代国有企业的地位与使命

习近平总书记站在新的历史时空上，提出中国进入新时代的重大论断。十九大报告高屋建瓴、气势恢宏、开拓创新、内涵丰富，是一篇闪耀着马克思主义真理光芒的纲领性文献，是我们党迈进新时代、开启新征程、续写新篇章的政治宣言和行动指南。十九大报告提出新时代、新思想、新矛盾、新征程一系列论述，对国企改革与发展必然带来巨大的影响并引起深刻的变化。"新时代"成为中国特色社会主义踏上新征程最响亮的"集结号"和"冲锋号"。在新的历史方位下，国有企业要做承担新历史使命的主力军，解决"不平衡""不充分"新矛盾的突击队，实践习近平治企新思想的主阵地，"做强做优做大"新征程的领跑者，国资国企改革的推进者。

新时代：国有企业是承担新历史使命的主力军

党的十九大报告指出："中国特色社会主义进入了新时代，这是我国发展新的历史方位"。这个新时代，是决胜全面建成小康社会、全面建设社会主义现代化强国的时代，是奋力实现中华民族伟大复兴中国梦的时代，是我国日益走近世界舞台中央、不断为人类做出更大贡献的时代。

在党的十九大上，习近平同志宣布中国特色社会主义进入了新的时代，这标志着我们从"新时期中国特色社会主义"进入了"新时代中国特色社会主义"。从"新时期"走向"新时代"，这是中国特色社会主义事业的一个巨大的历史跨越。新时代的判断是站在中华民族5000年、社会主义500年、中国现代170年历史的背景上作出的，其核心是现代化强国、民族复兴。现代化强国是对世界这个空间来说的，民族复兴是对中华民族五千年的历史时间来说的，这是数百年未有之大变局。我们这个"新时代"，不像毛泽东建立新中国和邓小平改革开放那样有具体的时间，呈现明显的质变特征，这是在一个漫长时期依靠规模发展起来的量变具有质变的性质。中国沿续40年的规模变化本身已经有了质的变化，对中国与世界秩序都带来根本性的变化与挑战。目前，世界政治经济格局深度调整，创新成为重塑世界经济结构和竞争格局的关键；中国成为世界第二大经济体，前所未有地走近世界舞台的中央，与此同时，我国经济发展进入新常态，处于转方式调结构的紧要关头，进入了中华民族复兴的关键时期。

国企强，则国家强。中国国有企业是中国特色社会主义的支柱，是推进中国进入这个历史新时代的强大推动力。国企要走什么样的强盛之路？我们要建设什么样的国企？国企要实现什么样的发展？要达到什么样的目标？国企要在中华民族复兴中做出什么样的贡献？同时，又要适应这个新时代，改革和改造自己。这是摆在国企面前的新问题，需要及时做出回答。

如今中国经济逐步呈现新时代蓄势待发的新气象。尽管新时代国企改革思路仍需探索，然而新时代的拐点已经到了，我们已身处其中。可以确信的是，中国国有企业是承担新时代历史使命的主力军。这个主力军，中国国企当仁不让。

党的十九大报告对于国企改革发展的论述，集中前五年探索的成果与智慧，高屋建瓴，站在新的历史时空上，总揽全局，面向未来，举旗定向，把握重点，对国企改革的时代使命与责任做出明确表述。国有企业应当根据新时代的要求，学习好、落实好党中央对国企改革发展新的部署。

新矛盾：国有企业是解决"不平衡""不充分"的突击队

党的十九大报告指出，在这个新时代，我国社会主要矛盾发生了重大变化，由过去长期存在的"人民日益增长的物质文化需要同落后的社会生产之间的矛盾"转化为"人民日益增长的美好生活需要和不平衡不充分的发展之间的矛盾"。这一重要论述，既充分肯定了改革开放以来我国所取得的巨大成就，也为全党、全国人民和国有企业指明了未来前进方向与任务。那么，我国社会主要矛盾已经转化为需要与发展之间"不平衡""不充分"的矛盾，国企在化解这个矛盾中应该起什么作用？我国社会主要矛盾首要起决定作用的仍然是发展的矛盾，是经济矛盾。不平衡，包括区域、城乡、经济结构、供给消费、投入产出、收入分配等一系列发展"不平衡"；"不充分"包括新制度、新产能、新动力和各种市场要素发挥的"不充分"。特别是国有企业自身活力没有充分发挥的问题，也在这个"不充分"范围。过去，生产力落后与生活资料的极端匮乏在初级阶段的前一时期得到根本转变，现在，我国虽然经济总量居世界第二位，世界500强企业数量也居世界第二，但发展质量和效率还不高，产能过剩就是一种典型供给结构的"不平衡"，创新能力不够强就是一种典型的"不充分"。新的矛盾，给国企改革与发展提出新任务，在解决"不平衡""不充分"矛盾中，国有企业应当发挥突击队和生力军作用。我们总结与回顾以往五年国企改革发展历程，就会发现，这几年所做的工作便是解决"不平衡""不充分"矛盾的努力，供给侧结构改革便是一场声势浩大的平衡运动。"三去一降一补"，都是做的平衡工作。用这个思路回顾总结以往工作，可能有新的感受与结论。在今后五年，要出台更多重大举措，国企改革也会出台新的政策，国有企业要做出更大努力，满足人民更多层次、更高水平的需求，解决好发展"不平衡""不充分"的问题。

新思想：国有企业是实践习近平治企思想的主阵地

党的十九大报告指出：全党要深刻领会新时代中国特色社会主义思想

的精神实质和丰富内涵，在各项工作中全面准确贯彻落实。在建设中国特色社会主义伟大征程中，特别是十八大以来，我们党进行艰辛理论探索，取得重大理论创新成果，形成了新时代中国特色社会主义思想。习近平新时代中国特色社会主义思想，明确坚持和发展中国特色社会主义，总任务是实现社会主义现代化和中华民族伟大复兴，在全面建成小康社会的基础上，分两步走，在本世纪中叶建成富强民主文明和谐美丽的社会主义现代化强国，并且提出对国有企业改革发展的一系列重要论述。前五年的"极不平凡"，包括我们党在具有新的历史特点的伟大斗争中，形成了坚强的思想引领过程。前五年，习近平对于国有企业改革发展与党的建设先后八次发表重要讲话，包括国有企业是中国特色社会主义事业的重要物质基础与经济基础；提出建设中国特色现代国有企业的任务；明确党在新时代国有企业发展目标是"做强做优做大"；强调"把混合所有制作为国企改革重要突破口"的思路；提出"企业是创新主体"的论断；提出国有企业在供给侧结构性改革中发挥带动作用的要求；明确中国共产党领导是中国特色社会主义国有企业本质特征和最大优势，提出新时代党的国企领导干部的标准与要求；突出政治治理在国企改革中的重要地位。十九大报告，对于国资国企改革发展的时代背景、方向、原则、使命任务、目标、途径、要求，做出表述，对于国资监管、混改、重组、国际化与供给侧改革，讲得清楚，说得到位，也澄清了是非，统一了思想，有很强的时代感。习近平的国企治理论述是治国理政新理念新思想新战略的重要组成部分，为我们深入推进国企国资改革发展各项工作指明了方向，提供了根本遵循。

我国发展站到了新的历史起点上，中国特色社会主义进入了新时代。习近平新时代中国特色社会主义思想包括的国有企业治理思想，是马克思主义中国化的最新成果，是中国特色社会主义理论体系的重要组成部分。国有企业在学习习近平新时代中国特色社会主义思想中，要积极投入、认真领悟，做践行习近平治企思想的主阵地，把发展作为解决我国一切问题的基础和关键，贯彻新发展理念，深化供给侧结构性改革，不断推进改革开放，用党的创新理论武装头脑、指导国有企业实践，开创新时代中国特色社会主义伟大事业新局面。

新征程：国有企业是"做强做优做大"的践行者

习近平总书记在十九大报告中提出，中国特色社会主义进入新时代，意味着近代以来久经磨难的中华民族迎来了从站起来、富起来到强起来的伟大飞跃，迎来了实现中华民族伟大复兴的光明前景。报告用3个"意味着"阐述了"新时代"的意义。并且指出，一是从现在起到2020年，是全面建成小康社会决胜期。二是从2020年到2035年，基本实现社会主义现代化。三是从2035年到本世纪中叶，把我国建成富强民主文明和谐美丽的社会主义现代化强国。在这个征程中，习近平总书记提出，要"促进国有资产保值增值，推动国有资本做强做优做大"，阐明了国企改革发展的目的和目标，我们应该正确理解这一目标的意义。

改革开放以来，"做大做强做优"是学者们讨论比较多、争论比较大的焦点问题。"做大"，中间也曾经停了一段。现在"做强做优做大"的看法，来源于习近平总书记在2015年7月对吉林考察的讲话。紧接着，2016年7月4日的批示内容是：必须理直气壮"做强做优做大"。现在十九大报告，再次重申这一目标，从新时代建设现代化国家、民族复兴这一背景考虑，我们能更好理解总书记提出这一号召的意义。

从十九大报告中，我们过去习惯所说的"新社会"是"站起来"的背景与基础，"新时期"是中国逐步"富起来"的过程，而"新时代"则是中国"强起来"的新征程。"富强"是联在一起的，但"富"是"强"的基础，"强"是"富"的提升。如果说"新时期"是以贫穷为起点，是从贫穷走向富裕的过程，那么"新时代"则是高起点的，它站在"新时期"历史成就基础上，从富裕走向强大，实现真正的"富强"。从国有企业的"做强做优做大"目标来讲，大是"强"的基础，"强"是大的结果，而"优"是"强"的提升，也是"大""强"的结果。

从总的方面看，把国有企业"做强做优做大"可以从四个方面理解。首先，搞好国有企业，是我国保持社会主义性质的根本保证。生产资料公有制（国有经济是其主要形式）是社会主义的经济基础。第二，搞好国有经济，是巩固和增强共产党执政地位的保证。第三，搞好国有企业，才能逐步实现共同富裕。共同富裕是人类的理想，也是社会主义的本质。第四，搞好国有企业，有利于提高我国国际竞争力。

现在，新时代全方位经济转折已出现，并将延续几十年。在2035年直到2049年前，坚持"做强做优做大"国有企业，这是不变的选择。可以预料，在2021年左右，中国的500强企业可能会超过美国，中国开始进入创新型国家行列。在2027年前后，中国GDP规模可能超过美国，位居世界第一。在这个过程中，国有企业使命异常艰巨，也异常光荣。

新任务：国有企业是推进改革做世界一流企业的领跑者

党的十九大报告指出，要完善各类国有资产管理体制，改革国有资本授权经营体制，加快国有经济布局优化、结构调整、战略性重组，促进国有资产保值增值，推动国有资本"做强做优做大"，有效防止国有资产流失。深化国有企业改革，发展混合所有制经济，培育具有全球竞争力的世界一流企业。

把国资国企改革和"做强做优做大"、培育具有全球竞争力的世界一流企业的目标结合起来，讲清了改革与发展的关系，强调在新时代继续进行国资国企改革的任务。

党的十八大报告对国有企业提出的要求是，加快走出去步伐，增强企业国际化经营能力，培育一批世界水平的跨国公司。而在十九大报告中，目标进一步升级，变为"培育具有全球竞争力的世界一流企业"，"世界水平"与"世界一流"是两个标准，这便是由"新时期"跨入"新时代"的标准提升与替换。

十九大报告指出"主动参与和推动经济全球化进程，发展更高层次的开放型经济，不断壮大我国经济实力和综合国力"。在经济建设几十年高速经济增长之后所呈现的"新常态"，正在催生经济结构的转型升级，转向"发达型"阶段，而且整体成功升级可能很大。当然，在经济全球化的今天，我国在国际竞争中面对的是实力雄厚、规模庞大、经验丰富的西方大型跨国公司。目前，中央企业境外资产规模超过6万亿元，分布在全球185个国家和地区，业务已经由工程承包、能源资源开发拓展到高铁、核电、电信、电网建设运营等领域，有力提升了我国在国际舞台中的话语权。但是，能够在国际市场和西方大型跨国垄断公司抗衡的，除了极少数民营企业，主要还是我国的大型国有企业。为了在激烈的国际经济竞争中培育我国经济的新优势，为了在产业链、价值链中占据中高端，提升我国的综合国力，我们必须要有一批具有较强国际竞争力的大企业大集团，要形成一批在国际资源配置中能够逐步占据主导地位的领军企业，在全球行业发展中起到引领作用。

十九大报告对于坚持社会主义市场经济改革方向，努力建设现代化经济体系，发出新的号召，做出新的部署。围绕现代化经济体系这一主题，用单独一段来讲供给侧结构性改革，指出，要"深化供给侧结构性改革。建设现代化经济体系，必须把发展经济的着力点放在实体经济上，把提高供给体系质量作为主攻方向，显著增强我国经济质量优势"。报告中讲了不少新内容。例如，"加快建设制造强国，加快发展先进制造业，推动互联网、大数据、人工智能和实体经济深度融合，在中高端消费、创新引领、绿色低碳、共享经济、现代供应链、人力资本服务等领域培育新增长点、形成新动能。支持传统产业优化升级，加快发展现代服务业，瞄准国际标准提高水平。促进我国产业迈向全球价值链中高端，培育若干世界级先进制造业集群。加强水利、铁路、公路、水运、航空、管道、电网、信息、物流等基础设施网络建设。目的是什么？坚持去产能、去库存、去杠杆、降成本、补短板，优化存量资源配置，扩大优质增量供给，实现供需动态平衡。"这是供给侧改革的任务，也是一个供需动态平衡系统。可以预料，建设现代化的过程将是国有企业的行业洗牌过程。为此对国有企业的发展提出新的要求，这便是创新驱动发展、协调平衡发展、绿色低碳发展、开放共赢发展、共享共富、劳资包容发展、虚实共生发展、有进有退发展、公私混合发展、两手互济发展与新旧动能转换发展。

十九大报告，对国有资产完善、国有资本调整、国有企业的改革发展作出了部署。这是对国企改革发展新的号召、新的期盼、新的指引，也是对国有企业改革发出了新的"进军令"。这里，突出国有资产管理体制与深化国有企业改革的任务。加上供给侧改革，国资国企改革形成"体制""机制""结构"三大系统。这一体系的基本特点是市场发挥配置资源的决定性作用，与此同时政府要更好地发挥作用。目的仍然是充分调动积极性，增强企业活力。为此，国资国企改革的任务已经明确：一是要以完善产权制度和要素市场化配置为重点，加快建立社会主义市场经济新体系；二是完善各类国有资产管理体制，改革国有资本授权经营体制；三是根据国际一流的标准加快国有经济布局优化、结构调整、战略性重组；四是深化国有企业改革，发展混合所有制经济；五是继续推进供给侧改革，对经济发展"不平衡"全面进行调整；六是全面实施市场准入负面清单制度，支持民营企业发展，激发各类市场主体活力；七是以开放倒逼改革，发展更高层次的开放型经济；八是结合国企改革，加快建立政府行政、现代财政、税收、社保的制度改革。

应该说，随着现代化经济体系蓝图的出现，一个新的国资国企改革的蓝图也在形成。前五年国企改革发展夯基垒台、全面推进、重点突破、积厚成势，十九大后党和国家将会以更大的力度推动国资国企改革，一个国有企业高目标、高质量、高水平的大发展时代正在到来。

目 录

第一章 在解决国企改革矛盾中形成的新理论 / 1
　　国企改革走向新时代的艰难历程与突破趋势 / 2
　　世界视野下的中国新一轮国企改革 / 14
　　国有企业改革关键时期释放出的新信号 / 19
　　正确理解国企改革的目标体系 / 23
　　建立与现代化经济适应的国企改革动力体系 / 31
　　从十九大报告看新时代国企改革的热点 / 40

第二章 所有权与经营权分开是建成社会主义市场经济的焦点 / 49
　　我的国企改革观是"两权分开论" / 50
　　央企这艘巨舰不能幻想"回到从前" / 54
　　中央经济工作会议主题词的五年转换 / 61
　　供给侧改革是化解发展不平衡矛盾的一场战略突围 / 66
　　国企改革五年积厚成势及其对十九大后改革的准备 / 73

第三章 董事会及公司治理的要害是权力授予与制衡 / 77
　　国企高管薪酬要分为"市场价"与"行政价" / 78
　　央企董事会改革试点10年为何难成正果？ / 81
　　董事会建设贵在权力分开与制衡 / 85
　　职业经理人试点再拖三年央企人才流失将达30% / 89
　　中央企业公司制改革的路径选择与难点 / 91

第四章　联通混改是国企改革突破的"关键一战" / 101

"混改"三种乱象反映改革理论基础的混乱 / 102

混改难以取信于"民"的原因何在？ / 106

把混改作为突破口可望改变国企改革缓慢的局面 / 109

当前国企混合所有制改革势态与模式 / 112

联通混改的历史价值与改革标杆意义 / 123

第五章　供给侧改革是转变国企经济困境的战略突围 / 131

国企利润负增长倒逼的一场大突围 / 132

供给侧改革对于化解中国发展不平衡矛盾的意义 / 135

必须拿出改革容错机制以支持国企去产能 / 146

保持供给侧改革战略定力不能动摇 / 153

对"僵尸企业"千万不能搞债转股 / 156

国企供给侧改革进入红利期的判断与论证 / 159

第六章　央企重组是为新经济体系形成而洗牌 / 167

内外有别、统分结合是央企重组的正确抉择 / 168

揭示央企进入"组合"时代的密码 / 171

兼并重组是钢铁"去产能"的主要路径 / 176

中央企业重组的重点行业与难点 / 179

从神华国电说到央企重组五种模式 / 182

第七章　国资改革引领国企改革的内在逻辑 / 187

最大理论突破是"以资本为主"概念的提出 / 188

国有资本投资运营公司要做好政府和市场之间的"隔离带" / 200

"金融+"方案：国企改革的新动力 / 204

不可忽视央企"脱实向虚"的新风险 / 214

以国资改革带动国企改革的势态正在形成 / 217

第八章 走向全球市场的空间突围与世界经济发言权 / 221
  中央企业对外开放"新"在产能和合作 / 222
  央企产能走出去是增强世界经济活力的新途径 / 226
  从国家治理向全球治理的跨越 / 230
  央企要多在"一带一路"上建"样板间" / 234
  中央企业"做大",品牌落后"堪忧" / 237

第九章 以国企党建为核心的政治治理是对国企改革方向的校正 / 239
  央企的"一股独大、一权独大、一人独大"现象 / 240
  国企反腐败要从权力制衡抓起 / 243
  国企,姓"国"名"企" / 248
  党的领导和公司治理结合是重大创新 / 251
  国企党建讲话与"古田会议"决议的比较 / 256

附 录 李锦——中国国企改革走向新时代的舆论旗手 / 261
后 记 / 269

第一章
在解决国企改革矛盾中形成的新理论

国企改革走向新时代的艰难历程与突破趋势

中国特色社会主义新时代，是党的十八大开启的，在十九大得到确认的。回顾十八大以来的五年改革征途，弄清我们从哪里来，到哪里去，对于贯彻落实党的十九大精神，正确理解走向新时代的艰难历程，进一步推进国资国企改革，做强、做优、做大国企，大有裨益。

党的十八大以来的五年，深化改革的路程极不平凡。自党的十四大中国经济改革力图摆脱计划经济的羁绊，开始实施对计划经济的突围以来，国企改革一直是中国经济改革的核心环节，在过去五年时间里时张时驰，时缓时急。未来几年，国企改革能够像供给侧改革一样会取得实质性进展吗？国企改革到底应该怎么突破？人们的疑虑、困惑与关切在增长。历史的辩证，正体现在人们对规律认识的不断深化之中。我在近年主要理论主张是国企改革是在中国特色社会主义制度框架下的一场改革，其方向是"市场化而非私有化"，国企改革焦点是所有权与经营权分开的"两把刀论"，国企改革路径是"国资改革引领国企改革"，扭转国企发展不平衡状态的关键一战是"供给侧改革"，中国进入大企业时代，而国企进入现代治理新时代。在回眸五年时候，以更加理性的态度、更加时代化的视角全面剖析国企改革，聚焦焦点，显得很有必要。

一、2012 年国企经济衰退形势的倒逼

国企走向新时代的路程极不平凡。先从五年前说起。进入 2012 年以来，中国经济遇到的困难似乎一下子暴露出来了。2009 年出台 4 万亿元投资计划、产业振兴规划以及宽松货币政策来抗衡危机对中国经济的下沉影响，仅仅三年，可运用的政策手段已经用尽，且没法使用下去。恰恰是，前期刺激政策为继续前行带来巨大困难。新一轮改革的突围是从经济下行

开始的。

中国国有经济"大船"在驶入新发展阶段，一开船便遇到顶头风。在很多企业调研，对于经济下行的结论几乎是一致的。在快速扩张后，亏损企业像大山压在头上，银行逼债，职工要工资。从整个企业的经济增长与利润来看，曲线由高处落下，连续48个月的下行。国企形势，与整个国家的形势高度吻合。

怎样抑制经济速度与利润的下降？国企面临一次艰难的突围。

从表面看，我们面临一个经济结构不合理不平衡、发展方式粗放、要素利用效率低下、环境破坏严重以及社会矛盾加剧的局面。所谓寻求中国经济的突围，是在这些方面都要有质的突破。

实际上，不仅如此。泡沫下面的激流更深更急，更深层次的矛盾是市场要素的不充分与企业活力的不充分。国企矛盾重重：

第一，政府绝不肯收回对企业伸长的手，政府"婆婆"似的微观管理，不断侵蚀央企的自主决策权。传统的计划经济影响，我们只把企业看作一个产出的组织，其盈利大小由政府说了算。不规范代理和委托的责、权、利，企业不能松绑，不自由，活力少了，效率下来了。

第二，国有企业战线太长，遍地发展，撒豆成兵，在国民经济关键行业和重要领域起到决定性作用减弱。部分央企可以轻松享受垄断利润，活力不足，经济效率难以提高。显然，中国的国有企业要凭借要素投入的快速增长模式不可持续，凭借高强度大规模投资拉动的模式不可持续，凭借低水平竞争的粗放增长模式也不可持续。

第三，国有经济创造了总供给的过剩与需求不足的同时存在，形成经济增长悖论。国有经济创造了总工业产出的不足与过剩的同时存在，这种低效率的增长就体现在银行的坏账的积累上。有些扩张时代的央企英雄，一时风光，而留下过剩产能却为企业留下一世负担。在投资上，有些国有企业就像服用兴奋剂的世界冠军，而在还贷上，就像一个受伤的乞丐，满脸的无奈与痛苦。

第四，所有权代理人链条末端代理权太集中，高官贪腐风险暴露。企业领导体制与党的领导严重脱节，与公司法人治理体制也严重脱节。所有权集中在一个人身上，经营决定权也集中在这个人身上。目前确实没有特别好的办法管得了这个所有权与经营权的双重权利控制者，国有企业常有的贪污浪费、暗分私分等行为使国家资产遭受侵蚀。弗里德曼1988年来华时曾说："彻底的私有制就是公有制，彻底的公有制就是私有制。"这个深刻的道理，在实践中应验了。

以上所举四个方面，从根本上说，脱离社会主义方向追求，也是脱离市场经济所致。企业不走向市场，缺乏活力；产能过剩，缺乏市场竞争力；产业链供应低下，难以启动市场消费；两权集中而难以监管，公司体制与市场严重脱节。

一个体制，一个活力，一个布局，一个反腐制度，焦点汇集于经营与市场脱节，计划经济与权力经济包围圈异常严密。

根本问题在哪里？是计划经济与市场经济的二元结构。是政府与市场的关系，是计划与市场的关系，说到底是所有权与经营权的关系。由于我们过于依赖政府这个"看得见的手"的力量，"看不见的手"的作用就被有意无意地削弱了，而后者本来是我们建立市场经济的目的之一。

二、五道封锁线的阻拦

正是在这个背景下，2013年10月，党的十八届三中全会拉开了新一轮改革开放的大幕。指向经济活动的最关键环节——资源配置方式，市场经济被作为资源配置的决定性地位。整个中国的精神状态为之一新。

十八届三中全会结束不久，我们的改革很快就遇到了分歧。这种麻烦是思想理论分歧的反映。2014年3月，混合所有制改革的论坛铺天盖地，一直开到年底。然而，政府智库部门的研讨会，多围绕股权多少来讨论，一方维护公有制，防止国有资产流失；另一方是鼓吹私有化，显露出消灭国企的意图。显然，讨论的焦点在所有权上，而不是经营权上；是要不要改革，而不是怎样改革。这场改革，一开始就没有掌控住。

从1952年产生"国营"企业开始，权力高度集中的计划命令体制，应该是在1958年到1978年期间形成的。总计20多年时间，那么一套体制。为什么用30多年还改不过来？不是原来体制多么高明，而是现在利益所得者不放弃自己的权利和利益。先是国营，后来是国有，又是国资，改了37年，为什么还改不过来？人们还在呼吁改革、讨论改革、建言改革。到底是什么在反对、在应付、在拖延、在曲解这场改革？改革艰难的深层原因是什么？

内容太多、攻坚太难，不是改革节奏慢的理由，权力与利益的重新配置是最大难点。所谓国企改革，是国有企业以市场配置权力与资源的一场制度性的变革，一套体制就是一个既得利益格局，历史从来如此。改革要改游戏规则，也就是要改变经济竞争的输赢准则。游戏规则改了，原先的赢家不一定继续赢，当然不可能高高兴兴就退出比赛，总还想维系老规则，继续赢下去。这是不难理解的。即使正确的文件出来了，有的政府部门的解释者还会往原来的道路上拉，向有利控权的思路上拉，难免出现各部门官员自圆其说的解读。他们或将改革从有形化为无形，或将改革带来的危机和不利转嫁出去。核心仍然是所有权与经营权的两条改革路径之争，所有者绝不能轻易放弃经营权，归纳起来国企改革实施要突破五道权力的羁绊：

第一道权力的羁绊，是政府与企业权力之争。政府不放权，国企难以走向市场。国企改革改革半天，却发现原来搞的是监管改革。改革的主体是政府，企业只是改革执行者，并不是改革主体。因此，企业没有改革自主权。职工的积极性调动不起来，活力上不来。国资委行使出资人职责，不得直接干预企业的生产经营活动。"不错位、不缺位、不越位"，是国资委成立时给自己的定位。实际上这些年国资委对市场和企业的控制和干预，是非常全面、系统的，大大超出了出资人职责。

第二道权力的羁绊，是国资部门权力之争。国企改革单兵突进，各个部委文件不出来，改革走不动。在很多地方，不是没有投资和赢利的机会，而是受到了政府各个方面的阻碍，包括准入的阻碍、审批的阻碍、各种税赋、企业成本的下降等，从而使经济无法发展起来。金融改革的滞后，妨碍将大量储蓄转化为实体经济投资。政府改革行政审批制度缓慢，将会使长期的投资增长和需求的扩大，受到严重的阻碍。

  第三道权力的羁绊，是国企与民企之争。 国企与民企权力之争，应该在经营权。可是现实中弄反了，变成持久不息的所有权之争。国企与民企可能存在所有权即股权之争，但是主要的是在经营权之争。部分国企非垄断范围的不退步，使得社会资本难以进入。

  第四道权力的羁绊，是国企高管"一把手"的权力控制。 国有制的代理成本方面和道德风险方面存在不可克服的缺陷。存在"一股独大、一权独大、一人独大"现象。2014年被称为"国企反腐年"，揭露出来的事实，确实达到触目惊心的地步。普遍存在董事长一人说了算，现在把经营权交出去，董事长仍不习惯，从内心也舍不得。下一步出资人与职业经理人权力之争，是一场势所必然的博弈。

  第五道权力的羁绊，是意识形态的影响力之争。 我从1978年开始参与改革的全过程，深知每次改革必然在理论上要引起争论，20世纪80年代的是"姓社姓资"，90年代的"姓公姓私"，21世纪初是"有产无产"，现在的"股多股少"是这场争论的继续，每过10年争论一次。有一批人只是在这些争论中显示自己的存在，不顾这种争论总在耽误改革时间。

  五层包围圈，层层需要突破，层层难以突破。

三、供给侧国企改革的突破

  2012年后的五年，中国国企改革大概分为三个阶段。第一阶段是2012年底至2013年10月，内部做实公司，激发活力，而央企方面社会舆论压力巨大，改革处在极其缓慢阶段；第二阶段是2013年底至2015年9月，以十八届三中全会为起点、以混合所有制为开端、国企改革顶层设计出台与试点开始为标志，重在计划方案的制订与文件的出台；第三阶段是2015年11月至2017年9月，一边是以供给侧结构性改革为主线，势如破竹的"三去一补一降"及央企重组；另一边是以管资本为主题国资改革，带动公司制改革、投资经营公司。末期，混合所有制改革重头戏开张，尤其是垄断企业的混改推进开始形成了突破的势头。

新一轮国企改革有板有眼的推进发生在十八届三中全会的四年。四大主题分相继展开，此起彼伏。2013年9月24日《关于全面深化国企改革的指导意见》出台及其以后的几十个文件，一个完整的政策体系呈现，2014年央企巡视及反腐败，2015年11月供给侧结构性改革，2016年10月在国企改革中加强党的领导和党的建设，2017年以管资本为主的国资改革与混合所有制为主的国企改革同时展开。几乎一年一个主题，有时几个主题同时进行，相互穿插。当然，最为精彩的壮举当数异军突起的供给侧改革。

供给侧结构性改革，是一场深刻的变革。在不到两年的时间中所创造的改革红利，极为显著。而这场改革的主力军是国有企业。

供给侧结构性改革，是国企改革长征的转折点。经过了泸定桥、大渡河，以及雪山草地，一直在迂迴式的突围之中。供给侧结构性改革，犹如直罗镇一战，从此使国企进入新时代有了奠基礼。我们可以从2012年来中央经济工作会议主题变换认识，可见这种来之不易的抉择。

2012年中央经济工作会议主题是保增长，是因为从2011年经济下行厉害起来。2013年中央经济工作会议提出"三期叠加"主题，经济增速换档期、经济调整的阵痛期、前期刺激政策的消化期，2014年中央经济工作会议提出中国经济发展进入新常态，意味着经济增长速度、经济结构、发展方式、增长动力的重大调整和变化。"三期叠加"和新常态解决的是"怎么看"的问题。2015年中央工作会议提出供给侧结构性改革及2016年的坚持。扩大有效供给，提高供给结构对需求变化的适应性和灵活性，提高全要素生产率。把改善供给结构作为主攻方向，实现由低水平供需平衡向高水平供需平衡跃升。供给侧改革是找到了办法，解决的是"干什么"的问题，做的是平衡这篇大文章。

到了2017年初，利润数字出来了。2016年实现利润总额增长6.7%。不仅终止了2014年和2015年连续两年的下降态势，还创造了2012年以来的最高增速。意义体现在两个方面：一是这是我们国家自2012年来长期沉浸在经济雾霾里面的一股强风，展示出睛朗的蓝天。经济犹如在一直下沉的无底洞里沉没，突然着了底，产生很强的稳定感。二是我国利润行业构成发生重大变化，总体稳步发展、行业分化加快、结构趋向优化，这正是我们供给侧结构改革所期盼的境界。这种状态持续10个月，进入稳定增长阶段。习近平总书记期待的"着力提高供给体系质量和效率，增强经济持续增长动力"愿景实现了。而我以为供给侧改革的红利超过了预料，也就是说，取得意料不到的效果。

显然，供给侧改革的全面深入将带来经济环境的全面改善，新的平衡局面开始出现，未来中国经济也将获得更强的"新动力"。

四、聚焦不准是改革难以突破的重要原因

过去五年，将为今后五年提供什么？我一直认为，国企改革的聚焦问题没有得到解决。

我们面对的最大难题是"社会主义+市场经济"的结合，这个全新的社会主义发展公式嵌入当代史，激活了中国经济，激发起亿万民众的想象力。然而，最可怕的是既脱离了社会主义，也建立不了现代企业制度。本来是两个"一以贯之"的目标，最可怕的两个都"失去"。我为此想出一个似乎是悖论的公式"所有权与经营权分离"，从策略来看，是保住社会主义方向，不走歪路，放开市场经济步伐而不走老路。聚焦于这个突破口，可以趟出一条新路来。

我对国企改革的核心观点是所有权与经营权分开论，无论从理论上来讲还是从实践来看，传统的国有企业很难建立真正有效的公司治理结构。退一步讲，假使通过治理结构的改善，国有企业在经营方面可以像私有企业那样活力充分释放，市场化经营确实是更简单、更直接的方式。

从2012年起，我便对媒体提出：国企改革焦点是市场化的经营权改革，必须对所有权与经营权分开。改革的办法是在所有权与经营权之间切两刀。一刀从组织体制上切开政府与企业的联系，另一刀从运行机制上切

开出资人代表与职业经理人的联系，使国有企业成为独立的市场主体，活力充分释放才可能成为现实。这就是我具有操作特征的"两权分离论——两把刀论"。

中国的企业改革有两条路可走，一条是所有权改革，另一条是经营权改革。围绕国有化或私有化的学者基本上属于所有权改革论，我持的是另一条路，经营权改革，把所有权与经营权分开，让企业实现市场化经营，这是我的两把刀说的理论支撑。

从逻辑上来讲，如果国家预先设定某些企业的所有权必须由国家拥有，这些企业的所有权被国家事先锁定，国家就会排斥产权市场和控制权市场，就会对这些企业不断注入国有资本以维持国家所有权，不断注入资源以维持经营状态，那么，将不会有平等竞争和优胜劣汰，当然就不可能有真正的市场经济。从国有企业是共产党的执政的政治与经济基础角度出发，对所有权的控制是正确的，而对这些企业是经营的市场化产生更大效益，并不影响甚至是壮大所有权的控制力。因此，从根本上来说，公有制与市场经济的相容的，不一定非要私有化，而是经营市场化或者适度民营化，国企实现与市场经济的结合，在于企业经营的市场化。

如果大讲市场经济改革，实际上却把经营权死死抓在手里，回避甚至抵制市场化经营，不过是在绕弯子、兜圈子，实际上在耍花腔，走老路，再过多少年改革还在老地方叫唤，结果只能任由国企自然萎缩，终而付出巨大的时间代价、经济代价。

国企下一步改革，方向是走市场化经营的道路。中国国企改革折腾了30多年，总想绕开市场化，实践证明最后是绕不过去的。我们搞过国企转换经营机制，离开市场化经营能根本转换经营机制吗？实践已经证明不行。涉及干部人事、劳动、薪酬的三项制度改革，董事会和治理结构改革，主辅分离和国际对标，这些都离不开市场化经营，因此，我在2012年总结归纳中国建材的"央企市营"经验时，没有用"央企民营"，意味着央企用市场经营的方法，央企照样能走出一条新路来。当然，是市场化经营而不是民营，这是我与民营化的分野。

本来事情很简单，抓住公司化治理、市场化经营这个突破口，然而做起来太复杂，把什么都往市场经济这个筐里装。甚至用市场经济改革一切的眼光来视事办事，结果把社会主义和共产党的领导这些原则也丢掉了。我谈论的市营化，包含两层意思：第一层意思当然是所有权的转移，是公司治理的转型；第二层意思则是经营的市场化。公司治理转型，就是随着所有权结构的变化，过去行政化、形式化再加上内部人控制、分享的公司治理，应该过渡到公司化、是一种权责分明制衡性的公司治理。

我是市场经营论者，而不是所有权改变论者。从历史逻辑来看，我国国企发展有三个阶段。1952年后从"公私合营"到1958年的"国营"，改革开放后是"国有"企业。2003年开始是进入"国资"阶段，有了中央企业的说法，这是第三阶段。2013年后仍然属于国资阶段，要解决的是"国资市营"的问题。根本问题是国营还是市场经营的问题，我并不倾向于用"民营"这个说法，因为这个词与私营很难分开，还是用市场经营为好，接近本质，也容易接受。

30多年前，党的十二届三中全会的《决定》在一系列重大问题上打破了旧的传统观念的束缚，打破了把全民所有同国家直接经营企业混为一谈的传统观念，创造性地提出把国营企业的所有权和经营权适当分开，使之成为相对独立的商品生产者和经营者。它使我们对社会主义的认识发生了社会主义思想史上又一次"根本改变"。这个焦点，本来早已对准。后来反反复复，弄复杂了，我觉得当问题太复杂了，不如简单一点好，抓住焦点，这个焦点便是市场化经营，把所有权与经营权分开。

党的十九大前，因为中国联通的混合所有制改革引发了舆论的分歧。混合所有制目标是市场化，标准是转换经营机制，让所有权与经营权分开，让企业增强活力。然而，当党中央提出把混合所有制改革作为国企改革的重要突破口后，有人则呼吁停止混合所有制改革。问题出在哪？就是焦点没有对准，到底为什么要改革，怎样改革的问题没有弄清，致使改革步履艰难。依我看，国企改革分为两个层次：第一，落实全民所有权尤其是全民所有者权益，确立所有者与作为持有人的政府之间的关系。这是国企身份改革。第二，建立科学、正当的所有制实现形式，这是国企经营方式改革。如果经营方式改革长期找不到位置，很可能退至国企身份改革，被私有化就成为可能。因此解决国企经营方式将改革决定所有权稳定问题，本质上是对社会主义公有制的维护，也是对社会主义经济制度的维护。

五、今后五年突围的展望

过去五年，砥砺奋进而又曲折前行。国企治理体系中具有四梁八柱性质的改革主体框架已经基本确立，重要领域和关键环节大批改革举措密集出台，改革落实力度持续加大，改革呈现全面发力、多点突破、纵深推进、积厚成势的崭新局面。也找到了差距，有利于我们对国企改革的认识形成新的飞跃。

我在2014年预测，中国国企改革一场是国家宏观层面的政策调控变革，由投资刺激为主的调控可能会让位于供给结构调整为主的调控；另一场是企业微观层面的国企改革，由所有权与经营权合一让位于所有权与经营权分离。这两场变革汇聚于一个焦点，这就是政府放权，让企业彻底走向市场。历史趋势证明了这种判断。只不过，这些目标湮没在一个庞大的目标体系中，国企改革需要从这个体系中，找到突破口。

作为全球第二大经济体，又恰逢转型阶段，中国的发展之路注定是很不平坦的，未来会更不平坦。而市场经济体制与发展方式的转变是我国经济社会领域的一场深刻变革，它贯穿于经济社会发展的全过程和各领域。对此，十九大后五年是可以预测的：

一是坚持把经济布局和结构战略性调整作为市场配置资源的主攻方向，这个主线不能变。社会主义市场经济体制是市场在国家宏观调控下对资源配置起基础性作用的一种经济体制，市场机制对资源配置起基础性作用，但是市场具有自发性和盲目性，必须建立和健全宏观调控体系。供给侧结构改革是按市场配置资源的一场改革，其红利期正在形成，国有企业的优势正在酝酿和积聚过程中。这场改革，至少还要持续三年。国企的煤炭、钢铁行业去产能及重组兼并实施,高负债率的杠杆消除,将持续数年。目前仅仅是去产能基本完成任务,去杠杆正在作为重点推进,去库存、降成本、补短板,还有很多事没有做。这是把国有企业做大、做强、做优的现实抉择。

二是坚持把国有企业公司制改革作为进入市场经济体制的重要任务,为市场经济体制初步形成画上句号。国有企业公司制改革意义是将把企业推向市场,政府将以产权拥有者出现,不再以行政领导而是以出资人身份出现,企业不再是政府的从属组织或部门,而是独立的市场主体。问题是,从企业制向公司制过渡并不容易,换汤不换药的现象将会继续。需要从产权制度改革入手,在资本结构多元化、资本形成社会化和市场化等制度上进行重构,在这个基础建立和完善"产权清晰、权责明确、政企分开、管理科学"现代企业制度,重点抓好董事会治理这个核心。

三是坚持把政企分开、所有权与经营权分开作为改革的核心。职业经理人制度,是今后五年应当基本形成。职业经理人将在今后五年大量涌现,这是这一轮改革留下的重要遗产,将会出现中国第一批职业经理人阶层。而无论民企还是国企,都会需要优秀的职业经理人。

四是在所有制结构上,以公有制为主体,多种所有制经济平等竞争,混合所有制改革形成突破的形势。数十万亿元的社会资本怎么撬动,国有企业的优势应该发挥,须以更大魄力,更高明的智慧来实施。大型和特大型国有企业,产权改革在比较长的时间里会长期保持一种混合所有制状态,尽管混合所有制可能是一种中间状态而非终极状态,但在混合所有制状态下,如何建立良好的治理结构仍然是一项不容忽视的挑战。

五是坚持走过单兵突进的初始阶段,把政府改革改革和各个部门协调改革作为加快国企改革的强大保障。改革的配套需要在两个层面进行:一是经济制度创新与政治制度、文化制度、社会管理制度与生态建设制度的创新相互交织、相互支撑。二是国企改革与政府行政体制改革、财税改革、流通改革与社会保障改革的协调配套。特别是为全方位的改革发展提供了借鉴和动力建立多层次的社会保障制度,为城乡居民提供与我国国情相适应的社会保障制度，促进经济发展和社会稳定。转变政府职能，维护公平正义，构建法制市场经济，为社会主义民主政治建设提供了巨大的需求牵引力；充分发挥市场在文化资源配置中的重要作用，成为建设社会主义先进文化的重要手段和途径；深化社会管理体制改革，协调各方利益关系，让经济发展惠及更多民众，和谐社会建设是市场经济推进到一定阶段之后的必然选择。这些主要环节的协调成功与否，将决定国企改革的快慢乃至成功与否。

六是坚持把党组织与公司治理融合，对公司一把手的权力限制，保证国有企业所有权牢牢掌握在走中国特色社会主义道路的当权派手中。同时，应该认识到，国企市场化过程中腐败的根源是党内腐败、高管腐败，我们在大力推进从严治党的同时进行产权改革，用法律上的所有权的权力，强化经济上所有权的权力，规范代理和委托的责、权、利，形成职责闭环体系。

中国改革开放的航船，正驶向更深、更远、更壮阔的海面。经历近40年探索，中国国有企业的改革仍然处在对计划经济体制突围阶段。尽管社会主义公有制与市场经济体制已经基本适应，但是计划经济的围墙仍然坚固，很多硬骨头仍然没有啃下。

走向新时代的国企改革，必将取得突破性进展大势所趋，是历史选择。

世界视野下的中国新一轮国企改革[①]

党的十八届三中全会决定,对于国企改革,将打上"全面"、"深化"的印记,成为新一轮国企改革的重要标志而载入史册。

十八届三中全会通过的《中共中央关于全面深化改革若干重大问题的决定》,是进一步深化国有企业改革的指导思想。国企改革的八个板块,强调三个基本原则、重视两个关键环节、突出五个着力点。充分吸收了世界各国国企改革的经验,是一篇有中国特色的社会主义国企改革的行动纲领。

我们应当站在全球范围看待中国的国企改革,认识应该坚持什么,改变什么,充盈一股锐气,也保持一份定力。

社会主义公有制的完善而不是改变

十八届三中全会有一个给人印象深刻的是混合所有制的地位突出。提出我国要坚持公有制经济主体地位,国有资本、集体资本、非公有资本等交叉持股、相互融合的混合所有制经济,指明了国企改革的实现途径。很多人把这场改革归结于一场私有化运动,我们必须旗帜鲜明地表达看法,不能让这场改革的方向被扭转。

从20世纪80年代以来,西方企业改革先向私有化转变,后由自由竞争市场经济向强调政府干预的现代市场经济转变,目前,企业组织形式也经历了从私人企业为主向国有企业与私人企业并存转变的发展格局,积累了丰富的经验教训。目前,世界各国国有企业改革的基本方向是私有化、社会化及民营化,股份制改造是国有企业改革的主要途径,改革的主要目的在于提高国有企业的经营效益、减轻政府财政负担,增强国有企业参与

[①] 根据在清华大学马列学院混改研讨会上的发言整理后修改在中国企业报发表。

国际市场竞争以及抗风险的能力，着眼于国民经济整体素质的提高和发展。首先要明确的是，混合经济的提法不是私有化、民营化的改革，而是社会主义市场经济的改革，是市场经营性质的改革。我们认为，这场改革可以称为混合经济改革，不一定非要称为混合所有制改革。

在新一轮国企改革中，我们的定位仍然是社会主义市场经济。社会主义是原则，而市场经济是方向，这两者是并行不悖的。对于社会主义制度是完善，而不是削弱和取消，对于市场经济是发展与加快，让企业加快实现市场化经营，使社会主义制度更具有优势。因此，当前强调的混合所有制改革应当定根基，校对标准，确定方向与路径。

方向是市场化而不是私有化

不提倡"私有化"，做缓"民营化"进度，改革的方向是市场化而不是私有化。从俄东激进改革失败的教训看，我们应该通过试点，放慢"民营化"的脚步。要明确市场化不是民营化，民营化不代表市场化。这次改革应淡化所有制概念。我们不应提倡私有化，可以提倡市营化或者民营化。由于我国"民营化"配套制度还没有跟上来，如健全公正的"民营化"监督体制，民主透明的"民营化"运作机制等，包括民营有许多难以排解的缺陷，因此，目前的"民营化"也只应该还处于增量改革阶段，而非大规模的"存量改革"。同时，还需要在逐步的"民营化"过程中，对已出现和将出现的问题及时提出"药方"。我们应该对西方私有化进程保持清醒的看法。私有化的弊病是明显的，撒切尔的私有化是目前被认为最成功的，但是现在英国六家主要燃气公司新近将燃气价格上调9%，去年上涨7%，前年则上调10%……英国人普遍反感，认为能源公司应该国有化。日本国有企业改革的主要经验不是私有化而是国有民营，使国有企业的所有权和经营权得以彻底分开的做法，值得参考。

无论是激进变革还是渐进改革，仅仅凭借改变公司所有制形式的做法，在任何一个国家都不能保证改革的成功。除了混改，我们需要做的还有很多，舆论上要坚持市场化，反对"一私就灵""一股就灵""一民就灵"的思想蔓延。

混合所有制是一种公有制实现形式，而不是目的。现在有一些人竭力鼓吹全面民营化，甚至全面私有化，显然是一种极其有害的浮躁心理。原联邦德国国有企业改革始于20世纪50年代末，其理论依据主要来自当时的联邦政府经济部长艾哈德的理论。艾哈德主张通过民营化来改造国有企业，民营化是手段，其目的在于改变政府与企业的关系，并使两者分离，从而使国有企业能够真正进入市场，参与竞争。与此相应，企业的管理体制发生变革，形成独立于政府的经理集团，并置于众多股东的有效监督之下。中国的国企改革应当吸收德国的成功经验，其实质是经营的市场化，这可能是最为成功的经验。

以国企分类为基础的渐进性改革

十八届三中全会提出分类的思想。国企改革应该以国企分类为基础，分阶段实施、按步骤进行。这方面，我们应当从与英国经验中得到启发。国有企业私有化改造的浪潮最早源自英国，"铁娘子"撒切尔夫人除了勇敢揭开英国国企改革盖子气魄大外，很重要的是，化大为小，区别对待，对亏损的大企业本身进行划分，根据各部门具体的盈亏情况划分为若干个小公司，从而降低了国企改造的成本。整个改造过程分阶段实施、按步骤进行，同时注重各种改革措施之间的相互衔接配套。从2012年底开始，我提出的一个重要观点是国企改革必须从分类开始，分类是国企改革的基础与前提。怎么分类，有五种分法，应当以功能为主。应该分为公益性、特殊功能性和盈利性企业三类。现在国资委管理的113家央企，要逐一明确其存在对国家的意义、必要性和法律基础，从而具体界定每家央企的使命。下一步改革受到市场化经营冲击最大的是78家盈利性企业。

央企在竞争性比较强的企业中，产能过剩的企业，有些是难以挽救亏损局面的，像煤炭、钢铁、船舶、建材、化工，有本事的民企就会进来。在这方面，美国政府战后曾把大部分军工企业出售给私人垄断企业，20世纪80年代来又相继先后出售铁路货运公司、电力销售机构、全国铁路客运系统等在内的一批国有企业，积累了一定的经验。当然美国从一开始便是私有制，我们是公有制为主体的国家，不能照搬美国的做法。我们在这些垄断型企业可以选几家试点，逐步放开。

重视完善产权制度，去"官员化"

三中全会《决定》在混合所有制前面单设一条"完善产权制度"，引起社会高度赞扬。为防"一放就乱"，在放之前强调产权制度，设了一个保障线。要设立合理实用的有关国有资产监管的法律，建设一个良好的有利于公正监督和公正执行的司法体系，为防止国有资产流失，设立由各行业资深专家组成的国有资产评估小组，同时，成立国有企业市场化绩效审计部门。俄罗斯国企改革内部私有化导致国有资产流失；外部私有化则使旧体制中的隐性收入显性化，它有利于权势阶层迅速致富，给少数人暴利的机会，从而引起社会强烈不满。英国、俄罗斯在国有企业私有化改造时都出现因私人垄断而损害社会公众利益的教训，甚至祸害。私有化进程过快，与此相应的市场体系、法律制度及经营管理方式难以迅速形成并与之配套，因而对国民经济及社会生活造成巨大冲击。国资委最近提出为了加强产权保护，防止国有资产流失的七项措施，即明晰产权关系，搞好产权登记，完善公司章程，规范公司治理，强化资产评估，规范产权流转，加强资产监管，也引起广泛好评。这证明我们对混合所有制中防止国有资产流失是有清醒认识的。这点，英国、俄国开始都没有重视，国有资产大规模流失，走了弯路。

因此，混合所有制不是"国退民进"，更不要搞成"国退官进""国退洋进"。要真正做到政企分离，使政府官员退出民营化过程，建立官员不越位的制度，立下一个底线，任何个人不能超过1%或者什么，最高不能超过3%。防止国有资产流入少数官员手中，像20世纪90年代那样，变成少数人暴利的机会。这一点，应该有具体文件来规范。

国企改革要与产业结构调整一起来做

国有企业的改革经济效益要普遍得以提高,重要的是结构调整,产业升级,增强国有企业在国内和国际市场上的竞争力。我国经济从2010年后速度便慢下来了,提供的产品与需求不对应、不平衡,大量的剩余产品充斥市场。国企改革最后的落脚点在企业的活力上,在企业的创新能力上。新加坡是世界上国有企业效益最好的国家,这与新加坡政府利用高技术与市场机制改造国有企业不无关系。新加坡对国有企业的改革包括两个方面:一是通过出售国有股权等私有化政策筹集巨额资金,再将其用于高技术部门的国有企业的发展;二是通过政府资金支持等手段,使国有企业向高技术领域转让,从而实现对国有企业的结构性改造。

总体来看,我们要非常明确的提出强化对高技术部门国有企业的改造支持,并以高技术改造来带动一般国有企业的改革,使之实现结构转换及产业升级;把创新作为带动企业供给结构改革的动力源泉,建立企业新的动能;强调国家控股,尤其对高新技术部门国有企业的股份实行绝对控制,可以仿照新加坡标准,规定国家至少要相对控股,控股不低于30%,不允许个人和外国投资者控股。其中个人不得拥有该类型国有企业5%以上的控股权,外国投资者的持股不得超过总额的15%。

党的十八届三中全会决定,对于混合所有制的表述,份量重,引起反响也大,社会上各种思潮出现,尤其是私有化思潮兴起,将有改变方向引导改革走上邪路的风险。我们对此必须保持清楚的头脑,不可听之任之,姑息妄之,也不可随波逐流,要重申混合所有制改革是一个路径,是手段,不是目的;混合所有制改革不是私有化,不能变成国退民进,国退官进,要使混合所有制成为公有制实现形式。

(2014年2月27日)

国有企业改革关键时期释放出的新信号

习近平总书记2015年7月中旬在吉林考察时的讲话是国有企业改革关键时期释放出的新信号,首次提出"三个有利于"的国企改革标准,重新提出把国企做大做强做优的要求。可以预料,在当前资本市场相对稳定后,我国将不失时机地揭开全面深化国企改革的大幕。

"三个有利于"首次为国企改革确立价值判断标准

习近平总书记对国企改革提出"三个有利于"标准,首次为国企改革确立了价值判断标准,为国企改革提供目标指向和检验标准。

习近平总书记提出:"推进国有企业改革,要有利于国有资本保值增值,有利于提高国有经济竞争力,有利于放大国有资本功能。"

"三个有利于"标准既是国企改革的指导思想,也是目的,为深化国企改革提供目标指向、实践依据和检验标准,意义重大。

国企改革的第一个标准是国有企业的保值增值。这是一个价值力标准,也是生产力标准,是三个标准中首要的、基本的标准。国企是以管资本为主,而衡量其价值的标准便是资本的增加与减少,保值增值是一个基本要求。因为国企改革就是要改掉亏损,通过转方式、调结构等多项改革措施使国企盈利。国有企业是国民经济和社会发展的中坚力量,是共产党的执政基础,也是全面建成小康社会的主要经济源泉,所以国企增值是基本的也是最为重要的标准。

国企改革的第二个标准是加强国企竞争力,这既是国企改革在世界范围内追求的实力标准,也是从我国"一带一路"战略和新一轮对外开放提出的要求。这种竞争力表现为国企在世界范围内是否居"中高端水平"。

国企改革的第三个标准"扩大国企的功能",便是通过国企改革的全面深化，增强国企的控制力，使国企做大做强做优。例如，混合所有制经济是用少量的国有资本和尽可能多的民营企业合作，而国企又处于相对控股的地位。过去曾经简单地把国企改革有多少实现混合所有制作为标准，出现刮风现象。其实那只是手段与途径，不是标准。这种理解非常容易导致私有化的泛滥。"扩大国企的功能"的要求，使这个问题有了结论。

国企改革的推进过程中，如果没有起主导和决定作用的思想，就容易陷入无谓争论。因而，在国企改革进程中，非常有必要确立一些基本的价值取向。国企改革不管怎么改，其核心都应当是解决公有制与市场经济相融合的问题，而不是危害到公有制的主体地位。

加快推进国企改革意在激活实体经济

当全社会目光还停留在资本市场的时候，总书记传递出一个重要信号，那就是要发展实体经济，这是一个重要的趋势转变。我们目光不能总是停留在股市上，资本市场的发展是为实体经济服务的，经过前一阶段的波动后资本市场已经稳定，迫切需要走向实体经济、走向国企改革。发展资本市场的落脚点是实体经济，检验资本市场的成败也在于实体经济，这是我们称为转折点的主要依据。下一步激活实体经济成为后期稳增长的关键所在，而作为实体经济的排头兵，无论从产业安全还是经济发展来看，国有企业在其中都承担着最为重要的角色。

从大背景上看，习近平总书记这次调研和讲话具有转折意义。从资本市场来看，2014年7月以来，全社会掀起炒股热，资本市场流动性显著增强，出现"脱实入虚"的情况。从这次股市动荡中，可以看出两个问题：一是中国资本市场发展仍然不完善，二是资本市场与实体经济相脱离，成为实体经济的"反向晴雨表"，在此基础上以虚拟经济拉动实体经济发展的效用受到限制。2015年5月到7月股市再次出现巨大震荡，使7月初财政部、证监会、央行、国资委、银监会等几大部委和100多家央企联合行动，才平息了这次股市风波。

发展实体经济，国企需要资本市场的有力支持，今后资本市场的任务仍然很重，国企的发展对于资本市场完善具有重要作用。一方面，通过在竞争性国有资本中引入民间资本，推进国有企业市场化发展方向，有利于其提升经济效益。另一方面，通过产权、股权改革，在民间资本进入国企股份后，可以依靠资本市场拓宽中小企业特别是创新型企业的融资渠道，从而降低企业融资成本，提高企业经营效益。同时，各类企业的发展又进一步丰富所有制，促进国民增收和扩大内需，企业和国民的信贷可获得性强，融资需求提升，增强金融加速器效应，以形成投资、生产、消费三者间的良性循环，从而促进实体经济发展。这方面工作则刚开头，还有很多事情要做。

重提把央企"做大"是基调的变化

重提"做大"，是国企发展基调的一个变化。在做大的基础上再做强做优，做不大也很难做到做强做优，这是从世界范围内配置资源的需要出发。2015年将是国资国企改革逐步落地的一年，央企整合是其中重要一环。

国企早期发展的目标一直是做大做强做优，后来随着形势的变化，不再强调单纯的做大规模，更加侧重发展质量，于是一度去掉了"做大"这个提法。如在2013年底召开的国资委年度工作会议上的提法是"不断推进企业做强做优"，到了2014年底的国资委年度工作会议，口径微调变为"做强做优做大国有企业"，而在习总书记最新的表态中，"做大"又被重新放在了首位。这说明"做强做优"是一个自然发展过程，也是一个历史过程，不可一蹴而就，"做大"在先，与当前的国内国际局势的变化密不可分。随着"一带一路"以及央企"走出去"等战略的提出，央企在规模和发言权上还存在差距，需要进一步提升。目前，央企产业集中度不高、核心竞争力与国际同行业的大型企业存在一定差距，存在恶性竞争或者严重产能过剩的外向型行业，央企出现重组整合的急迫需要。

中国企业正在迎来与全球企业接轨的重组时期，兼并、分立、剥离等各类重组动作的频率都会升高。而未来很长一段时期内，在国家战略、市场规律双轮驱动下，具备竞争对手国际化、产业发展有潜力等条件的央企之间的强强联合将会适时出现。南车北车合并就是为了在世界范国内增强我们的竞争实力，形成更大、更充分的话语权。

但央企做大并非简单地合并。目前已有的央企合并多多少少存在一些问题。"做大"需要新思路，与做强做优同时进行。以后的重组，要从着重结构调整、产业布局和功能分类出发，而不仅仅是做大规模。

推出国企改革顶层设计方案的条件已经成熟

习近平总书记在 6 月召开的中央全面深化改革领导小组第十二次会议上提出的"三个有利"标准，即对全局有利，对党和国家事业发展有利、对本系统、本领域形成完善的体制机制有利，具有很强的现实针对性。正是从企业自身、国家范围与长远的制度体系三个角度提出了要全面深化改革的必要性以及重要性，这也是提出了为什么要改革的问题。而 7 月 17 日提出的"三个有利于"标准，是指改革要达到什么效果，也有极强的针对性，这两者一个是起点，一个是终点；一个是动机，一个是效果，是一个完整的整体。再加上中间改革的着力点，就变成三点一线，粗略地形成了一个改革体系的主线。深刻认识两次"三个有利于"，对我们理解整个国企改革的规律性、理论性及操作性都有重要意义。

应该说，国企改革顶层设计出台的条件已经成熟。从发展轨迹来看，5 月 5 日的十二次深改组会议提出了"三个有利"的标准问题，6 月 5 日的十三次深改组会议提出了"加强党的领导和防止国有资产流失国企改革的制度保障问题"，就像先提出了路线，确定了目标，修好了保障安全的栏杆，国企改革的汽车即将驶向高速公路。

可以这样预料，在资本市场稳定后，进一步防范金融风险，搞好以国企改革为标志的实体经济的时期即将到来。我们期盼已久的国有企业改革顶层设计，可望近期出台。全面深化国企改革，成为经济体制改革的主调，是确定无疑的事了。

（2015 年 7 月 19 日）

正确理解国企改革的目标体系

2015年7月4日,习近平总书记强调,国有企业是壮大国家综合实力、保障人民共同利益的重要力量,必须理直气壮做强、做优、做大,不断增强活力、影响力、抗风险能力,实现国有资产保值增值。要坚定不移深化国有企业改革,着力创新体制机制,加快建立现代企业制度,发挥国有企业各类人才积极性、主动性、创造性,激发各类要素活力。要按照创新、协调、绿色、开放、共享的发展理念的要求,推进结构调整、创新发展、布局优化,使国有企业在供给侧结构性改革中发挥带动作用。要加强监管,坚决防止国有资产流失。要坚持党要管党、从严治党,加强和改进党对国有企业的领导,充分发挥党组织的政治核心作用。各级党委和政府要牢记搞好国有企业、发展壮大国有经济的重大责任,加强对国有企业改革的组织领导,尽快在国有企业改革重要领域和关键环节取得新成效。

当前我国改革进入攻坚期和深水区,能否坚定信心、凝聚力量、攻坚克难,确保各项改革举措落地生根,直接决定着改革成败。习近平总书记的重要指示,是精琢细刻、反复思考的智慧结晶。虽然只有329个字,却文约意丰,内涵丰富,是当前国企改革的纲领,习近平国企治理思想的框架轮廓已经显示出来。而指示中对于加强党的领导,论述党与企业的关系,尤其值得注意。

提出国企改革纲领的历史背景

这个指示,是在顶层设计阶段过去,改革实施阶段到来时发出的,意义特殊。首先,我们从习近平总书记在国企改革问题上发表重要讲话规律来看,十八大以来,习近平总书记已经多次在国企改革问题上发表重要讲话。每年初的中央党校省部级领导干部学习班开班仪式,在每年参加全国"两会"期间参加各省代表团审议时,在中央深改领导小组会议上,这些讲话都给人留下深刻印象。最为集中的是2015年7月在吉林考察。显然,总书记对国企改革的讲话一次比一次系统,一次比一次深入。

6月30日,国务院国资委向十二届全国人大常委会第二十一次会议作关于国资管理与体改情况的报告。目前已相继制定出台13个专项改革意见或方案,还有9个文件正履行相关程序,相关配套文件即将全部制定完成。这意味着,顶层设计阶段已经过去,改革实施阶段到来,这是我们理解这个讲话的一个大背景。

在改革实施阶段到来时发表重要讲话,具有提纲挈领的特征。329个字,分为三个板块。开始69字,犹如总纲,强调国企的性质、地位、作用与国企改革的意义;中间任务190字,从四个层次上讲述国企改革的内容与任务。第三板块70个字,对党委、政府提出国企改革的要求。最后一句是尽快在国有企业改革重要领域和关键环节取得新成效,干脆利落,嘎然而止。显然,这是一个大报告的精华浓缩本。

理直气壮搞好国企的两个基点

习近平强调,"国有企业是壮大国家综合实力、保障人民共同利益的重要力量,必须理直气壮做强做优做大,不断增强活力、影响力、抗风险能力,实现国有资产保值增值。"

这个指示中,"壮大国家综合实力、保障人民共同利益",是对国有企业的重新定位。一是国家,二是人民,国有企业价值浓缩在这两个词内,地位突出。22号文件的表述是,"是推进国家现代化、保障人民利益的重要力量","推进国家现代化"与"国家综合实力"的用词变化,一是虚指,一是实指,是有深刻意蕴的。这是一个重大变化,下一步的政策也会随着这个口径而变化。一旦确立为国家综合实力的标志,那么就不分公益还是商业,都是要加强的。以后,所谓国企退出竞争领域的话,便是免谈了。这是总书记在原则问题上的鲜明表态。

这个指示中"必须理直气壮"的提法引人注目，正是由以上定位得出的必然要求。对国有企业不仅有撑腰壮胆的意味，而且回答了为什么改革的问题。

国家领导人发声往往具有明确的现实指向性。总书记的"理直气壮"用词，一定程度上也折射出当前国企所处政治与舆论环境之尴尬。一个是理直，一个是气壮，直接指向理不直、气不壮现象，对国有企业是一种激励，对某些人是毫不客气的批评。

我们先说理。社会上对国企的存在是否合理、应当不应当做强、做优、做大，还存在各种各样的模糊认识和偏颇说法，甚至还有一些十分有害的谬论。不赚钱被指责——"效率低下，未能与市场经济相融合"；利润多了被质疑——"不能光顾着赚钱，提供公共服务更重要"；参与竞争被抨击——"凭着身份优势抢民企饭吃"……透过这些论调，一些人的纠结心态可见一斑：既希望国企承担社会责任，又认为国企壮大导致了所谓的"国进民退"。有些理论家打着"为民企讲话"的旗帜，竭尽攻击国企之能事。从构想上说，设立国企就是为了克服资本逐利的盲目性，善尽社会责任，保障全民利益，同时在更优程度、更高层次上配置资源，提升宏观调控的战略性与控制力。从实践上看，国企创造的价值，上缴的税收、红利，确实为全民共享，在锻造共和国产业体系、应对国际金融危机等过程中，也确实经受住了历史考验。我们可以理直气壮地说，国企是保障人民共同利益的重要力量，是我们党和国家事业发展的重要物质基础和政治基础，对巩固和完善社会主义制度、实现国民经济持续健康发展、增强国家竞争力具有重要意义。

我们再说气。很长一段时间以来，在国企改革这一重大问题上，我们显得底气不足、畏首畏尾。党内一些同志放松了对中国特色社会主义理论、道路和制度理解、认识的结果。一些人面对对国企的横加指责，对国企的问题渲染放大，囿于对社会舆论的惧怕，关起门来搞改革，不敢宣传不敢讲，只做不说，或多做少说，遇到舆论质疑也不回应、不解释。

现在，总书记将党中央对国企改革的立场和态度，向全党、全社会做一次集中的、系统的、郑重的宣示。这些话，是用心斟酌的，可以感受到的。

当前我国改革进入攻坚期和深水区，能否坚定信心、凝聚力量、攻坚克难，确保各项改革举措落地生根，直接决定着改革成败。习近平总书记的重要指示，尤其是"国家综合实力""理直气壮"用词，宣示了做强做优做大国企的合法性、合理性、合规性。

国企改革要激发各类要素活力，是一个新提法

这个指示再次回答了为什么要搞国企改革，改革什么与怎样改革的重大问题。在强调意义后，习总书记回答了改革内容。

"要坚定不移深化国有企业改革，着力创新体制机制，加快建立现代企业制度，发挥国有企业各类人才积极性、主动性、创造性，激发各类要素活力。要按照创新、协调、绿色、开放、共享的发展理念的要求，推进结构调整、创新发展、布局优化，使国有企业在供给侧结构性改革中发挥带动作用。要加强监管，坚决防止国有资产流失。要坚持党要管党、从严治党，加强和改进党对国有企业的领导，充分发挥党组织的政治核心作用。"这前面两个"要"，是强调改革的内容，一是国企改革，二是供给侧结构性改革。把两者联系在一起，说明它们之间是互为关系；后面两个"要"，是改革的内容，也是对国企改革的保障。

我们注意，改革内容的表述有新的意蕴。"着力创新体制机制。加快建立现代企业制度。发挥国有企业各类人才积极性、主动性、创造性"。把改革任务，浓缩在20个字内，而后面用"发挥国有企业各类人才积极性、主动性、创造性，激发各类要素活力"，是30个字。其中"激发各类要素活力"，这是一个新提法。

我们认为，目前改革推进困难较多，重要原因是各类要素活力未能被激发，推动改革必须解决改革活力不足问题，造就推进改革的动力机制。为什么要改革？改革什么？怎样改革？改革要达到什么样的目标？谁来改革？当前改革的活力从哪里来？这六大问题的前四个问题已经基本解决，起码已无疑义。现在，要着力解决的是后两个问题。但是，改来改去，国有企业这一组织形式存在的意义，始终未被正视。这次改革，主角一直是政府，企业被处于配角地位，首先是"顶层设计依赖症"，其次是"央企试点依赖症"，企业长期处于"等待"的状态，是一种被改革状态。

改革是需要动力源的，要么是内生动力，要么是外部压力，要么是内外协力，再或者是更广泛的共促合力。我们目前所面临的问题，可能既有自下而上自发性和自上而下主动性不足的主观层面的问题，也有为上者"敦促"相关部门推进改革的手段匮乏和为下者利用群众热情推进改革能力不足的客观层面的问题。

目前形成改革动力机制比提出改革方案更重要。构建供给侧结构的动力机制是一个系统工程，要研究改革对改革者带来什么利益。其中包括如何有效凝聚企业各阶层的改革共识，形成改革合力，如何让各利益相关方公平公开良性博弈，进而主动推进改革，包括制定激励机制，让国有企业各类人才积极性、主动性、创造性发挥出来。让下面认清趋势，看到希望，发自内心地拥护改革。

激发各类要素活力，也包括要会用人，敢用人，大胆用改革者，大胆支持敢于发声的改革者，而不是另一局面。

正确理解国企改革的目标体系

我们注意到，国企改革的目标体系已经呈现在我们面前。

"理直气壮做强做优做大"是国有企业的根本目标。

"不断增强活力、影响力、抗风险能力"是国有经济的目标。

"实现国有资产保值增值"是国有资产的目标。

而在当前国有企业改革目标是"要尽快在国有企业改革重要领域和关键环节取得新成效。"

这是一个系统的、完整的、层次清晰的目标体系。怎样正确理解，对这些目标的层次进行分类、分阶段实施，精准发力，是下一步摆在我们面前的重要任务。

做强做优做大，是新一轮国企改革的目标。这与"瘦身健体"是什么关系？一个是"做强做优做大"，一个是"瘦身健体"，岂不矛盾？这个问题，一直有人在夸大这种矛盾，主管部门一直没有人作正面解读，以至于思想混乱，影响发展。甚至动摇对"瘦身健体"的决心。

首先，做强做优做大是一个整体，不宜单独割裂来看。做大，不仅仅强调规模，而是要兼具"强"和"优"，是强而优的"大"。经过多年快速发展，一些央企已经具备相当大的规模，眼下存在的主要问题是不够"强"，无效板块影响着企业的运行效率。

做强做优做大，是从总体上与战略上强调。国有企业要做强做优做大，但不能把"大"简单地理解为面面俱到、什么都干。调整优化国有资本布局结构，是新一轮国企改革的重要方面。要通过改革，推动国有资本向关系国家安全、国民经济命脉和国计民生的重要行业和关键领域集中，向前瞻性、战略性产业集中，向产业链价值链的中高端集中。正是出于这种考虑，国资委多次强调中央企业要专注主业，剥离非主业、非优势业务。该退的退出来，有助于把资源和力量向关键领域、重要行业集中，更好地服务于国家战略。强调聚焦主业，既是当前"瘦身健体"的内容，也是实现做强做优做大的必要路径。

做强做优做大，是国企改革的最终目标。在不同阶段、不同领域，侧重点有所不同。从参与国际竞争的角度看，央企是"国家队"的代表，要具备较大规模才能更好地体现影响力，在国际市场上拥有更多话语权。这就有必要做"加法"，通过兼并重组、提升国有资本整体功能和运行效率，打造一批具有较强竞争力的跨国公司。从加快推进供给侧结构性改革的角度看，当前又亟待做"减法"，清理低效无效资产，解决历史遗留问题，让企业轻装上阵，提高市场竞争力，也就是要"瘦身"。

我认为，央企"瘦身健体"，是现阶段央企发展与改革的一项具体措施，是战术性和操作性的目标最终正是为了做强做优做大。

我们还注意到，习总书记指示把活力置于影响力、抗风险能力前面，表明"活力"是国企改革的基本的和首要的目标。

这是一个系统的、完整的、层次清晰的目标体系。怎样正确理解，对这些目标的层次进行分类、分阶段实施，精准发力，是下一步摆在我们面前的重要任务。

释放了两大信号

习近平总书记对国企改革的指示释放了两大信号：一是中央对国企改革非常重视，另一个是动员各级部门要加快改革进程。

习近平强调"各级党委和政府要牢记搞好国有企业、发展壮大国有经济的重大责任，加强对国有企业改革的组织领导，尽快在国有企业改革重要领域和关键环节取得新成效。"国有企业改革的责任与组织领导被单独提出，意味深长。"尽快"与"新成效"，任务明确而具体，是讲述怎样改革的问题。

我们必须清醒地看到，在一些地方和部门，贯彻党中央的改革决策部署不坚决、不全面、不到位，还存在以官僚主义、形式主义的错误应对方式。有的单位以会议贯彻会议、以文件落实文件，在贯彻执行改革方案时打折扣、搞变通、做选择，"合意则取，不合意则舍"；有的领导干部缺乏担当精神，表现出畏难情绪，不敢啃硬骨头，不敢触碰固有利益格局，不敢打破体制机制的顽瘴痼疾；有的领导干部求稳怕乱，当改革的"鸵鸟"，把头埋在沙子里；有的地方在改革过程中欺上瞒下，偏离中央改革既定方向，致使人民群众的改革获得感不增反减。种种行为，使改革者心凉透了。

我们注意到习近平多次讲"改革促进派"，在5月又强调了。这是有针对性的。目前中国处在转型期，在改革过程中出现了一些杂音，有人认为改革动力不足的关键因素之一是党员干部。习近平"对症下药"提出党员干部要"争当改革促进派"，就是要通过抓干部队伍为改革注入新的动力，开创新的局面。

习近平强调，要着力强化敢于担当、攻坚克难的用人导向，把那些想改革、谋改革、善改革的干部用起来，激励干部勇挑重担。这一信号透露出中央未来的用人导向，即重用"改革促进派"。什么样的干部是"改革促进派"？首先要在思想上和中央保持高度一致，认同中央在改革方面的战略部署，特别对"四个全面"的内涵要有深刻理解；其次，在行动上，要做促进改革的事，不懈怠，不停步，不能无所作为，更不能阻挠改革；再次，要会用人，敢用人，支持敢于改革的人，支持敢于发声的人；根本上看，是要有改革的精神状态。是否支持改革、参与改革、推进改革，能够打破旧的格局，将是衡量领导干部合格与否的基本标准。

我们相信，习近平同志在关键时刻对国企改革指示，将鼓舞我们坚持市场取向，突出问题导向，紧紧围绕增强国有企业活力、优化国有经济布局、提高国有资本效率、防止国有资产流失、加强党对国有企业的领导，进一步解放思想，勇于创新，主动作为，不断把国企国资改革引向深入，为经济社会发展作出新的更大贡献。

我们也可以预料，习近平同志在解决国企的一系列矛盾的同时，不断提出自己的新见解、新论坛和新思想，这些论述日益丰富，使得习近平关于国企治理的思想框架得到充实，日臻丰满而厚实，这是在实践中形成的思想与智慧的结晶，我们应当予以高度重视，认真学习领悟，深入理解，以推动国资国企改革的深化。

（2016 年 7 月 7 日）

建立与现代化经济适应的国企改革动力体系

党的十九大报告明确提出，中国特色社会主义进入了新时代，提出新的矛盾，还首次提出"建设现代化经济体系"。报告提出，我国经济已由高速增长阶段转向高质量发展阶段，正处在转变发展方式、优化经济结构、转换增长动力的攻关期，建设现代化经济体系是跨越关口的迫切要求和我国发展的战略目标。国有企业是建立社会主义"现代化经济体系"的主体，要建立与现代化经济适应的国企改革动力体系，国有企业的动力体系变革，也进入关键时期。怎样理解国有企业现代化经济体系，建设什么样的国有企业经济体系，如何建设适应现代化经济的国企改革动力体系，是当前值得研究的重大问题。

一、建设现代化经济体系是解决新时代主要矛盾的必然选择

十九大报告对经济问题论述，安排在第五节，标题是"要坚持社会主义市场经济改革方向，努力建设现代化经济体系"。这里，把改革作为方向和动力地位提出的，放在现代化经济体系前面。报告开创性地提出，建设现代化经济体系是跨越关口的迫切要求和我国发展的战略目标。这一科学定位是结合我国经济发展阶段性特点作出的判断，是实现中华民族伟大复兴的中国梦的战略选择。

十九大报告提出从基础任务、战略支撑以及制度安排这三个层面，全面界定和定义了建设中国现代化经济体系的科学内涵。作为全面建设现代化经济体系的制度安排，强调"着力构建市场机制有效、微观主体有活力、宏观调控有度的经济体制"。这个微观主体是企业，而国有企业则首当其冲，也应当是新的改革的实践者与推动者。

现代化经济体系建设有助于化解"不平衡不充分"发展的矛盾。经过

改革开放近40年的发展，尤其是党的十八大以来，我国经济社会发展取得了举世瞩目的成就。我国社会的主要矛盾已经由"人民日益增长的物质文化需要同落后的社会生产之间的矛盾"转化为"人民日益增长的美好生活需要和不平衡不充分的发展之间的矛盾"。我国社会主要矛盾的变化，是中国特色社会主义进入新时代的一个重要标志。当前，我国经济已经进入高质量发展新阶段，发展方式转变、经济结构优化、增长动力转换等战略要求将更加突出，而这些战略要求也是当前我国社会主要矛盾在经济层面的集中体现。建设现代化经济体系就是要围绕这种宏观经济发展态势变化，坚持质量第一、效益优先，在促进高质量供给体系建构与强化的同时，变革落后的生产方式、消费方式和分配方式，形成一种最大限度融合现代科技创新的新兴经济模式，最大限度优化各种资源配置的新产业体系。

现代化经济体系建设有助于提高全要素生产率。 报告在党的代表大会上首次提出提高全要素生产率。全要素生产率与实现更高质量、更有效率、更加公平、更可持续发展，以及建立现代化经济体系直接相关。它既是创新的一种度量，也是创新的一种手段。它归根结底来自重新配置效率。提高全要素生产率是一个关键性的问题，也是建设现代化经济体系的核心问题，需要通过进行一系列的配套改革加以推进。经济学家熊彼特提出了创造性破坏理论，意思是许多更高的生产率、更高的竞争力是通过破坏达到的。有新的企业进入，就有原有企业的退出。研究表明，这个过程中生产率的提高占全部生产率提高的1/3到1/2。这是企业之间的重新配置。中国的企业"走出去"，主要应该是重新配置全要素生产率，价值链走出去。以中国企业为主导的全球价值链，一条以高端技术为主导，另一条以转移加工组装环节为主导；前一条价值链布局以科技优势为导向，后一条价值链布局以禀赋的比较优势为导向。中冶赛迪在越南河静项目中，面对世界最强钢铁建设企业竞争，不仅是世界第一的高炉技术，而且是以全要素生产率拿下项目。而这种价值链是依靠创新驱动攀升全球价值链中高端，是中国经济发展到新时代的需要。中国企业不应再固守过去那种以比较优势嵌入全球价值链的格局，而是要谋求在一些产业全球价值链中的主导地位、附加价值和竞争优势中建立以我为主的全球价值链。

现代化经济体系建设有助于提高供给体系质量。党的十九大报告指出，建设现代化经济体系，必须把发展经济的着力点放在实体经济上，把提高供给体系质量作为主攻方向，显著增强我国经济质量优势。首先是质量变革，我们过去将近40年的发展，速度很快，规模也已经相当大了，但质量水平还不是太高。我们的人均国民收入只有8000美元，发达国家已经是4万到5万美元以上。我们到底差在什么地方？其实就是差在很多我们质量上不去的地方，特别是一些产业制造的环节。当然，质量、品牌、专利等是一个完整的质量体系。

现代化经济体系建设有助于动力变革。建设现代化经济体系，就是要发挥市场在资源配置中的决定性作用和更好地发挥政府作用。面对新时代的社会主要矛盾，必须要坚定市场化改革方向，因为这是解决发展不充分的关键条件。推进市场化改革，必须要重新界定政府与市场之间的权力边界，要根据社会主义市场经济改革的要求，转变政府职能，深化行政体制改革，深化财政金融体制改革，优化产业政策，完善宏观调控方式。预计党和国家将以更大的力度推动国企改革。十九大在宏观层面做出了方向定位与指引，十九届三中全会将对新时代的国企改革做出再部署。今后五年，会出台更多重大举措、新的政策，国有企业要作出更大努力，解决好发展不平衡、不充分的问题。加上供给侧改革，国资国企改革形成"体制""机制""结构"三大系统。

建设现代化经济体系将是一个新课题，国有企业将面临重新洗牌的局面。随着现代化经济体系蓝图的规划，国企改革的蓝图也将发生变化。

二、现代化经济体系要研究现代化国家经济体系及其趋势

中国经济增长还会延续新常态以来增速向中高速收敛的态势，提高质量和效率会成为经济发展的主旋律。2010年中国经济是波动中下行，而最近已经连续九个季度经济稳定在6.7到6.9这一区间，也就是企稳的态势趋于明朗。但是，这是由多种因素造成。特别是延续以往的发展体系，不

适应的东西也愈来愈多。

十九大报告在谈到建设现代化经济体系这个概念时，用了两个关键词，一个是"跨越关口"，一个是"攻关期"。怎么理解"跨越"和"攻关"？在我国经济发展步入新常态的基础上，进一步明确进入到了从高速增长到高质量发展的新阶段。我们处在一个经济发展方式转变，经济结构优化，经济增长动力转换的攻关期。

建设现代化经济体系，报告没有明确给出攻关期和跨越关口的时间表，恐怕要分成三个阶段。第一阶段从2013年到2020年，现在只有三年时间，也就是到2020年全面建成小康社会的同时跨越关口，完成"攻关期"。党的十八届三中全会在部署全面深化改革任务的时候，以后的《关于深化国有企业指导意见》也明确讲到，2020年是我国改革基本制度更加成熟、定型的时候。第二步入是到2035年，建成社会主义现代化国家，第三步是到2049年建成社会主义现代化强国。

中国的企业要以2035年建成社会主义现代化国家为准，建成现代化经济体系，而2020年前的三年，是"攻关期"。我们要针对攻关期特征，确立一套目标体系。为此，我们不能不研究中国面对的世界经济的走势。世界现代国家经济的今天，就是我们的明天。

（一）**经济全球化在曲折中发展，联动经济状态开始出现**。在不断发展的科技革命和生产国际化的推动下，各国经济相互依赖、相互渗透日益加深，各国生产、流通、分配等领域紧密联系，向一体化方向发展的历史过程。经济全球化是生产力和国际分工高度发展的产物，是第二次世界大战后新科技革命推动的结果，它是与信息经济相适应的，其形成是历史发展的客观过程。

（二）**以大企业为标志的综合国力竞争不断加剧**。综合国力是指一个国家所拥有的全部实力和潜力以及在国际社会中的影响力等方面的综合能力，集中表现为经济实力、科技实力、国防实力和民族凝聚力。它是衡量一个国家在国际社会中的地位和作用的重要尺度，反映一个国家生存和发展的内力以及在国际社会发挥影响力的外力的总能力。冷战结束后，大国实力较量的主战场转向经济领域。现在世界500强中，中国有115名，美国 1321 名，为了提高国际竞争能力和在世界经济中的地位，现代国家做大企业、形成竞争白热化，使得以经济为中心的综合国力竞争不断加剧。

（三）**追求数量和速度的增长方式将让位于追求质量和效益的增长方式**。在新科技革命的推动下，各国经济增长方式由"外延式"向"内涵式"转化，对自然资源的依赖程度相对减少，而对科学技术、信息和人的素质的依赖程度大大加强。新科技革命还引发了世界性的产业结构调整。产业因技术水平高低不同，从劳动密集型到资本密集型，再到高科技的知识和信息密集型产业。新科技革命使各国的经济联系和协作关系更加紧密，为国际交往提供了前所未有的高效率信息载体，为全球性世界市场的形成提供了技术手段。

（四）**以市场化为目标进行经济改革**。20 世纪 80 年代末到 90 年代初，一场大规模的市场化浪潮席卷全球，这既是经济全球化的必然结果，又是推动经济全球化进一步发展的动力。一方面，世界市场的人为分割被消除，全球统一市场得以出现；另一方面，世界各国普遍接受了市场经济概念。当然，部分国家付出了巨大的代价。市场经济体制在全球范围内的运行，为经济全球化创造了体制方面的条件。进一步完善不同市场经济模式的运行机制和效能，将成为世界各国共同面临的长期任务。

（五）**世界经济发展不平衡，形成巨大空间**。发展不平衡是世界经济的基本规律。"不平衡"既指发展水平的不同，也指经济实力上的差距，更多的是指发展速度上的快慢差距。发展不平衡规律的重要表现是后进国家可以利用"后发优势"赶上甚至超过先进国家，打破原有的格局。同时，现代发达国家企业依次从发达国家向新兴工业化国家和地区及其他发展中国家转移，形成新的国际分工格局。

（六）**国有经济调整经济结构，资本股份化、社会化成为突出趋势**。20 世纪 80 年代以来，世界各国普遍进行了重大的经济改革与调整，不断调整经济结构，同时进行经济调节机制的调整与改革。在各国的具体实践中，多种所有制形式并存成为一种普遍的现象。在资本主义国家，各种股份公司和多国或者跨国公司得到迅速发展，资本的股份化、社会化成为资本主义经济中的突出趋势。

（七）**企业兼并浪潮风起云涌，加强联合，巩固垄断地位**。企业的现代化改造加快，这包括以股份制为核心的企业组织形式的改造、企业的兼并和重组、企业管理方式的改变，等等。特别引人注目的是，20世纪90年代以来，出现一浪高过一浪的企业兼并浪潮。通过联合与兼并的扩展，跨国公司有效地扩大经营规模，降低成本，控制销售渠道，增加市场占有份额，使自己成为经济领域里名副其实的"航空母舰"。

（八）**企业的社会保障体系的改革，方式灵活多样**。社会保障制度起着保持社会稳定和减少震荡的重要作用，因此得到西方各国的长期重视并不断加以完善。但20世纪80年代以后，由于公共开支的不断上涨，目前各国都把社会福利制度作为改革的重点，主要做法是实行政府、企业和个人的结合。

（九）**跨国公司对外投资速度大大加快**。跨国公司是世界经济中最重要的非国家行为主体，是指在两个或两个以上国家同时进行经营活动的公司企业，它包括母公司及其在国外设立的分公司，是世界经济舞台上集投资、贸易、金融、服务等经济功能于一身的特殊主体。近年来，跨国公司的发展出现了一些新的趋势，主要表现为对外投资速度大大加快，内部组织管理方式进一步调整，采取更为灵活的方式来实现自己的战略目标。世界现代化进程快的国家经济体系的变化，为我国国有企业提供了借鉴。

三、建立与现代化经济体系相适应的国企改革动力体系

中国建设现代化经济体系，自然要走自己的路，有中国自己的特色。十九大报告用两个"坚持"、一条"主线"、三项"变革"、两个"着力"进行了具体阐释。就是以新发展理念为引领，必须坚持质量第一、效益优先，以供给侧结构性改革为主线，推动经济发展质量变革、效率变革、动力变革，提高全要素生产率，着力加快建设实体经济、科技创新、现代金融、人力资源协同发展的产业体系，着力构建市场机制有效、微观主体有活力、宏观调控有度的经济体制。这里，一条"主线"、一项"变革"、一个"着力"，都是讲的改革问题。实行动力变革，构建市场机制有效、微观主体有活力、宏

观调控有度的国企改革体系,将是对国企改革提出的新要求,部署的新任务。我们要贯彻建设现代化经济体系的新发展理念,正确处理好九对关系,也就是建立国企改革九大动力体系,使其与现代化经济体系相适应。

在改革主线层面,要形成国企供给与需求平衡的新体系。国有企业的供给质量方面,而制造业为主的企业的供给体系质量的全面提升,是中国经济由高速增长阶段转向高质量发展特定阶段的基本标志。要继续去产能、去杠杆、去库存,通过"补短板",做加法,来进一步发挥和释放"长板"优势,协调平衡发展;落后产能以夕阳产业、病态企业甚至僵尸企业形式存在,占用有限资源和稀缺生产要素,降低经济整体全要素生产率,扭曲资本和劳动等要素价格,推高企业和增长成本,使得传统经济发展方式得以延续。要提高全要素生产率必须把那些生产率低的产业、产能出清。一些传统产业,包括钢铁、汽车、石化等,正在逐步达到峰值,或者已经达到峰值。未来能源和主要矿产资源的需求会逐步达到峰值。

在产业创新动力机制层面,要形成科学合理的新旧动能转换体系。十九大报告明确指出,我国经济已由高速增长阶段转向高质量发展阶段。这个判断表明,我们不再像过去那样盲目追求速度,另一方面也说明中国经济经过近几年艰苦的调整,在转变发展方式方面取得了积极进展,向高质量迈进的条件已经具备。新产业进入扩张周期,而且它表现出与传统产业不同的特征,要围绕"建设制造强国"谋篇布局,通过促进互联网、大数据、人工智能和实体经济的深度融合,在中高端消费、创新引领、绿色低碳、共享经济、现代供应链、人力资本服务等领域积极培育新增长点。在不同地区的产业内和产业间,要最大限度地发挥好创新驱动作用,加速改造升级传统动能、培育壮大新动能,孕育并引领现代产业体系向高质量方向发展。

在企业组织层面,形成国资改革与国企改革协同运行新体系。建设现代化经济体系,要着力构建市场机制有效、微观主体有活力、宏观调控有度的经济体制,其核心是如何正确处理政府与市场的关系。市场经济体系的改革关键在于政府改革,也就是国资改革,如果国资改革与国企改革共生匹配得好,将形成良好的经济发展生态。因此需要创造性地寻找和探寻两者之间的平衡发展，国资委要以管资本为主，更充分放权授权，让投资经营公司加快发展，促使企业更充分走向市场。这种以国资改革带动国企改革的良好局面，在十九在前已经出现。

在微观主体层面，形成企业内部活力勃发的现代企业体系。企业不仅要变革落后的管理方式、生产方式、消费方式和分配方式，与新的现代经济体系形成一种最大限度融合，更重要的是建立现代企业制度，最终出现内部能上能下、能多能少、能进能出的良性循环局面，最大限度发挥各种资源配置的体系。不可忘记围绕"激发和保护企业家精神来激励创新创业"集中发力，全面培育具有劳模精神和工匠精神的知识型、技能型、创新型社会主义劳动者和新型工人阶层。

在企业经济制度层面，形成国有企业与非国有企业合作共赢新体系。目前，我国具有强大而厚实的社会资本，要加大国有企业混合所有制改革的力度，国企与民企相与参股，形成公有制经济与非公有制经济协同有序发展的良好经济体系。中国特色社会主义现代化经济体系，必须充分反映基本经济制度这个"两个毫不动摇"的要求，充分发挥多元包容、混合一体促进社会生产力发展的"制度优势"。

在经济发展生态层面，要形成市场、企业、政府新型协同共生体系。市场和政府的关系也在发生变化，以往同质化的关系模式不复存在，转而代之的是各具特色的差异化匹配关系。这就需要把市场在资源配置中的决定性作用与更好发挥政府作用平衡起来。"两手互济发展，使市场在资源配置中起决定性作用和更好发挥政府作用，进而做到"市场机制有效，宏观调控有度"，"看不见的手"和"看得见的手"辩证统一。

在企业投资层面，形成金融推动实体经济、虚实共生发展的经济体系。十九大报告提出，深化金融体制改革，增强金融服务实体经济能力，提高直接融资比重，促进多层次资本市场健康发展。目前，国企证券化金融资产的比重和规模正在增大。作为工业化尚未完成的发展中国家，企业的发展不能依赖金融、房地产等虚拟经济，更要防止资本金融化倾向。现代有企业要瞄准国际标准提高水平，发展现代金融，支持传统产业优化升级。

第一章　在解决国企改革矛盾中形成的新理论

在对外发展层面，形成跨国公司有效地扩大和做强做优并重的企业体系。中国占全球经济份额还会明显提升，经济的外溢效应会逐步增强，与世界经济的互动关系也会强化。对外投资速度要大大加快，通过联合与兼并的扩展，跨国公司有效地扩大经营规模，降低成本，控制销售渠道，增加市场占有份额，使自己成为经济领域里名副其实的"航空母舰"。跨国公司要围绕"促进我国产业迈向全球价值链中高端"攻关克难，既通过重塑和发展具有国际标准和国际竞争力的传统产业和现代服务业，也依靠培育若干世界级的先进制造业集群也就是世界一流的国有企业集团来加以实现。

在发展理念层面，形成继往开来的的改革文化体系。在论及建设现代化经济体系之前，报告有一个非常关键的词汇，叫做"贯彻新发展理念"，建设现代化经济体系是在贯彻新发展理念的前提之下做出的部署。我们是在进入新时代的背景下来布局建设现代化经济体系的，新的历史方位，不是旧的、以往的历史方位。因而要按照新时代的要求来构建现代化经济体系。既然是新的社会矛盾，我们接下来在构建现代化经济体系时着力解决的是不平衡不充分的发展问题，而非以往的规模问题和速度问题。我们是在经济发展进入新常态的背景下，构建现代化经济体系。而新常态面临的主要矛盾和问题是重大结构失衡导致的循环不畅，而不是经济发展旧常态的背景下主要面临的总量问题和周期性问题。在这样的背景条件下，用改革的办法推动结构调整，而不是传统意义的以扩大需求，或者其他基于总量考虑的方式解决经济问题。新的政策推出，也是可以预料的事情。总之，构建现代化经济体系要坚守新发展理念，新改革理念。特别需要注意吸收以往的历史教训和经验。

从总体思路来看，社会主义现代经济体系与社会主义现代企业制度是一个相辅相生的完整的体系。现代企业制度既是建设现代化经济体系的制度支撑，也是现代化经济体系的重要组成部分。围绕以上方面体系建设的改革任务，具有针对性、关联性、系统性，这要在原有的改革体系中进一步丰富与发展。可以肯定，十九大之后，中国国有企业经济社会发展会出现比较重大的趋势性变化，国有企业改革也会有新的任务，呈现新的特点。

从十九大报告看新时代国企改革的热点

随着中国进入社会主义初级阶段的新时代，国企改革也进入新的时期。无论是混合所有制改革，还是供给侧结构性改革，亦或是国企重组，都被写进了十九大报告，并且被作为国企改革的重点内容予以论述。

显然，前五年国企改革全面推进、夯基垒台、重点突破、积厚成势、积累经验。十九大后，预计党和国家将以更大的力度推动国企改革，十九大在宏观层面做出了方向定位与指引，而接下来的十九届三中全会将对新时代的国企改革做出再部署，对2035年前的国企发展提出新时代的任务。

十九大报告治企新理念：制度与体制分开阐述

十九大报告关于国有企业改革有两大段。第一段讲经济制度，第二段讲体制内容，第三段是在现代经济体系的供给侧改革段落里，放在发展范围来说的。

先回顾十八大报告："要毫不动摇巩固和发展公有制经济，推行公有制多种实现形式，推动国有资本更多投向关系国家安全和国民经济命脉的重要行业和关键领域，不断增强国有经济活力、控制力、影响力。毫不动摇鼓励、支持、引导非公有制经济发展，保证各种所有制经济依法平等使用生产要素、公平参与市场竞争、同等受到法律保护。"这里是把制度与体制放在一起说的。

再看十九大报告：有两段，1、"必须坚持和完善我国社会主义基本经济制度和分配制度，毫不动摇巩固和发展公有制经济，毫不动摇鼓励、支持、引导非公有制经济发展，使市场在资源配置中起决定性作用，更好发挥政府作用，推动新型工业化、信息化、城镇化、农业现代化同步发展，主动参与和推动经济全球化进程，发展更高层次的开放型经济，不断壮大我国经济实力和综合国力。"

2、"要完善各类国有资产管理体制,改革国有资本授权经营体制,加快国有经济布局优化、结构调整、战略性重组,促进国有资产保值增值,推动国有资本做强做优做大,有效防止国有资产流失。深化国有企业改革,发展混合所有制经济,培育具有全球竞争力的世界一流企业。全面实施市场准入负面清单制度,清理废除妨碍统一市场和公平竞争的各种规定和做法,支持民营企业发展,激发各类市场主体活力。"

十九大报告,对于国资国企改革的时代背景、方向、原则、使命任务、目标、途径、要求,做出表述,对于国资监管、混改、重组、国际化与供给侧改革,讲清楚,说到位,也澄清了是非,统一了思想。

连续四次坚持"两个毫不动摇"表明对初级阶段的清醒认识

十九大报告中延续了之前十六大、十七大、十八大中关于坚持"两个毫不动摇"的提法"。党的十九大报告之所以强调"两个毫不动摇",首先是考虑到我国现有的生产力发展水平。我国正处在社会主义初级阶段,生产力水平不高,非公有制经济对国民经济的发展还具有积极作用,我国在所有制结构方面只能实行公有制为主体、多种经济共同发展的格局。在一个存在多种矛盾的事物中,必然有一个主要矛盾,它规定着、制约着其他矛盾的存在和发展。我国之所以是社会主义社会,从经济上说,就是因为公有制占主体地位。一旦公有制丧失了主体地位,社会的性质就会发生根本的变化。而国有经济为主导,国有经济保持强大的控制力和影响力,是公有制为主体的决定性的标志。我们必须承认的客观现实是,公有制经济必须占主体地位,国有经济必须发挥主导作用。

当然,如何让非公经济获得平等充分发展,也是近年来一直致力于完善的问题。从过去三十多年的改革经验来看,在国有经济战略调整、公有制经济发展壮大的同时,私有制经济也得到了长足的进步。只有坚持多种所有制经济共同发展,并能让各种经济都参与竞争、平等使用要素的平等发展的竞争环境。国有企业和民营企业才能形成相互之间的"鲶鱼效应"。

两者在竞争中共同健康发展，而不是弱肉强食的零和博弈结果。

"做强做优做大"是新时代不容置疑的战略

从深化国企改革的角度考虑，要注意十九大报告中对于做强做优做大的表述。应当注意报告的用词，保值增值的是"国有资产"，做强做优做大的是"国有资本"，而没有用"国有企业"这个词。也就是说，做强做优做大的是资本，具有整体的特征，本质的特征，是一种价值形态，而不是单个的某一企业。有些国有企业是过剩产能，甚至是僵尸企业，就应该破产清退。这种提法，有利于思想解放、深化改革。

2017年全球财富500强榜单，中国增加到115家，紧随在第一的美国（132家），而远远超过处在第三的日本（51家）。一些上榜的中国企业属于能源资源性企业，技术含量不一定很高。然而，决定强的终极因素还是优。优的标志是质量体系、自主品牌、知识产权。这方面，我们与美国有很大差距，必须保持清醒的头脑。

要"促进国有资产保值增值，推动国有资本做强做优做大"，我们还要注意，做强做优做大，是放在国资国企改革后面说的，是通过改革，实现做强做优做大这一目标。

国有资产流失仍然使人担心

十九大报告在国有资产管理体制改革在推动国有资本做强做优做大后面加上一句"有效防止国有资产流失"，表明这个问题仍然存在，做强做优做大后，就更令人担心了。现在央企资产总额已超过53万亿元，五年将近翻了一番，进入世界500强的央企几乎占到央企总数的一半。资产越大越多，国有资产流失的风险越大。国有资产流失已经出现了多种形式和多种渠道同时发生的现象，主要形式有：股份制改造和拍卖过程中国有资产的流失；假破产真逃债形成的国有资产流失；在产权交易过程中，评估机构恶意低估国有资产价值；假合资进行套钱；决策失误，造成巨额国有资产损失和流失；和国家工作人员乘企业关、停、并、转、包、租、合、卖等机会，利用职权进行贪污犯罪等。2015年11月《关于加强和改进企业国有资产监督防止国有资产流失的意见》出来了，从体制机制制度上进一步筑牢国有资产流失的防线，为促进国有企业持续健康发展提供坚强保障。但是，是否有效，还不好说。这次，"防止国有资产流失"前面加上"有效"两个字，很值得咀嚼。

改革国有资本授权经营体制：重点是放权，授权

十九大报告对国有资本授权经营体制提的很概括，新时代的国有资本授权经营有怎样的新含义？解决哪些问题？代表着国资改革的一种怎样的方向？要完善各类国有资产管理体制，对于完善的路径，并没有讲其他话，只有一句改革国有资本授权经营体制。这个事说明什么：放权，授权。放权、授权给谁？就是要授权给投资公司、经营公司与实体公司。

国资监管体制的改革，是改革的重要一环。国资委通过放经营权、授所有权，从而让企业更好地进行公司治理与市场化经营。7月底，按照《方案》明确的时间表，69户央企集团公司和3200户央企子企业，必须在半年时间内完成从全民所有制到公司制的"变身"。也就是说，改制完成后，中央企业将全面步入公司制时代。完成公司制改制，对于央企建立现代企业制度至关重要，并且是混改、资产证券化等一系列改革的前置条件。下一步放权、授权，就是给公司。

国有资本授权经营体制，是1992年开始的。授权经营应定义为"国有资产授权经营（授权持股）是指政府将国家以各种形式直接投资设立的国有企业的产权授权集团公司统一持有，以确立母子公司产权关系。集团公司依据产权关系成为授权范围内企业的出资人，依法统一行使出资人职能，即：资产受益、重大决策、选择管理者等权利。统一对国有资产保值、增值负责。"

2018年，国资要分类改革，分为投资公司、经营公司与实体公司。国有资产管理体制就是建立三层框架，把权力授给投资公司、经营公司与实体公司。下一步,所有权与经营权分开作为国企改革的核心,所有权授了,有利于焦点调到市场化经营上。

国资委有"布局""结构""重组"三件大事要做

十九大报告指出:"要完善各类国有资产管理体制,改革国有资本授权经营体制,加快国有经济布局优化、结构调整、战略性重组,促进国有资产保值增值,推动国有资本做强做优做大,"这里涉及各类国有资产管理体制,包括金融类、文化类资产。在十九大报告中,把国有经济布局优化、结构调整、战略性重组这三件事列出来,表明比其他事更重要。

诚然,供给侧结构性改革下的央企重组,有着明显的新特征。过去更加重视国企产业链的优化,现在要从大局出发,更加重视经济布局优化、结构调整。从十八大以来五年,18组34户央企实施了重组。尤其是2015年下半年以来,重组频率明显提升,而且规模和力度都很大,央企进入大企业时代。重组不是户数从98变成多少户,追求的是如何让央企的战略定位更准确、功能作用更有效的发挥、如何让央企的布局结构更合理、国有资本的效率如何进一步提高。

重点提及经济布局优化、结构调整,是更加重视提高国际竞争力的原因。未来顶层设计将更加重视经济布局优化、结构调整,从98变成80户左右的具有国际竞争力的特大型企业集团,是今后三五年大概率的结果。

混合所有制改革是深化国企改革最重要的内容

十八大报告并没有提到混合所有制经济,它最早出现是在十八届三中全会的公报中,在9月份,有人呼吁十九大前停止混合所有制改革。如今发展混合所有制经济写入十九大报告,这是极其重大的突破。报告在深化国有企业改革后面,就是一句话:发展混合所有制经济。可见地位极为突出。而发展混合所有制经济的目标说的也很清楚,就是要培育具有全球竞争力的世界一流企业。

这五年，混合所有制改革曲折迷离，是整个改革最大的热点之一，从这里开头，又在这里形成高潮。这也分为三个阶段：热议、有序等待、热潮，真是一波三折。尽管把混合所有制作为国企改革的重要突破口的指示如此清晰，但争议仍然喋喋不休，围绕联通混改方案出台，混合所有制的争论很激烈。现在，十九大为混合所有制改革问题做了定论，是一言九鼎，一锤定音。

很多人没有想到，发展混合所有制提到如此突出的位置。事实上，自从去年底的中央经济工作会议确定把混合所有制改革作为国企改革的突破口以来，三批试点犹如三支突击队，发起一轮一轮冲锋，势头很强。第二批突击队中金珠宝、中粮也开始公布方案了。第三批试点很快会出来。以上说的中央企业领域，还有一个是地方国企领域，已呈遍地开花之态。上下联动，可望在今年年底形成国企改革的突破之势。

2018年，国企混合所有制改革正在进入一个新时期，比我们多数人预料的要快，规模要大。

负面清单之外，民营企业都可以进

十九大报告指出："全面实施市场准入负面清单制度，清理废除妨碍统一市场和公平竞争的各种规定和做法，支持民营企业发展，激发各类市场主体活力。"

什么是负面清单制度呢？就是列出清单，单子上没有的都可以干，民营企业都可以进。市场经济强调的是效率，垄断则阻碍了企业的效率提升和技术创新，这是已经被无数经济学理论所证明的事实。特别是在市场经济的条件下，市场的供求关系变幻莫测，企业单靠垄断，不能很好适应市场提出的灵活多变的要求。国企的能力不是在垄断政策保护下形成，而是在坚持市场化改革方向，勇敢地接受跨国公司的竞争压力和民营企业的竞争挑战中炼就。任何靠保护或者靠行政提供的准入壁垒而形成的垄断地位都是不能持久的。事实上，很多国企走向市场，活力充分挥发出来了。

下一步，清理废除妨碍统一市场和公平竞争的各种规定和做法，会排到议事日程上来。很多制度要废除，从实际行动支持民营企业发展，激发各类市场主体活力。

培育全球竞争力的世界一流企业，重要的是与美国企业竞争

党的十八大报告提出，加快走出去步伐，增强企业国际化经营能力，培育一批世界水平的跨国公司。而在十九大报告中，目标进一步升级，变为"培育具有全球竞争力的世界一流企业"，从"世界水平"到"世界一流"，"世界水平"与"世界一流"是两个标准，这便是新时代的标准。十九大把深化国有企业改革，发展混合所有制经济，与培育具有全球竞争力的世界一流企业，放在一起，是个突破。为国有企业提供了新的政策指导。

十九大报告指出"主动参与和推动经济全球化进程，发展更高层次的开放型经济，不断壮大我国经济实力和综合国力"。在经济全球化的今天，我国在国际竞争中面对的是实力雄厚、规模庞大、经验丰富的西方大型跨国公司。我们需要继续发挥集中力量办大事的制度优势，做强做优做大一批在国际市场上能与跨国公司同台竞争的大企业大集团，混合所有制经济将构成一带一路新的动力。无论对国有企业，还是民营企业，都意味着新的机遇，国企民企该如何把握？都是值得思谋的大事情。

中国目前具有全球最完备的工业体系，其工业产值已经大幅超过日本和德国，与美国规模相当。未来工业革命的竞争，可能主要在中美之间。在2021年左右，中国的500强企业可能会超过美国，中国开始进入创新型国家行列。在2027年前后，迟在2035年，中国GDP规模超过美国，位居世界第一，美国退居世界第二。伴随我国众多企业在创新领域正从"跟跑者"向"并跑者"进而向"领跑者"转变。"中央企业要实现'做强做优，世界一流'的目标就必须努力打造世界一流的品牌。

供给侧结构性改革向深化阶段发展

在十九大报告中，习近平总书记用单独一段来讲侧结构性改革，内容

远超过国企改革篇幅。十九大报告指出，要"深化供给侧结构性改革。建设现代化经济体系，必须把发展经济的着力点放在实体经济上，把提高供给体系质量作为主攻方向，显著增强我国经济质量优势"。

显然，供给侧改革是国企改革前五年最为光彩的一笔。新一轮国企改革的突围就是从经济连续下行开始的。供给侧结构性改革，在不到两年的时间中所创造的改革红利，极为显著。通过"进""退""转"三方面的工作，央企积极向重要行业、关键领域、新兴战略行业集中，化解过剩产能，淘汰落后产能，同时加速转型升级，占领高端市场。这是属于牵涉中长期的重大变化，这正是供给侧结构性改革所期盼的境界。

现在，报告中讲了不少新内容。例如，"加快建设制造强国，加快发展先进制造业，推动互联网、大数据、人工智能和实体经济深度融合，在中高端消费、创新引领、绿色低碳、共享经济、现代供应链、人力资本服务等领域培育新增长点、形成新动能。支持传统产业优化升级，加快发展现代服务业，瞄准国际标准提高水平。促进我国产业迈向全球价值链中高端，培育若干世界级先进制造业集群。"在2018年，必然把经济结构战略性调整作为市场配置资源的主攻方向，继续去产能、去杠杆、去库存、补短板。

搁置的"分配制度"改革意味着将加快

十九大报告在两个"毫不动摇"前面有一段"必须坚持和完善我国社会主义基本经济制度和分配制度，在"基本经济制度"前面加上"分配制度"。基本经济制度和分配制度，是一个整体。现在十九大报告加上了，表明对分配制度的重视，对分配改革的重视。我国社会"不平衡"的矛盾，就包括分配的不平衡，包括贫富两极分化，已经不解决不行的地步了。改革开放到现在，国企内部的收入分配问题始终是阻碍国企发展的重要因素。起初是"脑体倒挂"，就是搞原子弹的不如卖茶叶蛋的，搞管理的不如生产一线的。随着实现年薪制，管理者与被管理者之间、工人与出资人之间出现了收入差距过大的趋势。现在，最突出的是"资本"与"劳动"在分配中的平衡问题，社会主义毕竟是按劳分配为主，产业工人是以劳动为主，这项改革还没有破题。一破题，事情很多。

当前深化国有企业改革，处理好国有企业内部的分配关系是一个坎。主要包括解决资本拥有者与劳动者、管理者与普通员工、二线管理者与一线员工之间的收入差距的三大问题。国企外部与民企、外企的分配关系平衡，也是一道难题。当然，在企业与国家间红利分配问题也要平衡。国有企业所有权属于全民，创造的红利理应由社会分享，更不能内部人控制、内部人分配。由国家通过财政支出的形式变成二次分配服务于社会保障，服务于各种关于民生发展的不时之需。只有这样国企发展的好处才能被老百姓共享，国有企业发展才能赢得更多老百姓的支持。

国资国企改革形成"体制""机制""结构"三大系统

十九大报告，突出国有资产管理体制与深化国有企业改革大改革任务。加上供给侧改革，国资国企改革形成"体制""机制""结构"三大系统。这一体系的基本特点是市场发挥配置资源的决定性作用，与此同时政府要更好地发挥作用。为此，国资国企改革的任务已经明确：一是要以完善产权制度和要素市场化配置为重点，加快完善社会主义市场经济体制。二是完善各类国有资产管理体制，改革国有资本授权经营体制，加快国有经济布局优化、结构调整、战略性重组；三是深化国有企业改革，发展混合所有制经济；四是继续推进供给侧改革；五是全面实施市场准入负面清单制度，支持民营企业发展，激发各类市场主体活力。六是以开放倒逼改革，发展更高层次的开放型经济；七是加快分配制度改革；八是结合国企改革，加快建立政府行政、现代财政、税收、社保的制度改革。

（2017年10月19日）

第二章
所有权与经营权分开是建成社会主义市场经济的焦点

我的国企改革观是"两权分开论"

国企改革顶层设计是2012年12月提出来的,已经跨过四个年头,经过上百次修改,到了2015年9月13日,终于揭开神秘的面纱。

《指导意见》是我国发展新阶段深化国企改革的行动纲领。不仅是因为在发布这个被称为纲领性的文件同时,要发表30多个配套文件,还在于《指导意见》主题是公有制与市场经济融合,要从所有权与经营权分开来寻找活力,最后落脚点是"活力"二字。

从2012年起,我便对媒体提出:国企改革焦点是经营权,必须对所有权与经营权分开。改革的办法是在所有权与经营权之间切两刀。一刀从组织体制上切开政府与企业的联系,一刀从运行机制上切开出资人代表与职业经理人的联系,使得国有企业成为独立的市场主体,充满活力才可能成为现实。这就是我的"两权分离论——两把刀论"。

依照我的理解,《指导意见》以所有权和经营权分离的原则为灵魂,并贯串于各章条款的始终。从《指导意见》文件第二、三、四、五、六板块来看,这五大部分,实际上都是从解决经营权入手的,是围绕活力来说事的。现在,我以围绕经营权对五个核心板块分析。

国企分类是重要切入点,打造充满生机活力的市场经营主体,激发各类要素的活力。国有企业分类是新时期深化国有企业改革的前提和基础。《指导意见》将国有企业划分为商业类和公益类,既考虑了国有企业首先是企业的一般特征,又考虑了我国国有企业应肩负的特殊使命和责任。通过界定功能、划分类别,实行分类改革、分类发展、分类监管、分类定责、分类考核,什么情况可以享受垄断,什么情况可以享受财政补贴,都分清楚。对企业来说可以解决功能不清晰、定位不明确、发展同质化等问题;对出资人来说,可以使考核更科学、监管更精准、改革更有针对性;

对市场来说，也会有一个更明确的预期导向，有利于使国有企业更好地与市场深度融合。国企分类，要高度重视监管者与经营者的分类，这里牵涉到所有权与经营权的分开。人员分类管理双轨制，牵涉到党管干部和职业经理人。对商业类企业的分类，将加快这些企业的去向市场，成为独立的市场主体。

现代企业制度是转变企业市场化经营机制，打造充满生机活力的市场经营主体，激发企业的内在活力。健全公司法人治理结构，是建立现代企业制度的核心内容。《指导意见》从推进集团层面公司制改革、推进股权多元化、推进改制上市三个方面提出了推进公司制股份制改革的具体措施；明确提出了根据不同功能定位，调整国有股权比例。《指导意见》提出，实行市场化选聘机制，董事会按市场化方法选聘和管理职业经理人，合理增加市场化选聘比例，推行企业经理层任期制和契约化管理；推行职业经理人制度，实行内部培养和外部引进相结合，畅通现有经营管理者与职业经理人身份转换通道，董事会按市场化方式选聘和管理职业经理人，合理增加市场化选聘比例，加快建立推出机制。《指导意见》规范董事长、总经理行权行为，充分发挥董事会、监事会、经理层和党组织的权利职能实现规范的公司治理。切实做到内部管理人员能上能下、员工能进能出、收入能增能减，激发广大职工的活力。

改变国有资产管理体制是营造新型框架，在政府和市场之间设立了一个"隔离带"，让企业完全走向市场。《指导意见》针对国资管理中长期存在的问题，进一步划清了国有资产所有权与企业经营权的职责边界，要求监管从管企业、管资产中抽身出来，从"什么都管"转为"管资本为主"。向以管资本为主转变，要抓好"两个清单、三个归位、四个重点"。"两个清单"，就是科学界定国有资产出资人监管的边界，建立监管权力清单和责任清单，做到该管的科学管理、绝不缺位，不该管的依法放权、绝不越位；"三个归位"，就是将依法应由企业自主经营决策的事项归位于企业，将延伸到子企业的管理事项原则上归位于一级企业，将配合承担的公共管理职能归位于相关政府部门和单位；"四个重点"，就是重点管好国有资本布局、规范资本运作、提高资本回报、维护资本安全。

发展混合所有制经济，是引进新活力，促进国有企业转换经营机制。在文件第五部分第十六条，混合所有制提出四条标准，第一条就讲到混合所有制要促进国有企业转换经营机制。对国有企业改革来讲，把机制搞活是第一位的。转换经营机制讲了多少年了，还是没有解决，引进民营经济活力，混一混，冲一冲。这当然不简单是民营，本质上是国企市营。后面一条是扩大国有企业功能，是把国企做大的意思。从国有企业个体角度看，要着眼于切实转变经营机制、完善现代企业制度、健全企业法人治理结构、提高运行效率、增强企业活力，从而增强国有经济的活力；从国有资本配置效率和优化布局角度上看，着眼于提高国有资本配置效率，促进国有资本放大功能，优化国有经济布局，增强国有经济的控制力、影响力与防风险能力。《指导意见》把转变经营机制放在第一位，是有深意的。有相当一批学者，在讲混改时只强调"做大"而不肯谈"做活"，文件的针对性还是明显的。

优化国有资本布局结构，是要推动国有资本合理流动优化配置，增强国有经济整体功能和效率。供给结构改革关键是国企结构变革。要推动国有资本向关系国家安全、国民经济命脉和国计民生的重要行业和关键领域、重点基础设施集中，向前瞻性战略性产业集中，向具有核心竞争力的优势企业集中。要重组整合一批、创新发展一批、清理退出一批国有企业，要为清理退出、重组整合、结构调整创造条件，建立健全优胜劣汰市场退出机制，切实保障退出企业依法关闭或破产，加快处置低效无形资产，淘汰落后产能。支持企业依法合规通过证券交易、产权交易等资本市场，以市场公允价格处置企业资产，实现国有资本形态转化，把变现的国有资本用于更需要的领域和行业。这里回答了布局问题，实际上是以市场配置资源，引导国企向"中高端水平"发展。

防止国有资产流失，解决活力与监管的关系，为国企市场化经营解决改革保障问题。政府官员是所有权代理链条的末端，如果参与经营，自然也就难以正确行使自己对企业的控制监督权，从而使控制监督失效。而且恰恰是他们自己可能成为国有资产流失的最大暴利获得者。让董事长从经营者脱离出来，成为真正的监督者，可能是这一轮改革最重要的成功。但是，董事长可能是这项改革的最大反对者。监管是否到位，决定着国企改革能否顺利推进。《指导意见》和历次讨论审议国企改革的中央深改组会议，都把规范决策程序，防止暗箱操作和国有资产流失视为重中之重，针对现实问题，新一轮国企改革方案有许多突破性设计。包括用人制度改革打破内部人控制；薪酬分配机制改革打破官本位；股权改革引入市场化监管机制；为国资管理者设置权力清单杜绝漏洞。我以为，这一部分重点，是要求出资人对职业经理人的监管。可惜重点并不在这里，而是具体的监督措施，问题并没有说透。

可以看出，从与权力的结合程度，以及对公共资源实际占有的程度，决定既得利益者类型。既得利益群体虽然往往以"改革者"的面目出现，但是使有利于社会整体和长远利益的改革举措出不了台或延宕出台，或使已经实施的改革措施发生变异，不经意间将使改革成为维护既得利益的工具。

当然，所有权与经营权是密不可分的。只有经营得好，所有权才更加稳固，更长久。我们强调这次改革的经营权意义并不是否决所有权，支配所有权者希望永远支配经营权，甚至支配所有财产。所有者则希望能够重新享有所有者应有的权利，经营者则希望能够享有经营的权利，两者必然发生冲突。当然，我们也不是绝对的所有权与经营权的分离者，在目前这一阶段，所有权与经营权的分离是主要矛盾，即决定改革成败的主要矛盾方面。目前，国企改革焦点过多过大而不集中，使国企改革难以进行下去。我们感到担心的是，对于国有企业改革的核心问题抓不住，即改革的焦点抓不准，可能延误国企改革。当第一种矛盾上升，特别是经营权影响所有权的控制力时，适度的"合"也是必要的。而这个过程相当遥远。

（2015年10月30日）

央企这艘巨舰不能幻想"回到从前"

每年国务院国资委都会召开中央企业、地方国资委负责人会议。2016年会议不仅部署2016年工作,还提出"十三五"期间工作思路。理解"十二五"提出的"一四三"工程变为"十三五"的"一四六"工程,可以认识什么是新常态,弄清楚新常态下怎么干的问题。从一些核心数字分析可见新形势下国企发展与改革新思路,理解央企这艘巨舰2016年的航向、航线与航速。尤其是供给侧改革在2016年国企工作中的地位与发展趋势。

新常态的三个定位,不能幻想"回到从前"

2006年,是什么年头?是十三五的开局之年,也是新一届党中央确定"新常态"分析后又确定"供给侧改革"战略实施的开局之年,这肯定有与从前不相同的地方。尤其不能幻想"回到从前"。

2016年怎样干?这是建立在2015年新常态基础上的。2015年是金融危机以来稳增长形势最严峻、情况最复杂、任务最艰巨的一年。盘点过去一年的成绩单时,不少央企负责人似乎难展笑颜。形势的变化让一些国企感到迷茫,原来一些快速扩张时的投资项目如今也变成了包袱。"生产小型化、智能化、专业化成为产业组织新特征,过去那种凭借要素投入、投资拉动的粗放式增长模式已不可持续。"一些面临困境的国企,"如果还在迟疑和等待,还幻想'再回到从前',不尽快转变发展方式,那么只会加速走向衰亡。"

"十三五"时期特别是头两年,正值发展速度调换期、结构调整阵痛期和新旧动力转换期,原本被高增速掩盖的不少问题和矛盾会显露出来,一些企业生存发展将面临严峻的考验。这个"三期",就是我们对形势的判断。

"三期"中，结构调整阵痛期是重点，因此2016年也可以称为"国企阵痛年"。GDP增速自2010年一季度达到12.1%的高度之后，一直在震荡下行，直至2015年的6.9%，连续40多个月经济下行，而且尚未扭转下行趋势。这就使中国不得不重新思考：中国经济的主要问题可能是结构性问题，而非周期性问题，不能用解决周期性波动的宏观政策去应对。目前，国有企业在传统产业、产能过剩行业、重化工行业分布较多。国企结构调整的阵痛是很厉害的。正因"十三五"时期特别是头两年，正值我国经济的结构调整阵痛期和新旧动力转换关键期，加之世界经济复苏乏力，国有企业可能将继续维持低速增长。这是根据新常态下对国企的速度调整。

不可"回到从前"，是指不可回到过去的速度，过去的方式，过去的经济结构，包括过去的思维方法。

从"一五三"到"一四六"

经济新常态下，国企发展表现出速度变化、结构优化、动力转换的三大特点，这些阶段性特征使国企的创新与改革任务更加艰巨。按照"十三五"规划要求，国资委明确了央企改革的"一四六"总体思路。

报告中提出，以提高经济发展质量和效益为中心，以推进结构性改革为重点，围绕做强做优做大国有企业的核心目标。

报告中提出，"十三五"时期要努力实现以下主要目标和要求：一是国有资本配置效率显著提高、国有经济持续稳定增长；二是培育一大批具有创新能力和国际竞争力的国有骨干企业；三是造就一大批德才兼备、善于经营、充满活力的优秀企业家；四是符合我国基本经济制度和社会主义市场经济发展要求的国有资产管理体制、现代企业制度更加成熟定型。这段话，是从国有经济、国有企业、企业家与国有体制四方面说的。

报告中提出，必须做好六篇大文章，即通过创新驱动增强发展动力，通过结构调整提高发展质量，通过开放合作扩大发展空间，通过深化改革增强发展活力，通过提质增效提升发展水平，通过加强党建为发展提供保障。

这样一来,一个新的体系便形成了,这便是"一四六"总体思路。会议要求,2016年要着力做好七项工作。类似积极处置"僵尸企业",加快推进国资委自身改革,开展大众创业、万众创新,是六篇大文章在2016年的落实。

"十二五"规划要求,国资委明确了央企改革的"一五三"总体思路——实现做强做优中央企业、培育具有国际竞争力的世界一流企业的核心目标,实施转型升级、科技创新、国际化经营、人才强企、和谐发展"五大战略",提供深化国有企业改革、完善国资监管体制、加强和改进党的建设的"三大保障"。

总体来看,提高经济发展质量和效益,推进结构性改革,明显强化了。这正是对速度调整期、结构阵痛期、动力转换期的回应。一项核心目标、四项基本目标与要求,使目标体系强化了、细化了,实化了,逻辑关系也更严密了。可见中国共产党人不断探索、不断创新的成就与前进脚印。

提质增效与结构性改革被空前强化

"十二五"规划目标是:实现做强做优中央企业、培育具有国际竞争力的世界一流企业的核心目标,"十三五"规划目标是:以提高经济发展质量和效益为中心,以推进结构性改革为重点,围绕做强做优做大国有企业的目标。

这种调整幅度是很大的。实现做强做优中央企业、培育具有国际竞争力的世界一流企业,显得更为乐观,这与当时的发展速度过快,问题没有暴露有关系。2003~2011年,国有企业营业收入年均增长17.6%,利润年均增长22.9%。然而自2012年以来,国企营业收入和利润增幅始终在低速区间徘徊,压力逐渐增大,增速下降使原来高增长掩盖的不少问题逐渐显露出来。现在,提升发展质量和效益,成为2016年央企的头号任务,丝毫不让外界意外;推进结构性改革,是2016年央企的发展主题,更为人们理解。

2015年是金融危机以来稳增长形势最严峻、情况最复杂、任务最艰巨的一年。由于国内经济下行的压力比较大，国际大宗商品的价格断崖式下跌，2015年全国国资委系统监管企业效益同比下降6.1%，质量和效益自然成为目标。怎样做？就是供给侧改革，是国企和经济结构改革。这时候，核心目标由三个板块组成，重点是前面两条，实实在在，目标精准，任务精准。

"企业要以提高效益为中心。"李克强总理在2015年12月9日的国务院常务会议上已明确指出：央企首先是企业，效益下降已经成为央企当前的突出问题。从2015年央企负责人会议提出的"全力以赴保增长"到2016年的"提升发展质量和效益"，表明保增长很难了，连续了四年。要找出新的路径，央企头号任务的变化，也契合了当前中国经济更加强调发展动能转换的形势需求。

提质增效的抓手在哪？对此开出了三个药方"要向增量要效益，向盘活效益和向管理提升要效益"。这是从结构改革中寻求与效益的铺排。

国资委和央企们在2016年怎样做？有七大任务，首当其冲的是要努力提升央企的发展质量和效益"2016年要实现让央企效益恢复性增长、2017年实现稳步增长的目标"。国资委怎样主动适应、把握和引领经济发展新常态，从这里找到答案。"把提质增效作为支撑国民经济平稳健康发展、做强做优做大中央企业、深化供给侧结构性改革的重要举措，真抓实干，取得实效，切实增强竞争力，实现从规模效益型向质量效益型转变。"

"三重组"给国企供给侧改革赋予新内涵

2015年召开央企负责人会议提出，国企合并重组有三类形式：一是横向的行业重组，二是纵向的产业链条的重组，三是龙头企业的中心重组。2015年实际上也是这么做的，但是这是报告中第一次提出重组的具体类型。其中链条重组亮出了共享竞合为核心的"铁塔模式"，给予肯定。

报告透露，2016年将加大集团层面的兼并重组，推动强强联合。也会推动专业化重组，以行业龙头为依托，通过股权合作、资产置换、无偿划拨等方式，进一步强化同质化业务整合和细分行业整合。另外，国资委也会敦促央企加快从缺乏竞争优势的非主业领域，及一般产业的低端环节退出，严控产能过剩行业投资。

目前央企向两极分化转变。2015年106家央企中有28家效益增幅达30%以上，这个数字是穿透浓浓雾霾的一道阳光，对央企的发展提升了信心。亏损严重的则集中在少数资源性企业与重工业，对于"发展创新一批、管理提升一批、清理退出一批"的分类，重组的势态更加明显。

在没有供给侧改革之前重组就是重组，现在是在供给侧改革的背景下的重组和清退产能是结合在一起的。中央政治局会议明确2016年经济工作的五大任务：去产能、去库存、去杠杆、降成本、补短板时，将"去产能"放在首位。显然，国企重组将与五大任务结合得更紧。

明确"僵尸企业"生死大限

报告中提出国资委正在研究制定工作方案，力争用3年左右时间基本完成"僵尸企业"处置主体任务，到2020年前全面完成各项工作。当然，3年左右时间，还有基本完成，用词是留有余地的。报告明确提出，"要以攻坚克难、动真碰硬的精神积极推进"，处置"僵尸企业"是绕不过的坎，是必须做的手术。会引起一些震动，领导干部要勇于担当、敢于碰硬，按要求把工作做好，用今天的"小震"化解未来的"大震"。报告对处置"僵尸企业"的措辞堪称严厉。

报告对于处置"僵尸企业"的提法，具有操作性特征。报告明确集团公司（央企总部）是处置"僵尸企业"的责任主体，要建立主要负责人牵头的工作机制，指定专门机构，组织精干力量，积极开展工作。按照务实管用、可操作、可检查的基本要求，一企一策具体确定处置"僵尸企业"工作方案。

国务院常务会议提出，清理处置"僵尸企业"，到2017年末实现经营性亏损企业亏损额显著下降，是两年时间。国资委会议提出了"3年基本完成任务，4年全面完成"，标明了处置"僵尸企业"时间表。

值得注意的是，会议要求，挂牌督导、强化问责，表明目前清理"僵尸企业"已经从战略推进、政策制定层面过渡到操作实施层面。挂牌督导将使清理更有力度。

可望三年时间建立"四梁八柱"的政策框架

此次会议上，国资委首次明确提出"自身变革"的表述。国务院国资委已经成立专门领导小组和工作小组，正在研究制定内部组织机构设置和职能调整的方案，将根据工作需要对现有工作机构进行大刀阔斧的调整，意味国资监管体制框架可望加快建立。

习近平总书记在20次深改组会议上讲的"四梁八柱"，改革的框架和体制的任务要完成，从2014年到2016年是三年立框架的时间，2016年是交账的年头。在2016年，国企改革应当从顶层设计特向"施工"的阶段。

与往年将混合所有制等改革内容列项不同，国资委此番部署改革工作，列出"国资委自身改革""股权多元化改革"、加快完善企业公司治理机制、加快解决国有企业办社会负担和历史遗留问题四项具体的任务。国资委首次明确提出"自身改革"的表述，这意味着国改的操盘者"国资委"将对自己"开刀"提上日程，显得更为人们关注。

在2016年，国企改革将由多项并进向立框架重点转变。立框架有两个重点：一是国资委的上层监管体制框架；二是投资经营公司在2016年要有明显得进展，这是中央经济工作会议提到的国企改革重要内容。

2003年国资委成立时，国资委提出从2004年开始，用3年时间建立起国有资产监管体制框架。这标志着国资委的新体制基本形成。这个成立于2003年，整合了中央大型企业工作委员会、经贸委、财政部、中组部等多个部门部分职能的正部级特设监管机构，解决了国企多头管理、无人负责等原有的监管弊端，迈出了政企分开、政资分开的第一步。然而解决了国有资产所有者缺位问题的国资委，在此后的13年里，更多时候给外界一个行政管理者的印象，"投资、战略、招聘、信息化，甚至是二三级公司的事，国资委都管。"老板+婆婆"的双重身份，始终是国资委饱受外界诟病的主要问题。国资委机关的机构设置，与企业总部的机构设置，基本上一个套路沿袭下来。（国资委）每个口都经常发文，每个文件企业都得有专人去落实。

以管资本为主推进国资监管机构职能转变"被国资委列为2016年"九项重点任务"中的第三项。从管资产到管资本，一字之差，却涉及各级国资监管部门的自我革命。可以这样预测，"管资本"将成为国资委自身改革今后的重点与突破口，也是国资改革的重点与突破口。

国有企业存在的一些问题，实际上就是管理体制的问题。改革和完善国有资产管理体制，是深化国有企业改革的重要组成部分。针对这些问题，2015年9月出台的《指导意见》中提出：以管资本为主推进国有资产监管机构职能转变。

管资本的主要"抓手"是什么？2015年11月4日发布的国企改革配套文件《关于改革和完善国有资产管理体制的若干意见》给出了具体举措：一是推进国有资产监管机构职能转变，不行使政府公共管理职能，不干预企业自主经营权；二是改革国有资本授权经营体制，改组组建国有资本投资、运营公司。推进国资监管机构职能转变，对于自2003年以来履行国有资产出资人职责的各级国资委而言，意味着简政放权力度进一步加大。

改组组建国有资本投资、运营公司，是实现以管资本为主的重要途径，成为此次改革完善国有资产管理体制的关键所在。国有资本授权经营将开展间接授权模式、直接授权模式的试点，积累经验探索可复制模式，最终在国有企业中全面推开。同样地，国资委可望在不长的时间会出台放权、授权的项目。

2016年把改革的主体框架搭建起来，四梁八柱性质的改革将明确标注出来，排出优先序重点推进。柱立则墙固，梁横则屋成。全面深化改革头3年是夯基垒台、立柱架梁的3年，2016年是主体框架搭建完成的一年。国企改革监管体制框架在2016年搭建，这样事不会再拖到2017年了。

（2016年1月20日）

中央经济工作会议主题词的五年转换

在我国，中央经济工作会议历来被视作下一年宏观经济政策最权威的风向标之一，传递的政策信号将在很大程度上影响着下阶段的经济与市场走势。本次中央经济工作会议落幕，2017年经济政策也正式定下了稳字当头、深化改革的基调。而主题词仍然是供给侧结构性改革。

2017年，是全面建成小康社会决胜阶段和"十三五"的重要之年，是推进供给侧结构性改革深化之年，是企业在改革发展中的突破之年，也是党的十九大召开之年。这四个一年，是我们认识形势的坐标。我就《中央经济会议工作精神解读及2017年企业形势分析》这一主题，分为六句话来讲。

第一句话，五年来中央经济工作会议题词的转接，看国家经济形势的着眼点的转变。 2012年中央经济工作会议的主题词是，稳增长。背景是经济下行，刚性需求。2013年中央经济工作会议的主题词是三期叠加，站出来看形势，解决怎么看的问题。2014年中央经济工作会议主题词是：新常态，依然是怎么看的问题，三期叠加的情况没有变化，而新常态深入一步。2015年中央经济工作会议主题词是，供给侧经济，是解决干什么的问题，2016年中央经济工作会议的主题词是，稳中有进仍然是供给侧结构性改革。今年中央经济工作会议5180个字的公告中，有28处出现"稳"。有什么不稳引起人们的警觉，一是国际经济政治不稳，二是经济依然在下行，局面仍未扭转更重要的是金融风险，资本风险。表面看是稳中有进，关键是怎么进？实际上是实体经济，发展新动能。我觉得，主题词似乎是供给侧经济的深化。但是，实际上又似乎是把防风险强化了。在对新一年的经济发展要求中，会议将去年"增强持续增长动力"的表述改为"促进经济平稳健康发展和社会和谐稳定"。2017年是个过渡年，由稳增长到防风险，五年下来了，情况大变。

  第二句话是五个词，"稳增长，促改革，调结构，惠民生，防风险"，这5个词的逻辑关系及其顺序。风险是忧患，稳增长是对防风险说的。稳增长是基础与前提，缓释风险要和稳增长协调并进。稳增长是缓释风险的前提，是保就业、惠民生的底线，同时，经济增长能够带来资产价值上升，在一定程度上缓释债务风险，促改革、调结构是主体内容，促改革、调结构是核心，牵引全局。惠民生涉及社会稳定，而防风险是目的。

  增动能是稳增长的动力，一个是增动能，稳增长，一个是应对潜在危机、防范风险，是2017年宏观经济政策的核心。对防风险要重点讲一下。因为，金融和房地产行业吸取了大量的资金，造成了大量泡沫，现在房地产也属于金融行业领域，金融领域吸取了大量的资金，甚至通过大杠杆吸取资金，民间投资呈现下滑景象。挤掉资本泡沫已经刻不容缓！我们要弄明白资本太多、资本从哪里来、资本风险有多大、资本何处去的问题。1977年人民银行存款总额是217亿，现在40多万亿，近2000倍，钱太多了。是商品经济让土地、矿山、企业都变成货币资本，美国、英国一开始就是私有，没有这个过程。资本风险将上升为中国主要矛盾，2014年11月，我发表文章"现在是资本五路不通，股市赔钱，银行亏本，楼市不稳，企业利润低，一带一路又嫌远，而中国楼市实际主要是投资行为，成为资本蓄水池，从楼市溢出，向何处去？怎么防止资本洪水横溢，防止颠覆性风险，只有实体经济，依靠改革，打通资本进入实体经济的通道"。现在所有政策思路都可以由此推演出来。显然，今年央行"管住货币"，高利率去杠杆是不可能的，低利率精准刺激也是不可能的。

  2016年经济工作会议的总体基调和总思路中有一句话，坚持稳增长、调结构、惠民生、防风险，2017年经济工作会议增加了"促改革"三个字，表明局面要稳住，改革不能停，而且改革有了新目标、新任务，便是有利于化解资本风险。对混合所有制的高度重视，相当程度是解决社会资本出路问题。

第三句话是五大任务，明年继续深化供给侧结构性改革的重点。部署下一年的重点工作，这是每年会议中最重要的部分。振兴实体经济是一根主线，表明政府对这几年金融投机、虚拟膨胀不满。去年五大任务是"三去一降一补"，今年继续，口径是"深入推进"，还有深入推进农业供给侧结构性改革、促进房地产市场平稳健康发展，增加新动能、扩大有效供给，加上经济体制改革。还是五条，范围扩大了。

实践中，产权保护仍存在重公有、轻私有的现象。对此，一些民营企业家忧心忡忡，也造成一些人心思不定、投资意愿不强、向外转移财产。

"三去一降一补"有实质性进展。去产能方面，要继续推动钢铁、煤炭行业化解过剩产能国企占比较高，去产能推起来更容易。不过，今年遭遇的阻力相对较小，但仍有不少企业介于"僵尸"和"非僵尸"之间，真正难啃的硬骨头还在后面，不能过于乐观。可以说2017年是一个艰难的攻坚之年。其他产能严重过剩行业去产能工作，今年要轮到水泥、电解铝、玻璃了。去库存方面，要坚持分类调控，也有效果。去杠杆方面，去年差一点，要把降低企业杠杆率作为重中之重。要支持企业市场化、法治化的债转股，加大股权融资力度，显然债转股要扩大。降成本方面，没有多大变化，原材料涨价，利率上行，限运导致物流运输成本上升，税收成本实际没有下来多少。今年如果精简归并五险一金、降电价解决了，就是很大成功。

第四句话是着力振兴实体经济，企业创新驱动发展战略，强调五"新"。 有一句要注意：要坚持以提高质量和核心竞争力为中心，坚持创新驱动发展，新的战略、新的业态、新的投资、新的动能、新的供给。引导企业形成自己独有的比较优势，发扬"工匠精神"，加强品牌建设，培育更多"百年老店"，增强产品竞争力。

新的动能，是关键。既要推动战略性新兴产业蓬勃发展，也要注重用全面改造提升传统产业。要建设法治化的市场营商环境，加强引进外资工作，更好发挥外资企业对促进实体经济发展的重要作用。要更加重视优化产业组织，提高大企业素质，在市场准入、要素配置等方面创造条件，使中小微企业更好参与市场公平竞争。

第五句话是，国有企业改革要注意五个新看点。 会议强调，一是总要求：统筹推进、重点突破，步伐由加大变加快，作用是更好发挥改革牵引作用。2016年会议强调，要加大重要领域和关键环节改革力度，推出一批具有重大"牵引作用"的改革举措。2017年会议强调，要按照统筹推进、重点突破的要求加快改革步伐，更好发挥改革牵引作用。二是首位：要深化国企国资改革，加快形成有效制衡的公司法人治理结构、灵活高效的市场化经营机制。12月初的政治局会议已经释放明确信号，之前的说法是"财税、金融、国企等重大改革"，现在是"国企、财税、金融"。三是突破口：混合所有制改革是国企改革的重要突破口，标准是按照完善治理、强化激励、突出主业、提高效率，重点是在电力、石油、天然气、铁路、民航、电信、军工等领域迈出实质性步伐，几大央企的混改值得期待，就像去年大家低估了供给侧改革的力度，今年我们也可能低估了国企改革的力度。四是环境，要加强产权保护制度建设，抓紧编纂民法典，加强对各种所有制组织和自然人财产权的保护。坚持有错必纠，甄别纠正一批侵害企业产权的错案冤案。产权保护的核心是强调平等保护，有很强的针对性，相当于给民企投资实体经济吃"定心丸"。五是方法是统筹，要完善跨部门的统筹机制，加强对财税、金融、土地、城镇化、社会保障、生态文明等基础性重大改革的推进，既制定方案又推动落实。另外，抓好重点领域风险防控，改革存在风险。这五层意思弄明白了，就知道2017年中国企业改革改什么、改成什么样、怎么改、是什么影响改革与怎么协调的问题。

第六句话是，企业面对发展不平衡矛盾将出现变化、分化、转化、优化的新趋势。 经济运行的总体态势符合预期，有些亮点还好于预期。但经济运行的固有矛盾没缓解，一些新问题也超出预期。当前，中国经济发展的矛盾已经发生变化。不再是供给不足问题，而是适合高层次需要的供给不足，这种不平衡状况极为明显。这种发展不平衡、有效供给不充分的状况要有清醒的认识。下一步，国企在实现平衡过程中必须出现分化现象。

2016年中国企业最大的变化是分化，2017年中国企业更大的变化是大分化。供给侧改革将为企业带来两极分化，2016年是低迷与繁荣、萧条与泡沫并存。2015年至2017年是全面培育新的增长源和新的动力机制的过渡期。2017年的主线是供给侧改革，重点是增长新动能，具体表现为企业新旧动能转换，加快转型升级。

目前企业"总量持续回稳"和"微观困难加深"相互交织。企业经济呈现"缓中趋稳、稳中分化、分中向优"的基本态势发展新常态的特征更加明显，突出表现在"变、缓、稳、分、优"方面。102家央企中有20多家效益增幅达30%以上，这个数字是穿透浓浓雾霾的一道阳光，对央企的发展提升了信心。亏损严重的则集中在少数资源性企业与重工业，对于"发展创新一批，管理提升一批、清理退出一批"的分类，重组的势态更加明显。

最后一个观点，新旧经济的分化，正在成为中国2017年经济的一个重要的特点。过去的8年，谁没有浪费这场危机和8年经济低迷，所带来的问题努力进行结构调整，谁的经济有可能在2017年，他们的经济会明显的企稳。谁浪费了这场危机，那么它的经济就将在低增长陷阱里爬不出来。因此我们说表面看是低迷，本质上是分化。分化是经济发展的必然。有的资源开始寻找新去处，这就产生了创新；有的比较迟钝，还停留在原处等着熬着，指望着什么时候"风水轮流到我家"。在新常态下，我们最需要优化资源配置，培育新动力、形成新结构，这意味着分化越快越好。无论是地区、行业还是企业，总有一部分在"二八定律"的分化中得到"八"的好处，脱颖而出，前景光明。

2017年，国家的经济形势是，缓中趋稳、稳中有进、稳中向好的发展态势。国有企业面对发展不平衡这一矛盾将会大洗牌，出现缓中趋稳、稳中趋分、分中有进、分化趋优的发展态势。

(2016年12月21日)

供给侧改革是化解发展不平衡矛盾的一场战略突围

目前，中国的经济形势正在面临一个关口，是毫不动摇坚持供给侧改革，还是面对经济下降而重新拿起凯恩斯的投资刺激武器，中途改变供给侧改革思路？我们必须对此做出明确的回答。对此，我们必须在更高的历史站位上，从改革开放近40年的空间，从经济发展的突出矛盾着眼认识习近平部署的供给侧改革是对中国国情的正确把握，也是对当前经济发展不平衡矛盾的战略突围，必须保持定力，关键时刻不能慌神，不能乱了脚步。不能用投资刺激的方法，加剧供给需求不平衡这一矛盾。

经济刺激的兴奋剂不能再用了

4月26日，财政部公布今年一季度GDP增长6.7%，投资增长了10.7%，零售增长了10.3%，宏观经济稳中向好。有媒体说"开门红"，但具体到经营效益却无明显起色。实际上是在以信贷刺激、投资驱动为主，在结构调整和质量提升方面改善不多。整个社会融资的规模超过6万亿，银行的信贷投入超过4万亿，都比去年同期明显增长，是历史最高。换句话说这个速度是靠钱堆出来的。我们也会看到，当短期兴奋剂的效果逐步消退之后，可能会出现更多的僵尸企业、更高的杠杆、更艰难的企业转型。

供给侧改革，从去年11月开始，才刚刚半年时间。我们不能半路停下，使刚刚得来的成果得而复失。没有彻底的供给侧改革，就不会有收入的持续改善和成本的持续下降。譬如，在3月份以来钢铁价格上涨的背景下，部分此前已经暂停生产的钢企复产迹象凸显。2016年4月上旬，全国粗钢日均产量为226万吨，环比增长6.55%。钢铁供需的矛盾没有根本转变，目前仍要坚定不移地推进去产能，要防产能"死灰复燃"。这条新闻说明，一方面以信贷刺激、投资驱动为主，仍然是凯恩斯的方法，不是供给侧的思路，说明凯恩斯的方法像臭豆腐，说是很臭，吃起来是香的。当然，凯恩斯的方法在短期是好方法，还得不时拿出来用用，长短武器配合起来用。另一方面，这个"开门红"也不完全是不好的，意味着为下一步供给侧改革展开，造成一个好的环境，是为下半年去产能垫底，打好基础。然而，这是退一步进两步的事，是为下一步推行供给侧创造条件。在发展思路上，我们不能改变，不能加剧供给不平衡这一矛盾，应当保持清醒的头脑。

不要再停留在理论层面，现实问题太多

供给侧改革是个实践问题，也是一个理论问题，但首先是一个实践问题。我们的理论是为了解决实践中的问题而创立的。

现在，供给侧结构性改革走到哪一步了。习近平总书记提出"情况要摸清""目的要明确""任务要具体""责任要落实""措施要有力"要求，系统提出供给侧结构性改革"干什么""怎么干""如何落实"等问题，为制定好改革方案提供了重要遵循。然而，这得有个过程。清理僵尸企业就得有个两上两下的过程，现在任务还没有下达。在山东，一个省级国企董事长对我实话实说，当前处置"僵尸企业"主要有"五句话"：一是"僵尸企业"定义不清；二是"僵尸企业"数量不准；三是清理"僵尸企业"政策不配套；四是清理"僵尸企业"责任不明确；五是清理"僵尸企业"动力不强。显然，实践需要我们作出新的回答。我觉得，不要再停留在理论层面，现实问题太多。

从理论上看，古典经济学、新古典经济学和凯恩斯主义经济学存在一种共同失误，他们在理论框架里假设了供给环境，然后更为强调的只是需求端、需求侧的深入分析和在这方面形成的政策主张，他们都存在忽视供给端和供给侧的共同问题。在投资、消费和进出口这"三驾马车"中，消费不能不占首位，消费是生产的本源，供给与消费的平衡才是我们发展经济的根本目的。然而，金融危机突然而来，我国重新拿起凯恩斯主义的武器,一时间出现天量贷款。北京的经济学家们大多数是天量贷款有理论的支持者。我认为要求大幅收紧货币,要求结束近乎疯狂的贷款高潮,避免投资刺激的后遗症,我们投资了一些当时产能已经过剩的领域,如钢铁、煤炭,要防止美国式货币的灾难在中国重演。然而,整体局面仍然按照旧的轨道运行。因为凯恩斯主义并没有结束在中国学界的统治地位。相关的反思中,看到已有经济学理论的不足,主流经济学的认知框架其实是不对称的。后来,有经济学家提出新供给主义经济学。"供给侧改革"被中国政府赋予了未来改革方向指引的地位。我觉得尽管在理论研究和解释方面有了诸多探索,但政府与市场与企业沟通还是不够,企业对其还是存在诸多误解。

我认为,中国的供给侧改革成功与否,很大程度上是要找到中国经济不平衡这一命门,中国进入资本过剩时代,资本脱离实体经济,资本过剩比产能过剩更复杂、更危险,对此,理论上要形成一个新的认识框架,由此出发,供给侧会产生很多议题,这是我们认识中国经济矛盾与困境的理论基础。可是,目前经济学家研究不够,这种看法尚未上升为主流意识。

供给侧改革提出是连续47个月经济下行的选择

供给侧结构性改革的提出,是在经济连续47个月下行的情况下的选择。从1978年改革开放以来到2010年是快速发展时期。在过去三十年里,世界经济每走一步中国大概走两步半。世界经济平均每年3%~4%的增长,而中国的增长速度在10%左右。因此,我们快速地超越了加拿大、意大利、法国、英国、德国、日本,到2010年,我们已经成为世界第二大经济体,站上了一个"10万亿美元的台阶"。到了2011年,情况变了。经过30多年的高速经济增长,中国经济到了一个发展和转型的关键点。当前的经济形势错综复杂,有非常好的一面,也有问题非常严重的一面,如果我们多看一些好的方面,可能觉得很不错、形势大好,如果多看一些负面的东西,就可能会觉得悲观无望。总的来讲,推进供给侧结构性改革,是问题倒逼、必经关口。在前进的道路上，我们必须破除长期积累的一些结构性、体制性、素质性突出矛盾和问题。这些突出矛盾和问题近期主要表现为"四降一升"，即经济增速下降、工业品价格下降、实体企业盈利下降、财政收入增幅下降、经济风险发生概率上升。这些问题主要不是周期性的，而是结构性的。认识供给侧结构性改革，说到底，就是要看到在当前全球经济和国内经济形势下，国民经济不可能通过短期刺激实现 V 型反弹，可能会经历一个 L 型增长阶段。

其实，供给侧结构性改革的提出，中央对这个选择是非常谨慎的。是花了很长时间才能探索出来的，是一步步走出来的。2012 年中央经济工作会议主题是保增长，因为从 2011 年经济下行厉害起来。2013 年中央经济工作会议提出"三期叠加"，经济增速换档期、经济调整的阵痛期、前期刺激政策的消化期，2014 年中央经济工作会议提出中国经济发展进入新常态，意味着经济增长速度、经济结构、发展方式、增长动力的重大调整和变化，"三期叠加"和新常态解决的是"怎么看"的问题。2015 年中央工作会议提出供给侧结构性改革。把改善供给结构作为主攻方向，实现由低水平供需平衡向高水平供需平衡跃升。我们要抓住主要矛盾，解决主要问题，供给侧改革是找到了办法，解决的是"怎么干"的问题。

供给侧改革提出的与第四次经济体制改革

我们可以再往高处站站，从前 40 年来看，可能是另一种感觉。这就是，中国正在经历第四次经济体制改革的大幕重启。2015 年 11 月，习近平提出供给侧改革，提出 5 大要素，被称为习近平经济学的初步形成，这可以视为一个新的历史转变。我认为，中国四次经济改革，国有企业也随着形势变化而变化，而且总处于经济体制改革的中心环节。

第一次是 1978 年改革开放催化了经济的快速发展，国有企业在原体制下进行机制创新，内容开始是物质奖励、厂长负责制，1984 年 10 月的十二届三中全会强调商品经济，其后是企业承包责任制与三项制度改革，国企改革具有体制封闭性特征，体制外的改革乡镇企业很有气势；第二次是

1992年邓小平南巡，提出了社会主义市场经济体制，1993年的十四届三中全会的国企改革，提出了现代企业制度，搞了五年，啃不动，1995年8月的十四届五中全会，首次提出了转变经济增长方式，我看这也是供给侧改革的发端，1998年后的三年去产能，把轻工业推向市场，接着把一批央企从政府分开。第三次是2002年加入WTO，内部体制机制因为刚刚动过，虽然很不透彻，但是红利出来了。2003年10月的十六届三中全会关于国资改革，并没有大的突破。后来也没有大动，但是融入国外这个大体制，产业梯次转移，生产力得到快速发展。回过头来看，1998年中国的财政收入只有5483亿，2015年是15万亿，增长了27倍，而中国的财政收入构成主要是企业税，数字足以说明加入WTO的红利。现在的供给侧是第四次重启，这场改革是2013年的十八届三中全会开始的，一开始就很被动，国际体制优势变成劣势了，金融危机深度影响，经济下行。搞了两年，僵持着，推不动。

现在，中国的第四次经济体制改革已经在路上了。这四个阶段，大体上是每个阶段十年时间，正好对应中央四代领导集体。这样一看，对目前的供给侧改革，我们便站在一个历史高度上了，恐怕对现在的供给侧改革，我们就不能就事论事了。我觉得，对供给侧改革还得往高处看。

第四次经济体制改革进入第二阶段

2015年的十八届五中全会开始的是供给侧改革，也是第二阶段。几乎每个阶段都分成两块，前面吆喝得厉害，但是都是雷声大雨点小，搞了几年，再换一个法子。第一次是1978年开始，1984年强调商品经济是第一阶段；第二次是1992年开始，1998年"三年脱贫解困"是第二阶段；第三次是2002年开始，实际上是2003年国资改革开始，2005提出转变发展方式是第三阶段。第二次与第四次经济改革特别像，都是最后两项改革合龙了。一个是产权体制改革，一个是产业结构改革。当我们踏进2016年门坎时，不由得想起1997年底。此前连续五年的国企改革，也是总难突围。从1998年起，气势磅礴的关停并转、抓大放小直面而来，于是有了国企的

"三年脱贫解困"。国企改革与国企结构调整同行，于是有了新世纪的国企改革红利，有了央企快速发展的十年，似乎历史的逻辑又把我们推到这一关口，国企又到了脱胎换骨的时候。

这次改革重点是重化工业国企走向市场的问题

改革重点是国有企业，是第三次产业市场化问题，也就是重化工业走向市场的问题。纺织业去产能对重化工业有借鉴意义。自1998年之后政府几乎忘掉了这个行业，纺织每年有产能过剩，但每年淘汰，不赚钱自然就关门了。所以尽管它是工资上升和世界形势不好的重灾区，但最近几年纺织却一直在盈利。

其实，在20世纪80年代商业便进行供给侧改革了，在20世纪90年代是轻工业供给侧改革了，从纺织与家电开始的，现在轮到重化工业了，而国企的70%聚集在重化工业。所以，这次改革重点是国有企业，是国企走向市场的过程。

中国严重的产能过剩主要集中在重化工领域，现在已选择在钢铁、煤炭领域在去产能上先行突破。最终在去产能的过程中，应实现重化工领域的持续健康发展。纺织业去产能对重化工业有借鉴意义。自1998年之后政府几乎忘掉了这个行业，不再进行调控。纺织每年有产能过剩，但每年淘汰，这个行业民营企业为主，政府没有补贴，不赚钱自然就关门了。所以尽管它是工资上升和世界形势不好的重灾区，但最近几年纺织却一直在盈利。

钢铁行业的困难局面已持续了五六年。钢铁是典型的重化工业行业，钢铁行业面临的问题在一定程度上反映了重化工业面临的问题。这意味着中国的工业化已悄然进入新阶段，重化工业阶段尚未结束，但已进入到"重化工业阶段下半场"。因此，新旧动能转换之际，旧动能本身也要向更高层升级。钢铁去产能主要是削减粗钢产能，但同时还要发展高端钢材，重化工领域的转型升级也亟待按照市场的逻辑来演进。这次，重化工业供给侧改革是走向市场的第三波浪潮。

中国的供给侧改革的成功与否，很大程度上透过供给与需求的矛盾失衡是资本流动性过剩产生表面原因，看到实体与虚拟经济的失重，这当然是更深层次的不平衡。要找到中国经济矛盾的"命门"，时代的脉搏，从理论上形成一个新的认识框架，这是我们认识中国经济困境的基础。这确实关乎我们对中国经济的掌控能力，关乎中国经济乃至社会长期能否安全健康运转乃至小康社会能否如期建成。实践中，改革红利的取得是相当困难的。改革，能把资本过剩这事弄顺了，解决资本与实体经济的结合，就是实质上的进步。

现在对时代的脉搏是否号准了？还不敢说。供给侧改革是一个确定的药方，这个药方还要不断调整。因为实践仍处于一个不确定的年代。面对经济发展形势与国企面临的困难，我们的任务是寻求确定性，认清当前的主要矛盾，从而做出决策尽量减少这种不确定性。

（2016 年 4 月 28 日）

国企改革五年积厚成势及其对十九大后改革的准备

近一个多月来,国企改革显得极为突出,联通混改方案出台,神华国电闪电重组,中铁总动作频频,50亿混改子基金助阵,公司制积极推进,国企改革动作连连。在十九大前,国企改革形成突破之势。

党的十八大以来这五年,以习近平同志为核心的党中央高度重视国企改革,始终把国企改革放到重要位置。这一轮国企改革从2013年底十八届三中全会开始,特征是"全面、深化"。"全面"体现在范围广,出台的政策多,形成了一个完整的、系统的改革政策体系。"深化"主要是触及利益深,推动力度大。十八大后,十项国企改革试点全面推开,部分重要领域混改、兼并重组、股份制改革等也在深入推进。这是改革集中推进、全面深入的五年,是国企改革夯基垒台、积厚成势、攻坚克难、积累经验的五年。为十九大后的国企改革新的推进做出广泛而深刻的准备。

新一轮国企改革的三个阶段与四件大事

新一轮国企改革从2013年12月到2015年9月是初期,以十八届三中全会为起点、以混合所有制为开端,《决定》到《指导意见》出台,政策文件形成体系;中期是2015年11月到2017年10月,是供给侧结构调整与国企改革同步推进,一边是以供给侧结构性改革为主线,势如破竹的"三去一降一补"及央企重组,一边是以管资本为主题,国资改革与混合所有制改革继续向前推进。后期是2018年到2020年。

2015年8月,中共中央、国务院印发了《指导意见》。此后,在多部门的配合下,国企改革形成了以《指导意见》为统领、以若干文件为配套的国企改革"1+N"政策体系,中央各部门又出台了110件配套文件,各地结合自身实际出台落地文件837件。至此,中国特色社会主义新一轮国有企业改革的三大体系基本形成：一是围绕建设什么样的国有企业，形成了以基础论和力量论为主要内容的国企改革理论。二是问题导向、顶层引领的国企改革政策体系，即"1+N"文件体系。三是试点先行、层层落地的国企改革组织推进体系。

当然，最为艰难也是最为精彩的壮举集中在十八届三中全会后的四年。四大主题相继展开，此起彼伏。2015年9月24日《关于全面深化国企改革的指导意见》出台，一个完整的政策体系呈现，2014年央企巡视及反腐败与2016年在国企改革中加强党的领导前后相连，2015年11月后的供给侧结构性改革，"三去一降一补"在2016年成功推进；2017年混合所有制为主的国企改革形成突破。几乎一年一个主题，有时几个主题同时进行，相互穿插，气韵相通，蔚然成势。

混合所有制改革曲折迷离 引人入胜

混合所有制改革是这五年国企改革最大的热点之一，从这里开头，又在这里形成高潮。这也分为三个阶段：热议、有序等待、热潮，开始时间分别是2014年元月、2015年3月与2016年9月。联通混改试点从去年9月底开始，是国企混改形成突破势头的一个标志性事件。

自从去年底的中央经济工作会议确定把混合所有制改革作为国企改革的突破口以来，三批试点犹如三支突击队，发起一轮一轮冲锋，势头很强。现在，第二批突击队中金珠宝、中粮也开始公布方案了。第三批试点也已经开始报方案了，等待遴选。以上说的中央企业领域，还有一个是地方国企领域，已呈遍地开花之态。上下联动，可望在今年底形成国企改革的突破之势。

供给侧改革是国企改革最为光彩的一笔

供给侧改革是这五年中最值得大书特写的一件事。中国经济在连续48个月下行后，在2016年10月开始逆势上扬，进入分化优化新阶段。

这五年，很不平凡。用一句话来形容，叫作开船偏遇顶头风。进入2012年以来，中国经济遇到的困难似乎一下子都暴露出来，风大浪高。2009年，政府出台4万亿投资计划、产业振兴规划以及宽松货币政策来抗衡危机对中国经济的冲击。新一轮国企改革的突围就是从经济连续下行开始的。

供给侧结构性改革，在不到两年的时间中所创造的改革红利，极为显著。2016年实现利润总额增长6.7%。不仅终止了2014年和2015年连续两年的下降态势，还创造了2012年以来的最高增速。新的利润增长点正在形成，结构日趋优化。意义在两方面：一是经济下行的颓势止住了。二是我国利润行业构成发生重大变化，总体稳步发展、行业分化加快、结构趋向优化，这正是供给侧结构性改革所期盼的境界。

最近，中国国电与神华集团实施联合重组，便是供给侧改革的重重一笔。从十八大以来的五年，18组34户央企实施了重组。尤其是2015年下半年以来，重组频率明显提升，而且规模和力度都很大，央企进入大企业时代。

以管资本为主国资改革引领国企改革

国资监管体制的改革，是国企改革的重要一环。国资委通过放经营权、授所有权，从而让企业更好地进行公司治理与市场化经营。"以管资本为主"正成为国资改革的突破口，以国资改革带动国企改革的态势开始明朗，这是2017年出现并且形成的势头。

7月底，国资改革又向前推进一步。按照《方案》明确的时间表，69户央企集团公司和3200户央企子企业，必须在半年时间内完成从全民所有制到公司制的"变身"。也就是说，改制完成后，中央企业将全面步入公司制时代。完成公司制改制，对于央企建立现代企业制度至关重要，并且是混改、资产证券化等一系列改革的前置条件。当然，公司制改制不能换汤不换药。如期完成改革的难点不仅仅在于时间紧、任务重，还在于改革并非企业组织形式的简单变更，而是要切实转换经营体制机制，使国有企业真正成为适应社会主义市场经济和现代企业制度要求的独立市场主体。

国企改革的九个趋势

在经济领域，十九大之后有更多的事情要做。国企改革是处于经济体制改革中核心的位置，牵动全局。我们应当看到，很多的改革措施并没有落实，很多硬骨头还没有啃下来；有些改革已进入深水区，有些还处于搁浅状态；有些地方改革的焦点没有对准所有权与经营权分开。整体上看，国企改革处于政策出台、情况摸清、焦点聚准、经验探索的阶段，为十九大以后的国有企业全面改革的落实创造了条件。

十九大后，预计党和国家将以更大的力度，更大的步伐推动国企改革。总体来说，十九大将在宏观层面在方向上做出指引，在十九届三中全会将对国企改革做出重大部署。国企改革可望在九个方面得到明显推进：一是坚持把经济结构战略性调整作为市场配置资源的主攻方向，建立新经济体系继续去产能、去杠杆；二是把国有企业公司制改革作为进入市场经济体制的重要任务，加快放权、授权，把企业推向市场；三是完善监管体制，国企分类问题解决好，引导改革有序推进；四是把所有权与经营权分开作为国企改革的核心，焦点调到市场化经营上，包括加快职业经理人队伍形成；五是建立和健全支持国企改革的宏观调控体系，计划、财税、金融与社会保障部门相互配合的配套改革；六是混合所有制改革进入较大规模；七是在分配制度上，实行以按劳分配为主体，多种分配方式并存，效率公平兼顾；八是经济制度创新与政治制度、文化制度以及社会管理制度的创新相互支撑；九是坚持把党的领导与公司治理融合，建立新型现代企业制度。

（2017 年 9 月 21 日）

| 第三章 |
董事会及公司治理的要害是权力授予与制衡

国企高管薪酬要分为"市场价"与"行政价"

因为习近平总书记 8 月 18 日讲话，使得国企高管的年薪问题再度引起热议。习近平强调，要合理确定并严格规范中央企业负责人履职待遇、业务支出。使这项改革成为国企改革的先手任务，提前摆到议事日程上了。

目前我们要考虑的问题是，国企高管薪酬是简单的下降，还是分类问题。我认为，先要解决分类问题，因为分类是属于本质问题。

长期以来，部分国企高管，特别是央企负责人薪酬过高的问题，饱受社会诟病。特别是近两年来，一些央企业绩下滑甚至亏损，高管待遇薪酬不降反升，更是备受争议。在这一背景下，中央全面深化改革领导小组召开会议，改革央企负责人薪酬制度，对不合理的偏高、过高收入进行调整，坚决根除国有企业负责人按照职务设置消费定额并量化到个人，显然是情理之中、意料之中的事情。

从目前情况看，由于央企负责人薪酬过于市场化。国企高管与普通员工之间、国企之间、国企与其他所有制企业之间的薪酬差距巨大，造成央企负责人薪酬普遍存在过高的问题。所谓合理，一方面，就要建立与企业领导人分类管理相适应、选任方式相匹配的企业高管人员差异化薪酬分配制度；建立健全责权利相统一的薪酬确定制度，推广薪酬延期支付和追索扣回制度，不能出现企业亏损、负责人稳赚不赔的问题。另一方面，在考虑社会公平的情境下，应对行政任命的国有企业高管人员薪酬水平实行限高，并严格限制薪酬增幅，不断缩小企业内部、企业之间的分配差距。重要的，是划清"官"和"商"的界限，使薪酬与公有制的社会主义制度相适应。

我认为，国企高管薪酬，简单降薪并不能达到根本目的，关键是必须划清"官"和"商"的界限，要害是分为"市场价"与"行政价"。

国企高管该不该拿高薪？社会上一直存在着两种观点的交锋，一种观点认为高管薪酬就应该企业自己定，应该拿高薪，否则人才流失；而且国企高管的薪酬与民营、外企高管相比也不算高。

另一种观点认为国企高管是以行政任命为主，与职业经理人所面临的风险和压力不同，薪酬确定方式自然也应不同，其水平当然不能向市场价位看齐。此外，不管是银行还是其他国有企业，很大程度上其竞争力源于制度性垄断，与企业高管本身的水平并无太多关联，当然不能拿高薪。

这两种认识一直相持不下，构成了对确定国企高管薪酬水平问题认识上的难点，我认为应当把认识统一到上述第二种认识上来。

其实，央企高管薪酬到底是高还是低？这原本是个再简单不过的问题，即把央企高管的薪酬，与公务员的收入做个对比就可以了。

然而，老百姓不满意和不接受的主要是国企高管既有官员、半官员身份，职业无风险，还要求像外资企业、私营企业高管一样拿天价薪酬，既没有道理，也不符合国际惯例，容易引发社会心理不平衡。公众之所以对央企高管的天价薪酬强烈不满，关键并不在于薪酬的多少，而在于该不该这么拿。换言之，老百姓并非仇富，而是仇"不公"。如果央企也和其他类型企业一样，在平等的环境下参与市场竞争，相信公众不会对央企高管的薪酬产生质疑。

在我们看来，要解决国企高管薪酬谁说了算的问题，最关键的是解决高管的身份问题：他们究竟是上级委派的"官员"还是市场竞聘的"职业经理人"？在我国当前的干部任用体制上，一些国企的领导与政府官员的身份转换几乎没有障碍，这也让一些国企高管享受行政级别待遇饱受批评。

所以，要想设定国企高管的薪酬标准：

首先就必须坚持对企业和高管进行分类管理，一是将国企分为商业性、竞争性公司和公用性、垄断性公司，前者可以参照市场标准并且略低市场，后者就应该参照公务员体系的薪酬标准；二是高管分为组织任命和市场竞聘两种，前者略高于公务员标准——法国是同级别官员收入的两三倍，后者参考市场标准并且略低于市场价。习近平同志曾经说过，千万不要既想当官又想发财，这就应该是设定国企高管薪酬的一个基本参数。

其次，国企高管薪酬监管方式方法应与高管选拔任期制度相匹配。国企高管大多数还远不是职业经理人，当然其中有少数具备职业经理人的资质，但由于不是市场机制选拔出来的，就不应该向市场价位看齐。我们应该坚持的是：国企高管行政任命的就只应是"行政价"；竞争上岗具备明显市场能力者，其薪酬可以是"半市场价"；没有官员、半官员身份，面向全国、海外通过竞争招聘的职业经理人则可以是"市场价"。市场经济发达国家的国企高管基本都是拿比公务员稍高一些的薪酬，没有拿市场价位高薪的。

第三，加快建立与业绩考核紧密挂钩的薪酬机制。国资委《中央企业负责人经营业绩考核暂行办法》实施，采取了一些更为精确的考核措施，更为强调业绩与贡献。国务院批转的《关于深化收入分配制度改革的若干意见》还提出，对行政任命的国有企业高管人员薪酬水平实行"限高"，推广薪酬延期支付和追索扣回制度。这种措施付诸实践，有利于消弭公众的不满情绪。

第四，光有规范薪酬的制度还不够，前述办法就提出"公开公正，实行科学的差异化考核"，可如何实现公开公正，让公众和职工认可高管的薪酬分配，这还需要包括领导干部个人财产申报公开等制度的探索。

（2014 年 8 月 19 日）

央企董事会改革试点 10 年为何难成正果？

董事会改革已经 10 年，但是一直在试点，成效不大。当下，董事会建设规范已经进入普遍规范阶段，改革进入深水区。关键在于国资委放权给董事会，董事会放权给经理层，对这一点，我们必须认识清楚。

董事会建设与两级放权

从 2004 年 6 月国务院国资委出台第一个中央企业董事会建设指导性文件以来，开展规范董事会建设工作的探索已有 12 年的时间。12 年来，央企建设规范董事会在破除一把手体制、科学决策等方面取得了重要突破。

从数量上来看，改革的成果很显著，已经接近国务院国资委监管下央企数量的 8 成。但是从每年不到 8 家的推进速度上来看，改革的质量并不高。当下，董事会建设规范已经完成了由试点向试面的转变，进入深水区的改革将更加困难。

新一轮国企改革，明确要求"推进董事会建设"，并特别强调"落实和维护董事会依法行使重大决策、选人用人、薪酬分配等权利，保障经理层经营自主权，法无授权任何政府部门和机构不得干预"。所以 22 号文件讲得好，央企董事会建设在迎来改革契机的同时，必须要一改过去"隔靴搔痒"的做法。但是，实际上很难落实。

在我看来，国资委不肯放权给董事会，董事会不肯放权给经理层，这是董事会试点不能成功的症结所在。下一步的重点工作是放权，国资委放权给董事会，董事长放权给总经理。政企分开、政资分开、所有权与经营权分开，这是关键。突破口在这边，关键在这边，核心也在这边。还有，要完善其他的具体制度，比如外部董事的考聘、董事会会议制度都需要抓。这些问题不解决董事会建设永远在试点之中。

董事长和总经理两权混于一身是个焦点。但主要问题是两级放权。为何长期试点难成正果？用个形容来描述就是，枝叶乱晃悠，根本没有动。现在的董事会改革在枝枝叶叶上下功夫，不解决根本问题，很难试出什么好成果来。如何使董事会的职权到位，首先，国务院国资委应当下放权力至董事会；其次，董事会将经营权下放给总经理，两级下放的同时进行三权制衡。必须实现权力下放和分权制衡，才能真正发挥出董事会的作用。

要完成权力的下放，需要双管齐下：一方面，国资委应当将必要的权力下放至董事会，将一些事情的决策、薪酬管理、总经理聘任等权力交由董事会负责。同时，董事会将经营权下放给总经理，改变以往董事长集决策权、执行权、监督权于一身的现象，实现真正的三权制衡。

这里可以总结为董事会改革的三步曲，先解决董事会有权的问题，再解决放权的问题，然后解决三权制衡的问题。要从三方面进行推动：第一，修订法律以明确"董事长不能插手经营"的规定，在国企改革中修改《国有资产管理法》，从法律上解决所有权与经营权分离的问题，解决"一权独大"的问题。第二，发展混合所有制，解决"一股独大"的问题。第三，真正实现董事会、监事会、经理层的分权制衡，解决"一人独大"的问题。

董事会职权不到位是改革最主要的问题。这里可以分为两层来讲，第一层，强调权利是否到位。国务院国资委很多权利不下放，比如说董事会集体来选聘董事长的权力，董事会成员除三名是职工选取的外，其他的内部董事和几名外部董事是中组部和国资委任命的，这也是和普通的董事会不一样的地方。第二层，政策到位了，执行是否到位。有了这项权利能不能做到规范的行使。现在国内的董事会很规范，但往往是形式上的规范。

董事会建设与股权机构

"一股独大"的股权结构对董事会建设带来决定性的影响，这里"一股独大"的股是国家股，是全民股。这样从而使股东大会不能真正发挥作用，董事会治理机构和政府管理结构相冲突，不能代表根本利益。从一定程度上来看，组织结构体制和股权本来是相一致的。

董事会建设与股权结构有关系，但不是本质的。董事会的法律地位还是由法律来规定，股东大会如果要否定董事会在其合法权限范围内做出的决议，是要通过法院走法律程序的，这个是法人治理的问题。需要明确一点是公司治理促进股权分散，不是股权分散促进公司治理。

我们现在所有的企业家是处在独立的市场主体。当企业不能处于独立的市场主体的时候就不能成为企业家。现实中民营企业家与国有企业的企业家在任命产生机制、标准都不一样。

所以，所有的国有企业的企业家前面要加两个字——"国企"。从他们的任命来看是组织任命，他们对政府负责、对党负责是第一位的，对市场负责是第二位的。国企负责人的第一位职责是什么？是对党负责，为党工作。从标准上看，22号文件对"国企"企业家的要求和对市场企业家的要求不是一个标准：区别在于"国企"企业家的四条标准中，首先强调的是要有国际视野，把懂经营放在最后一条，而市场企业家第一条标准是赚钱。"国企"企业家按着市场经济的标准评价是不合格的。

国企缺乏透明度是董事会建设的关键性问题之一，大家都知道国有企业理论上是属于全体人民的，所以它的终极股权比上市公司还分散。十三亿人每人都应该有一份，理论上国务院国资委、中组部是全国人民的代理人。所以国企的透明度应该和上市公司一样，透明是第一要义。

董事会建设与外部董事制度

引入外部董事的制度设计，目的在于避免董事会"内部人控制"，让董事会决策、经理层执行、监事会监督的公司法人治理结构成为可能。然而，在董事会职权试点的12年的时间里，这些作为央企董事会最核心的职能一直未能充分发挥。

现在的外部董事多为花瓶董事，这已经走向歧途。在这方面日本有沉重的教训。我们的外部董事都是元老、人大代表、政协委员、政府官员。这是凭资历上来的。他们当过官员有很多关系，比如有的省长担任了好几个企业的外部董事，为什么要让他们当？他们并不是凭经验而是有资源，这些资源为企业服务。经过这两年治理，许多政府官员退出，外部董事群体得到一定改善，但是外部董事素质还是存在一定的问题。

引进外部董事制度本身还是积极肯定的。花瓶化是另一个问题，即使上市公司也有花瓶化。外部董事制度有个前提条件是董事会职权本身要到位。如果是董事会职权到位，无论是上市公司还是央企就没有这种问题了。

董事会建设与董事会文化

董事会采取民主集中表决的方式，但是实际遇到的问题是，集中也表决了，都是一致性通过，因为这是象征性、形式性的。

同时，董事会在会议制度上也流于形式。董事们一年就开几次会，一次会议一天或半天，走过场而已。所以，外部董事会议要有一定的时间保证。哪些会议外部董事参加，参加多长时间，哪些决策由外部董事决定。还有，外部董事的考核，都没有具体量化的标准，没有奖惩的标准。

外部董事的各种机制也需进一步落实，比如产生机制、运作机制、考聘机制、奖惩机制等，现在的问题是流程格式都形成了，但是整个机制都是一个形式。归根结底，外部董事制度的不规范，深层次的问题还是董事会权力不到位。

现在，人们对于董事会，并没有充分认识到董事会是公司的最高权力机构。其他的董事都看着董事长的眼色办事。国资委要赋予董事会足够的权力，关键的就是国资委下放董事会选董事长、总经理的权力。有了这项权利之后，董事会按照一人一票的决策机制来行使权利。然后把董事会会议做的决策对外公开信息透明，形成良好的董事会文化。

董事会怎么形成职权分明、权力治衡的内部闭环体系则是根本的解决之道。我们的差距很大。

（2016年1月10日）

第三章 董事会及公司治理的要害是权力授予与制衡

董事会建设贵在权力分开与制衡

不久前，国务院办公厅印发了《关于进一步完善国有企业法人治理结构的指导意见》，提出到2017年国有企业公司制改革基本完成。国有企业公司制是现代企业制度的一种有效组织形式，而董事会制度在公司治理机制中居于核心的位置。因此，要进一步提高公司治理的效率，就必须深化董事会改革；要将公司治理理论研究推向深入，就必须深入研究董事会制度。

由于董事会在公司治理结构中的核心地位，董事会建设因此受到特别重视。2005年10月，以宝钢集团董事会作为启动试点工作标志，以后较长时间处在试点中。我们知道，现在企业制度和董事会制度是从西方的企业制度中引进来的，特别是中国的大多数上市公司，多数是由国有企业改制建立起来的，而董事会的成员，主要不是在自然人的所有者的基础上形成的，而是由原来的国有资产的所有者，是由国资委任命的。因此，就多数的上市公司而言，董事会的成员不是真正的所有者的代表，仍然是一种所有者的委托代理人。实际上充当着所有者代表的职能，同时又是所有者的委托代理人。因此他的激励和约束机制在董事会运行过程中已经出现了许多变异，导致企业董事会的运行方式和运行机制，发生了不完全符合市场经济的要求现象和问题。董事会制度虽然比原来的传统国有企业的领导体制有了根本性的变革，但是从整体上讲，还没有完全适应现代市场经济的要求，特别是权力制衡问题长期没有得到解决。

我在2013年便提出在部分国企中存在"一股独大、一权独大、一人独大"的问题，话说得尖锐些，但确实存在这种现象，后来反腐败斗争揭露的事实，证明有些央企董事会"内部人控制"现象相当严重。后来尝试提出把所有权与经营权分开来解决权力制衡的思路。现在看来，从实践出发建立规范的央企董事会，的确是推动国资改革的重要突破口。所谓"规范的央企董事会",就是把以前主要按《企业法》注册的中央企业,改造为按《公司法》注册的国有独资公司,然后建立由国资委委派的外部董事和内部董事组成的董事会,逐步形成出资人、董事会、监事会、经理层各负其责、协调运转、有效制衡的机制。

国企公司治理的要害在哪?在我看来,当前董事会改革的需要进一步深化,董事会建设大体上有个三步曲,首先解决董事会有权的问题,再解决分权的问题,明确出资人、董事会、经理层、监事会、党组织的权责边界,最终要解决权力制衡的闭环体系。

新一轮国企改革,明确要求"推进董事会建设",并特别强调"落实和维护董事会依法行使重大决策、选人用人、薪酬分配等权利,保障经理层经营自主权,法无授权任何政府部门和机构不得干预"。这些,在22号文件已经讲得很明确了。央企董事会建设在迎来改革契机的同时,必须要一改过去"隔靴搔痒"的做法。央企规范董事会建设,既要防止国企内部人控制,又要防止外部人失职;既要党组织发挥政治核心作用,又要实现法人结构运转有效。增加活力,提高效率,提升国企核心竞争力。但是,实际上很难落实。

在我看来,国资委不肯放权给董事会,董事会不肯放权给经理层,这是董事会试点难以前行的症结所在。政企分开、政资分开、所有权与经营权分开,这是关键。国资委如果不放权,也可以从授权开始进行试验,授权总比放权来得容易些。何况,有些权力是不能放的。让董事会有权聘任和解聘经理层,是央企董事会试点的必选项,也是董事会改革的核心问题,而我们现在没有突破。这是董事会试点工作中所有问题的中心,如果这个结打不开,其他结也不可能打开。下一步,加快推行职业经理人制度,由董事会有权聘任和解聘职业经理人,也是题中应有之义。

现在的董事会改革在形式上开始"象"了,然而是在枝枝叶叶上下功夫,根本问题没有碰。比如,董事会采取民主集中表决的方式,形式上规范了,但是实际上集中也表决了,都是一致性通过,这是象征性、形式性的。

董事会的许多职权受到限制,董事会职能虚化,很难试出什么好成果来。如何使董事会的职权到位，首先，国务院国资委应当下放权力至董事会；其次，董事会将经营权下放给总经理，两级下放的同时进行三权制衡。必须实现权力下放和分权制衡，才能真正发挥出董事会的作用。

我认为要从三方面进行推动：第一，修订法律以明确"董事长不能插手经营"的规定，在国企改革中修改《国有资产管理法》，从法律上解决所有权与经营权分离的问题，解决"一权独大"的问题。改变以往董事长集决策权、执行权、监督权于一身的现象。第二，发展混合所有制，解决"一股独大"的问题。第三，真正实现董事会、监事会、经理层的分权制衡，解决"一人独大"的问题。

完成权力的下放，理顺董事长和总经理权责体系，建立适应本企业实际的体制。一方面，国资委应当将决策、薪酬管理、总经理聘任等权力下放至董事会负责。同时，董事会将经营权下放给总经理，董事长与总经理的关系，要清晰界定岗位职责，科学进行任职配置，而且要权责形成闭环体系。

党组织作用如何融入法人治理结构，是个需要解决的重大课题。新《公司法》并没有规定党组织在公司如何运行和发挥作用，这对国有企业是较大的挑战。因为我们是社会主义制度，党的领导是公司治理的重要内容，而党的领导主要是通过董事会来执行，而不是直接进入经营过程。这些，应该在《企业法》与《公司法》中写明，对这些条文的完善与修改，应是改革中的任务。

当然，还有如何完善外部董事制度。根据外部董事行业的不同体现其"执行督导"的价值，通过调研论证等发挥其作用，依据外部董事个人职业背景的不同，安排其进入相应的董事会专门委员会，以体现"决策专家"的特质，同时发挥其外部的身份"沟通桥梁"的作用。

对于董事会在公司治理中的核心地位，我们还须进一步提高认识。按照目前思路改革，国资委把部分出资人职权，授予董事会，由董事会按市场方式来运作企业；出资人的意志和意图，由董事长和董事来代表，由董事会的决策来体现。至于对所投资企业的经营管理，则完全由作为营运主体的国有独资公司或国有控股公司来承担。从企业来看，坚持依法治企，坚持权责对等，切实落实和维护董事会依法行使中长期发展决策权和经理层成员选聘权、业绩考核权、薪酬管理权以及职工工资分配管理权等，推动形成各司其职、各负其责、协调运转、有效制衡的公司治理机制。从监管体制来看，通过营运主体董事会的有效运转，逐步搭建"国资委、国有资产营运主体及国家投资企业"三个层次的国有资产监管框架，逐步构建"国家统一所有，分别行使产权，专门机构监管，授权委托营运"的国有资产监管体制。这样一来，董事会建设就会处在国资改革的中心枢纽地位，一头连着现代企业制度建设，一头连着国有资产监管体制。

从西方引进的董事会制度建设，是一个舶来品，在中国没有实现中国本土化，非常容易导致"形似神非"。我们目前先要规于形，建立规范的董事会，同时建立规范的公司治理机制，把出资人代表的权力授给公司董事会是前提，再把经营权和所有权并分开，才是触及到核心之处。当然，最终的检验标准，是能不能达到权力充分发挥而又制衡，形成一个成熟的受控体系，以企业的后力与法治程度来衡量，以企业发展的效率与质量来衡量。显然，这是一个艰难而复杂的过程。

（2017年4月6日）

职业经理人试点再拖三年央企人才流失将达 30%

目前，薪酬改革的滞后，致使央企高管及技术人员流失现象日趋严重。职业经理人制度及队伍的形成是挽留央企人才的重要途径。

自 2003 年起，国资委对央企负责人实施年薪制，并将负责人收入和企业效益挂钩后，短期效益立竿见影。但是由于很多央企没有同步建立职工工资的正常增长机制，导致企业内部出现严重不和谐，已经影响到了企业的长远发展。实行高管限薪是正确的。高管薪酬过高，不符合中国国情，两极分化，是我们反对的。

但是，这件事开了头，便止了步。没有继续改革，问题便出来了。自央企"限薪令"实施一年来，国有银行高管的薪酬显著下降，有的下降幅度甚至超过一半。银行的薪酬天花板限制了银行高层管理人员的职业发展空间。另一方面，以互联网金融为代表的新兴金融产业吸引力逐渐增大。

新旧金融势力的此消彼长是推动银行高管们作出选择的内在原因。在利率市场化的过程中，在传统金融向互联网金融转型的进程中，必然产生人才转移的过程。如何留住现有人才，吸引更多优秀力量是银行面对的重要课题。在这样的情况之下，恐怕就要改革薪酬的分配机制。

积极地而不是消极地改善员工的薪酬激励机制，已经上了马，下不来了，慢了也不行。央企应当紧跟市场，以市场为导向，建立与经济发展相匹配的薪酬增长机制，以业绩论英雄，凭数字说话，多劳多得，增强薪酬水平的市场竞争力。推行年薪制、协议工资制等市场化激励模式，以市场化的薪酬吸引人才。进一步提供具有吸引力的薪酬，在保留住现有核心人才和价值人才的同时，加大优秀人才和高端紧缺人才的引进力度。

过去，曾用"培训学校"来形容国企人才流失现象。国有企业成了培训学校，人才培训了，三资企业挖走了。现在央企成了"黄埔军校"，培养的骨干，跑到外企、民企去了。下一步非常头疼的事情，就是科技与经营管理骨干人才流失严重。

在国企改革中，职业经理人的选聘是改革中的重要内容之一。从大处说，职业经理人是所有权与经营权分开、让企业走向市场成为独立经营者的重要标志，这是问题的根。对职业经理人，主要考核经营业绩指标完成情况，实行市场化薪酬，聘任关系终止后，一并解除劳动合同，自然回到人才市场，充分体现"市场化来、市场化去"的原则。

现在有一个混淆，就是市场化选聘经营管理者与职业经理人区别。可以从市场化选聘经营管理者试点的基础上，探索推行职业经理人制度试点。职业经理人与市场化选聘的经营管理者区别在于：对市场化选聘的经营管理者，综合考评政治责任、经济责任、社会责任履行情况，实行与其职业风险相匹配的结构化薪酬，采取上限调控，聘期届满，聘任关系终止后，可根据工作需要合理使用；现在部分央企已经进行了职业经理人试点。但是职业经理人制度在国企的推进缓慢，迟迟没有经验出来。原因在哪里？组织人事部门不松口，不放权，再试也白搭。

现在，职业经理人的制度、地位、市场没有形成。职业经理人改革的艰难，体现的效果不快，一部分人按捺不住，还是走了。如果职业经理人试点三年没结果，央企符合职业经理人的人才流失必达30%，而且这是个保守的估计。

一些人有职业经理人的本事，懂经营，不想在这里熬时间的，走了，是非常可惜的。45岁左右走的人较多，有了本事，能闯一闯。太年轻，本事不够用的，人家还不肯要。走的人中，有一些，将来是出类拔萃的，有的可能成为商界枭雄。

现在，是老法、新法混用的时期，是一个过渡期。这个过渡期太长了，不利于央企队伍的稳定。改革是等不得，拖不得的。现在只有一个办法：改革快一点，职业经理人制度、市场与队伍早日形成。加快推出职业经理人改革经验，把新法早点拿出来。

（2015年11月）

中央企业公司制改革的路径选择与难点

2017年初的国资委年度会议，出人意料地提出了年底前完成公司制改制任务，不久召开的两会报告也写进去了。最近召开的中央全面深化改革领导小组第三十六次会议明确审议通过《中央企业公司制改制工作实施方案》。这则消息，使公司制改革一下子突出起来。国务院办公厅日前印发《中央企业公司制改制工作实施方案》。这标志着自从20世纪90年代以来，我国一直在推进国有企业公司制改制将画上句号。中央企业将全面进入公司制时代。

目前101户中央企业中仍有69户集团公司为全民所有制企业，这意味着69户央企集团公司和3200户央企子企业必须在半年时间内完成从全民所有制到公司制的"变身"。未经公司制改革的中央企业要在三个月内拿出方案，数量多，任务重，时间紧，压力大，这是一场真正的攻坚战。

我在年初预测改革形势时认为，公司制改制的收尾是今年一个亮点。中央企业整体改制、整体上市将是改革重头戏。

国有企业公司制改革反映中国走向市场经济体制的进程

央企母公司的改制方案9月底之前报国资委，子公司按企业规定程序报批，确保11月底之前工作全部完成，时间是有点急了。其实，这件事情已经搞了14年了。

这件事情，要从1992年10月党的十四大说起，当时确定社会主义市场经济体制的目标。1993年11月党的十四届三中全会明确国有企业改革的方向是建立现代企业制度后，国企改革已从20世纪80年代的放权让利转向制度创新，塑造适应社会主义市场经济发展的微观基础。1994年后，全国先后有2500多户国有大中型企业进行现代企业制度试点，探索现代企业制度建设的途径、步骤和方法，积累了一定的经验。越来越多的人认识到，现代企业制度既然是适应发展社会化大生产和市场经济的内在要求的企业制度，其有效的组织形式就是现代公司制度，包括股份有限公司制度和有限责任公司制度。党的十五大报告和十五届四中全会《决定》提出，要对国有大中型企业实行规范的公司制度改革，这可以看作是国有大中型企业建立现代企业制度的具体化。社会主义市场经济体制——现代企业制度——现代公司制度，这是一个发展的三步曲。

我国的中央企业基本上是我国传统国有企业的组织制度，基础是在计划经济条件下形成的。随着社会主义市场经济的发展，这种旧的组织制度呈现出越来越多的弊端，内部人控制，效率低下，缺乏约束与激励机制，经营困难，需要尽快进行彻底的改革。

1999年9月党的十五届四中全会通过《关于国有企业改革和发展若干重大问题的决定》，中央对推进国有大中型企业建立现代企业制度进行了多次的要求和强调。到了经贸委在2001年初发布了《国有大中型企业建立现代企业制度和加强管理基本规范（试行）》，提出了公司制具体的要求，但收效不大，或者说雷声大雨点小。

随着国务院国有资产监督管理委员会的成立和运行，中央企业的改革和发展进入一个新的阶段。由于中央企业大多数是原各部委投资形成的，因此产权结构大多是国有独资。尽管中央和国家有关部委多次发文要求国有企业建立现代企业制度，但真正进行规范的公司制改革的并不多。

2003年国资委成立时，196家中只有20家中央企业是有限公司或已经完成公司制改革，而其余中央企业都是未经公司制改革的国有独资企业。

但是，在以后的十多年，这件事因为膨胀性发展反而停下了。就连著名的顶层设计方案也没有具体部署这件事情。我们的文件总是说社会主义市场经济体制已经基本建立起来了，总体上基本适应。其实，市场体制的重要标志是企业公司化改造。这个结论总显得苍白，似乎缺乏考量标准。可惜，这件事抓得晚了一点。如果早一年，在十九大前完成这个任务，当是最好时机。

国有企业公司制改革意义是将把企业推向市场

国有企业公司制改革是中国企业进入市场经济体制的重要标志之一。国有企业公司制改革意义是将把企业推向市场，政府将以产权拥有者出现，不再以行政领导而是以出资人身份出现，企业不再是政府的从属组织或部门，而是独立的市场主体。

我们常常抱怨国企改革改不下去，也常常说某某部门保守，其实事情没有那么简单。主要原因是中央企业目前还不是公司制，不是独立的市场主体，而是政府部门的企业，甚至连所有的改革都要政府批准。现代企业制度是在现代公司制的范畴内实施的，从产权制度改革入手，在资本结构多元化、资本形成社会化和市场化等制度上进行重构，国有独资企业不是现代公司制，没有这个基础，就无法建立现代企业制度。国有企业要建立现代企业制度，必须与公司制改革同时进行，这是关键所在。

现代企业制度的基本特征是产权清晰、权责明确、政企分开、管理科学，公司制能够较好地体现上述基本特征。

首先，在现代公司制中政府将是以产权拥有者出现，从身份上来说，与其他产权拥有者是平等的。投资者各占多少股份，拥有多少股权，都是清楚的，明确的。股权是按出资比例所界定的权益，包括对公司财产的所有权，在股东大会上投票和按期分红的权益。股权是可以转让的。股权的变更，股权的交易，都要符合法定的程序。现代公司制可以从根本上改变原来国有企业产权模糊、虚置，产权关系不清晰，现在，许多部门都认为自己拥有对国有企业的产权和最终控制权，可是又对国有资本的保值仅仅当作一项工作，不关心、不负责等不正常的状况时常出现。

其次，现代公司的权责是明确的，政府不再以行政领导而是以出资从身份出现。出资人和企业（公司）有各自的权责。国家对其出资兴办和拥有股权的企业，通过出资人代表或机构行使所有者职能，其他出资人也以股东身份行使所有者职能。出资人按出资额享有资本收益、重大决策和选择经营管理者等权利，对企业债务负有限责任，不干预企业日常生产经营活动。企业具有独立的法人地位。企业作为独立的民事主体，依法自主经营、自负盈亏、照章纳税，对所有者的净资产承担保值增值的责任，不得损害所有者权益，不能搞"内部人控制"。

最重要的是，现代公司能有效地实现政企分开、所有权与经营权分开。政企不分，政府随意干预企业的投资决策和生产经营活动，是国有企业的通病，也是国有企业改革碰到的最难解决的问题。转向现代公司制能从体制上解决这一难题。现代公司一般有多元投资主体，重大生产经营决策由出资人信任与委托的机构董事会作出，国家作为国有资本所有者退居到股东的地位，依法以股东的身份行使权利和承担责任，这就从根本上改变了政企不分的体制。即使多家投资主体都是国有的，但是由多家投资主体作为国家所有者的委托人行使股东权利，也能够在行政部门与企业之间建立一个"隔离层"，使政企分开。凡是符合《公司法》要求的和公司董事会职权内决策的事项，政府都不再干预和审批，真正实现政企分开。

确实，中央企业改制是"牵一发而动全身"的基础性改革，直接关系国企改革成败。

首先，有利于解决国企计划经济体制机制弊端，通过整体改制，把以前主要按《企业法》注册的中央企业，改造为按《公司法》注册的国有独资公司，成为独立的市场主体。

其次，有利于建立健全现代企业制度，以产权为主，而不是行政关系为主，推进政企分开、政资分开、所有权与经营权分离。

第三，企业的股权关系将更加明确，政府以出资人身份监管企业，有利于落实以"管资本"为主的国资监管改革。

第四，可以优化股权结构，推进股权多元化改革，解决"一股独大"问题。当然也有利于为保护中小投资人或中小股东合法权益提供制度性保障，为混合所有制改革的推进创造条件。

第五，有利于把企业推向市场，提升企业集团整体的市场化经营水平，逐步形成企业优胜劣汰、经营者能上能下、人员能进能出、收入能增能减的机制，激发集团整体的活力，把国有资本做强做优做大。

第六，有利于企业董事会建设，企业法人治理结构运作更加有效。建立由国资委委派的外部董事和内部董事组成的董事会，逐步形成出资人、董事会、监事会、经理层各负其责、协调运转、有效制衡的机制。

这是总结国有企业改革多年实践经验后作出的概括。现代公司制是不是真正建立起来了，从以上述六个方面可以检验出来。

关于公司制是私有制的思想倾向的回答

最近，在公司制消息公布，很快引起讨论。国资委有位秘书长提出公司制是全民所有制实现形式，有人认为违宪。其实，党中央对这个问题早已经形成结论。党的十五届四中全会明确提出，公司制是现代企业制度的一种有效组织形式。对国有大中型企业实行规范的公司制改革，这对于企业建立现代企业制度，实现国有企业改革和发展的新突破有着重要的意义。有些人只知道坚守公有制，而对如何发挥公有制优势，对公有制实现形式却说不出来，甚至也不研究，常常伤害改革，也常常伤害人，确实需要慎思。

国有企业公司制改革中存在的主要问题是体制问题。尽管我国国有大中型企业公司制的改革取得了一定成绩，但国有大中型企业中"产权模糊、政企不分、权责不明、管理不善"的问题还没有得到彻底解决，严重影响到我国国有大中型企业公司制改革的发展进程。深入分析这些主要问题，有利于我们把握重点，采取有效的规范对策与措施，取得我国国有企业公司制改革的成功。

公司化改制后，各级政府部门、国有控股公司以及各类国有产权代表，将在股份制形式下出现。对于股份制所体现的资本社会化功能，马克思说过：股份制是"通向一种新的生产形式的单纯过渡点。"[①] 马克思对公司制和股份制在新社会中的作用寄予很大的希望，他曾说过，股份资本，

---

① 《马克思恩格斯全集》，第 25 卷第 496 页。

是"作为最完善的形式（导向共产主义的）"。①所以，公司制和股份制作为与社会化大生产相适应的企业组织和资本营运的方式，并不是资本主义社会的专利，不是注定"姓资"和"姓私"，资本主义市场经济可以用，社会主义市场经济也可以用。社会主义的国有资本通过股份制，可以吸引和组织更多的社会资本，从而放大国有资本的功能，提高国有经济的控制力、影响力和带动力。那种认为中国搞公司制和股份制会"水土不服"（实际上中国早就成功地采用过），或者批评搞股份制这也是"误区"那也是"误区"，应该缓行等观点，都是不对的。我们应该进一步解放思想，排除各种干扰，大力发展公司制和股份制，积极股份制经济是以投资入股的方式把分散的分属于不同所有者的生产要素集为一体，统一经营、自负盈亏、按股分利的经济组织形式。

有人认为公司制是私有制，这是一种误解。私有制，是一种相对于公有制的经济制度。在这种制度下生产资料进行个人或集体的排他性占有。私有制是剥削社会（以奴隶社会、封建社会、资本主义、特权主义和专制社会为代表）基本标志之一。我们要明白，股份制和私有制两者最大的区别是，股份制包含多种经济形式，可以有公有制，也可以有私有制成分。私有制是单一成分，不包含公有制成分。股份制可以公有控股，也可以私有控股。

其实，在理论上这个问题早已解决了。

改制的标准：公司法人治理与市场化经营

中央企业的注册登记分为两类情况：一类是按照《公司法》注册的，中央企业中有小部分经由国务院授权的国家单独投资设立或改制而成的有限责任公司，或产权多元化但由国家控股的有限责任公司，按照《公司法》的规定，这部分公司名称中都具有"有限责任公司"或"有限公司"字样；另一类是在1994年7月1日《公司法》施行前按照《全民所有制

---

① 《马克思恩格斯全集》，第29卷第299页。

工业企业法》（简称《企业法》）登记的。顾名思义，按照《企业法》登记的企业都是全民所有制，肯定是国有独资，按照《企业法》登记的这部分企业名称中都不具有"有限责任公司"或"有限公司"字样。现在强调的公司制，实际上是把按《企业法》登记的企业按照《公司法》来改造。改制有一个具体的目的：公司法人治理与市场化经营。如果从针对性考虑，要奔着问题去，目前国企存在很多问题，包括市场主体地位还没有真正确立，现代企业制度还不完善，企业活力不足，经营效益不高，国有资产流失与内部人控制，问题很多。完成国有企业公司制改制工作，有利于这些问题的解决。

加快推进全民所有制企业的公司制改革，是加快形成有效制衡的公司法人治理结构和灵活高效的市场化经营机制的前置性条件，是国有企业改革整体向前推进的重要举措。

我认为国企公司治理应该强调行重于言，内容重于形式。公司制包括董事会等许多事情。形式规范固然重要，更重要的是虚实相生，名符其实，而不是形似神非。譬如，董事会采取民主集中表决的方式，形式上规范了，但是实际上表决往往是一致性通过，中国文化"一把手""要面子"的特质决定这种操作往往具有象征性、形式性甚至虚假性。从西方引进的公司制、董事会制度建设，如果没有实现中国本土化，非常容易导致"形似神非"。

公司制形成权责明确、相互制约的法人治理结构。国有企业进行公司制改革后，有明确的投资主体，建立权责明确的法人治理结构，所有权和经营权分离，建立股东、董事会、监事会和经理人员之间相互制衡的公司治理结构。构建公司董事会、监事会的结构与功能，增强外部股东、合资者、合作者及独立董事对公司的制约和监督，明确董事长与总经理的权利、义务、责任及相应的聘任、解聘机制，建立公司事务决策规则、程序和约束机制、激励机制。

在公司制改革后，产权的代表人（董事或董事长）和经营者（总经理）分开设立，产权的代表人由国资委及其他股东委派，主要对产权所有者（国资委或其他投资主体）负责，经营者是产权代表人选择来完成经营目标任务的经理人选，两者权责明确，有利于约束和激励。也就是我们说的职业经理人，这是深层次的改革。

公司制改革也解决了国有企业普遍存在的"内部人控制"的通病。由于国有企业的所有者缺位，经营者缺乏必要的产权约束，导致经营者享有所有者的权力，两者分不清，权责不明，缺乏必要的约束机制和激励机制，近几年出现的国企负责人腐败现象，确实发人深省。公司改制后可望在一定程度上解决长期存在的国有企业"内部人控制"的问题。

中央企业公司制改革的路径选择与难点

中央企业中的69家国有独资企业，在公司制改革中应区别对待，分类实施。关系国民经济命脉和国家安全、基础设施、重要自然资源等行业的中央企业似应改制为国有独资的有限责任公司，这类企业也大多是具有一些非竞争性、垄断性特征。而分布于各个竞争性行业的中央企业中的国有独资企业，种类繁多，数量较多，在这69家中央企业中占大多数，应该都要实行公司化治理，产权多元化。

怎么改的问题，已有了具体的操作办法，中央企业集团层面改制为国有独资公司，由国务院授权履行出资人职责的机构批准；改制为股权多元化企业，由履行出资人职责的机构按程序报国务院同意后批准。中央企业所属子公司的改制，除另有规定外，按照企业内部有关规定履行审批程序。在审批方面分三个层面：央企集团层面改制为有限责任公司需要国资委批准，改制为股份有限公司需要报国务院同意，央企子公司改制一般情况下则走企业内部程序。

国企改制难在过程复杂、利益多元，有的企业涉及大量债权债务关系、法律纠纷、人员安置等许多历史遗留问题；在资产评估过程中，一些企业还面临评估后资产总量增加，摊薄公司每股资产收益等情况。《实施方案》明确了公司制改制的支持政策，在国有划拨土地处置、税收、工商变更登记和业务资质资格承继等方面提出了相关政策支持，为公司制改制工作的顺利推进奠定了良好基础。

实施方案主要涉及配套政策，主要包括土地、税收、工商登记变更和资质资格承继等方面的政策支持。一是划拨土地处置。国企土地多，其原有划拨土地可按《国有企业改革中划拨土地使用权管理暂行规定》相关规定保留划拨土地性质。二是税收优惠支持。为促进改制工作，前期，有关部门就改制涉及的资产评估增值、土地变更登记和国有资产无偿划转等方面出台过税收优惠政策，文件有《关于企业重组业务企业所得税处理若干问题的通知》等。三是工商登记变更。实施方案提出改母公司可先行改制，办理工商登记变更，其所属子企业或事业单位要限期完成改制或转企；改制为股权多元化企业，应先将所属子企业或事业单位改制或转企，再办理母公司工商登记变更。四是资质资格承继。企业经营过程中获得的各种专业或特殊资质资格证照由改制后企业承继。一些困难企业，债权债务比较严重的拖了"后腿"，了结必须要在资金上给予支持，包括一部分政策上，给予支持，创造条件，让他们尽快的把包袱丢掉。

我们要注意，改制成本高也是影响速度的重要原因。有的央企在改制中花费几亿元做资产评估，如果按照理论算法，整体上可能还需要缴纳几百亿元的税。北京有些中介评估可能要发"改制财"。这问题可能将来要出案例，不可忽视。

当然，评估后虽然增值，但不产生实际效益，企业积极性不高。公司制改革推进难不仅有历史原因、体制原因，还有改革意识不到位的因素。这是不可忽视的因素。

改制核心内容是转换体制机制，不能"翻牌"了事

央企从全民所有制改为公司制，不仅是一个"牌子"的变化，更应该是深层次机制的改变，根本目的在于激发企业发展的活力。

公司制改革，表面就是把原来按《企业法》注册的国有企业，改为按照《公司法》公司制注册的国有企业。首先，在承担的责任上，企业制下的国有企业，国有资本承担无限责任；公司制下的国有企业，国有资本按

照所占股权比例承担有限责任。其次，经营主体有变化，企业制下，是不完全的市场主体，政企不分。公司制下，是完整的市场主体，有完善的法人治理结构，包括董事会、监事会等，这也是最大的变化。这些将为下一步深化国企改革，深入推进混合所有制改革，实现股权多元化铺平道路。

从企业制到公司制，最大的改变是什么？在于激发企业发展的活力。本质上这属于国资改革，是以国资改革推动国企改革，这是符合逻辑的。

我很担心的是政府对国有企业规范的公司制改革，当作一种形式，而实际上不放权。这是一项复杂的系统工程，除了要靠企业自身的努力外，还要政府和社会为这种改革创造必要的良好的社会经济环境。这包括：政府要转变职能，不再总是插手企业的日常生产经营事务，有些原来由企业承担的办社会的职能则要交还政府承担；提供稳定的经济环境和良好的经济秩序，统一、开放、竞争和有序的市场，国有经济在健康的轨道上运行。根据这几年公司制改革的丰富实践，进一步完善《公司法》和相应法规；建立和健全社会保障制度，以利于形成企业优胜劣汰、人员能进能出机制，减轻公司为增强自身竞争力而裁员的阻力，发挥"稳定器"作用。依法治国，严格执法，公司的治理结构要在法律法规的框架内设计，不能搞法外运作，等等。

这次改制，就涉及的资产规模来看，改革涉及的总资产近8万亿元，还需要改革的资产总额为5.66万亿元，规模不小。显然，这是一个艰难而复杂的过程。先在形式上先完成，深层次的改制，还得慢慢来。

中央企业中的国有独资企业进行公司制改革是刻不容缓、大势所趋，是国企改革方向，也是参与国际竞争的需要。虽然困难比较多，但这一步必须走好，画上一个句号，中国的社会主义市场经济体制确立起来，国有企业中的许多问题相对就比较容易解决，也为国有企业全面深化改革创造了条件。

（2017年8月3日）

| 第四章 |
联通混改是国企改革突破的"关键一战"

"混改"三种乱象反映改革理论基础的混乱

2014年8月18日,习近平在中央全面深化改革领导小组第四次会议讲话中指出,国有企业特别是中央管理企业,在关系国家安全和国民经济命脉的主要行业和关键领域占据支配地位,是国民经济的重要支柱,在我们党执政和我国社会主义国家政权的经济基础中也是起支柱作用的,必须搞好。他同时指出中央企业负责同志肩负着搞好国有企业、壮大国有经济的使命。这从政治与经济两方面强调了国有企业的支柱作用,意义深远。

这是习近平在党的十八大后对国有企业特别是中央管理企业的地位、作用及使命的首次公开表态,这是我们党在国有企业改革的关键时刻的又一重大理论推进,也是当前正在进行的混合所有制经济改革的基本遵循。

十八届三中全会以来,"混合所有制经济"的概念受到了社会的广泛关注。相当一部分人认为,发展混合所有制经济,就是要稀释国有经济成分,国有经济要在竞争性领域退出。有一批学者总是强调私有化,甚至鼓吹最终"去国有化""去公有制""去国有企业"。这些主张和看法,在实践上极易引起混乱,也是非常有害的。

应该说,习近平总书记的"8·18讲话"就是强调支柱思想,是一篇"国企支柱论",是对"去国有化"论调的有力回答。学习和理解习近平总书记关于国企改革的一系列论述,对于正确认识当前"混合所有制经济"问题上存在的意见分歧,牢牢把握混合经济的方向,进一步巩固国企在我国社会主义政权经济基础的支柱地位,有很强的现实意义。

两种理论 两种前途

目前,"混改"中有三种乱象,牵涉到混合经济的方向和国企的控制力问题。表面是企业家的思维问题，本质上反映的却是混合经济改革理论基础的混乱。

运动跟风式思维。把"混合所有制经济"当作成一场运动，表面上搞得轰轰烈烈，甚至还出现了一些擂台竞赛式的表态，对于多长时间完成什么目标、在多大的面上实现混合都作了表态，大有一夜之间就能"混"完的势头。然而因为调门太高，说来容易操作难，在实践上往往表现为"只见楼梯响，不见人下来"。

国民对立式思维。"混改"似乎就是"我退你进"、"我卖你买"，一个不肯退，另一个光嚷嚷要进；谈到合作项目，民企说，"你给我骨头谁要？"国企反问，"我的肉为什么给你？"非公有制眼睛盯着国企中的优良企业、优良资产、优良业务线这三优"馅饼"，成天指责别人垄断，实际上自己也想吃垄断的"馅饼"。在实践上，混合经济和股份制改造被当作一个"筐"，有人总想在这个"筐"里揣私货、黑货，借改革化公为私谋取暴利。

等待式思维。不闯、不试，等待政策文件出来，国企领导担心犯"国有资产流失"的错误，而非公有制企业则担心自己的产权得不到保护，没有经营权。在实践上表现为抱残守缺、不思进取、不思改革，作壁上观，按兵不动。

这次改革的难点是利益分化的桎梏，混乱的思维以很快的速度形成新的定势，变为改革的障碍。显然，这些实践上的思维混乱，是理论混乱的反映。三种症状，一个结论：没有弄明白为什么要发展混合所有制经济。

从理论上看，存在两种截然相反的看法。一种观点是，应该大力发展社会主义国有经济控股的混合经济，把发展混合经济当作扩大国有资本支配范围、巩固公有制的主体地位、加强国有经济主导作用、引导非公有制经济发展的一种形式和手段。

另一种观点是，要稀释国有经济成分，减少国有经济比重，最终"去国有化""去公有制"。把发展混合经济当作推行私有化的一种手段，是资本主义经济控制、支配、利用社会主义公有经济的一种形式和手段。

两种结论，泾渭分明。同样是讲发展混合所有制经济，其出发点、落脚点却完全不同。

大事大非，总得有一个根本把握，有一个标准。看看习近平在三中全会上对《中共中央关于全面深化改革若干重大问题的决定》做的说明是怎样表述的。他说："如何更好地体现和坚持公有制的主体地位，进一步探索基本经济制度有效实现形式，是摆在我们面前的一个重大课题。全会决定强调必须毫不动摇巩固和发展公有制经济，坚持公有制的主体地位，发挥国有经济主导作用，不断增强国有经济活力、控制力、影响力。"

习近平的这段话是发展混合经济的"纲"。纲举才能目张，纲不举则目乱。混合经济的改革出发点是"坚持公有制的主体地位，发挥国有经济主导作用，不断增强国有经济活力、控制力、影响力"，落脚点是"有利于国有资本放大功能、保值增值、提高竞争力"。强调"两主三力"，两主是指"主体、主导"，三力是指"活力、控制力、影响力"。这个"两主三力"思想，就是我们指为什么要搞混合经济的理论基础，是目标，也是方向。

混合所有制改革应当设立四条标准

2014年"两会"期间，习近平总书记对国有企业改革有过重要论述。他说"深化国企改革是大文章，国有企业不仅不能削弱，而且还要加强。"如何着眼"加强"来深化国企改革？不是抱残守缺、原地踏步，而是"在深化改革中通过自我完善，在凤凰涅槃中浴火重生"。这说明改革的总要求是，加大改革措施力度，做到两种程度的加强，一是国企原有基础上的"自我完善"，二是改制重组性的"浴火重生"。

"自我完善"。目前，中央企业中公司制企业比例已达89%，央企资产总额的56.97%、净资产的75.62%和营业收入的60.56%都已在上市公司。有些企业实行股份制改造，并不一定需要上市。也有的国企因为经营领域、安全性等方面的特殊性，不适宜向社会融资和实行股份制。所有国企都要立足实际，科学定位，选择适合自己的形式，健全现代企业制度，规范行为约束，加强管理监督，提高经营效益。

"浴火重生"。要坚持在增量基础上发展混合所有制经济，利用混合的资产组织形式，对内规范产权约束，完善治理结构，对外吸引社会融资，扩大影响力，增强创新力。应该说，发展混合经济的这个过程，将是险象环生，布满荆棘，又充满刺激，生机盎然。

新时期的国有企业应当如何通过混合经济的方式，既发展壮大自身，又引导非公有制经济健康发展？中国建材、中国医药可谓混合经济的成功典型。这两家都是处于充分竞争领域的世界五百强，他们发挥国有经济的主导作用，形成了一个由央企控股、吸收私营企业参加的多元化混合经济体系，扩大了国有资本的支配范围。这两家企业搞混合经济的成功也给整个行业注入了活力，挽救了许多在世界金融危机冲击下处于困境、濒临破产的私营企业，实现了国有和民资的双赢。这说明，发展混合所有制是一条既坚持公有制为主体、国有经济为主导，又引导非公有制经济健康发展的新路。类似的国有企业发展的经验，怎样总结？我们只能按照习近平提出的"国有企业不仅不能削弱，而且还要加强"的标准来检验。应通过试点，推广经过实践证明符合发展方向的经验，反对那些违背发展方向的做法。

按照习近平"深化国企改革是大文章，国有企业不仅不能削弱，而且还要加强"的指导思想，国企改革的顶层设计至少应该遵循以下四项重要原则：一是在改善产权结构的前提下，转换国企经营机制，提高企业活力，国企在国民经济中的主导作用发挥得更好，资产经营效益更好；二是放大国有资本功能，公有制经济在关系国民经济命脉的重要部门和关键领域占支配地位，把国有企业做强，具有显著的控制力；三是通过"混合"使国有经济和民营经济共同发展，促进整个国民经济健康发展；四是在国企改革过程中没有发生国有资产流失和化公为私、少数人暴富现象。

（2014年8月26日）

混改难以取信于"民"的原因何在?

先人一步被确定为混改试点的河南安钢集团,2014年9月比其他国有钢企提前一步确认作为混改试点企业,不过公布消息两个月后,尚未出台完整性的混改方案。资产重组方案也未公布,民企参与意愿不强。这使人想到民资积极性不高的问题。这是当前普遍存在的问题。

按说,钢铁属于竞争性行业。钢铁国企可以先动起来。竞争类国企一来需要外来资本激发其活力,二来市场化程度高,资产容易评估,不会引起太多国资流失的争议。成功实现混合所有制改革的一个关键因素,就是民资的积极参与。目前,从实际情况来看,民资对参与国企重组的热情并不高,很多民资存在各种各样的担忧。如何消除民资的这种担忧,使民资、国资之间真正"情投意合",是混合所有制改革中需要着力解决的问题。民资参与国资混合所有制改革的积极性不高,主要原因有:

效益差的项目没兴趣,赚钱的进不去。从国企来看,选择拿出一些效益相对较差的项目进行合作。结果,民营资本进一步调低对国有资产质量的预期,国有企业拿出更差的项目,市场交易双方不再信任彼此,合作也就无法持续了。

民企对于国企中存在的一些债务、冗员、历史包袱等问题,通常要求予以事前解决,以避免这些问题会对企业未来经营造成影响。相反,国企则要求民资在投资过程中,承担更多的社会责任,解决国企留下的历史遗留问题。对此,双方往往存在根本性的分歧,甚至最终导致投资的失败。很多民资在投资时,看中的是国企的特殊地位,以及所享受的各种补贴,如行业的垄断地位、便利的融资渠道、特有的政治资源、国家的优惠政策等。一旦这些优势因素不复存在,那么民资对投资国企也就失去了兴趣。

付出巨额的沉没成本,可是赚钱了被踢开。民资一旦投资国企,购买了设备，培养或雇用了相应的人力资本，那么就面临"锁定"效应，如果合作失败，那么这些投资可能会血本无归。比如，2009年时某省曾下发通知，对小煤矿进行资源整合，温州民间资本在此次改革中被硬性要求退出。当时温商有500亿元的股权遭到强制"并购"，又没有按照市场价格估值，总体损失在200亿元以上。非国有资本产权得不到保护，是个大问题。

国资一股独大，民企没有经营话语权。"能说了算才算投资""至少要派个董事"，这是多数民资入股国企的基本态度。他们认为，只有亲自参与企业的经营，才能避免内部人控制对自身利益造成侵害，才能避免在利益分配中处于边缘化的角色。然而，由于国资的盘子太大，可能即使民资以上千亿元的规模入股国企，在总股本中占比仍不足10%。

国有企业是主人，民资总是外部人。在重大决策时，一股独大容易产生国资"一只手压倒一片手"的现象，民资只能扮演"陪太子读书"的角色。内部人控制的直接结果就是委托代理机制的失效和股东利益的受损，甚至直接导致企业的垮台。一旦出现这样的状况，参股国企的民资将遭受巨大的损失，甚至直接破产。

防止国有资本流失，可是民资更怕流失，政治上不公平。现在，防止国有资本流失喊得天价响，把民企喊怕了。眼下当我们在谈论混改的时候，更多的是在探讨如何避免国有资产流失、如何保证国企在能源行业的主导地位等，却少见如何确保民资利益不受侵犯的制度设计。

我们知道，国企混改的具体情况有四种：一是除少数企业必须保持国有独资外，绝大部分企业逐步发展成混合所有制企业，其中国有控股混合所有制经济占绝大多数；二是在国有控股的混合所有制企业中逐步降低国有股权比重，使股权结构更加合理，更好地放大国有资本功能；三是国有企业经营机制得到了进一步转换，现代企业制度更加完善；四是国有经济结构布局更加优化，国有经济的活力和竞争力、控制力和影响力进一步增强。这个目标是双赢，不是单赢。

那么，民企混改的具体目标有几个？为民企讲话的不多。意识形态领域反对私有化的声音很为强烈。有一些人把公有制与私有制看成绝不相容的对立物,把混合所有制看成私有化浪潮,口诛笔伐。考虑到以上种种困境,民资在投资国企时,自然会加倍谨慎,这些障碍增加了民资投资国企的风险,从而导致民资在对待国有资本重组问题上更多采取了观望的态度。

为什么一些民企不想"混"、不敢"混",敢"混"的还要冒着成为"抽款机"的风险,正是因为"民混官"反而被"官"控制甚至吃掉成为民资参股最为担忧的后果。如果在混改中,国企吸收了民间资本,获得了更富活力的架构机制,而民资却面临利益受损甚至被吃掉的风险,那何以吸引真正优质的民资进入混改?从目前能源国企公布的混改方案看,对民营资本占股比例有明显限制的,这也容易造成民资进入后得不到话语权、决策权。混改应当是"民与官"的双赢,而作为弱势一方的民资需要更大的支持及保护。因此在混改推进的过程中,应不断完善、细化制度政策,在产权保护制度方面为民资打消担忧。

目前,有数十万亿社会资本在流动。怎样吸收更多的民营资本参与国有企业混合所有制改革把社会资本放入国企这个"大水库"里,是牵涉国家金融安全的大事。因此,我们强调防止国有资本流失,还要强调民有资本被保护,尤其是民资的经营权问题要得到保护,不可偏废。

(2014 年 11 月 17 日)

把混改作为突破口可望改变国企改革缓慢的局面

新时期全面深化改革已经进行快三年了，很多改革取得了阶段性成果，但从改革的全局来看，改革落实不力仍然是当前影响全面深化改革全局最突出问题。

为此，我建议把具有垄断特征的国企混合所有制改革作为重点突破的方向，并对突破方向、带动范围与牵引作用做出新的部署。

混改是会对整个国企改革具有突破性、带动性作用的改革。国有和民间资本等交叉持股、相互融合的混合所有制经济，是我国基本经济制度的重要实现形式，有利于国有资本放大功能、保值增值、提高竞争力，有利于各种所有制资本取长补短、相互促进、共同发展。是不是以此为国企改革突破口，怎么突破，怎么带动与牵引，应该形成完整的思路。

与此同时，增强活力为主要目的，通过股权多元化达到建立现代企业制度、转换经营机制的目标。如果国有企业引进民营资本，不能达到治理及调整经营机制的目的，混改可能是变相的集资。

而当务之急是，打通"中梗阻"，解决"两头热、中间冷"的局面。这需要拿出重点突破的办法，尽快改变目前国企改革进展缓慢、办法不多、成效不大的局面。

可以把引入非国有资本参与国有企业改革作为首要方式。当然，也不能否认国企参与民企的混改。这方面中能建的葛洲坝集团在近几年就建立了很好的经验。

目前推进混合所有制改革主要有四种方式：一是引入非国有资本参与国有企业改革；二是国有资本投资运营公司对发展潜力大、成长性好的非国有企业进行股权投资；三是资产证券化；四是员工持股。

员工持股主要采取增资扩股、出资新设等方式。在国企混合所有制改革中，如果把资产证券化定为首要方式，使民资不能在项目上结合，更无法直接参加经营活动，容易形成国有企业"内部操作、外部赔跑"的局面。

可以引进增量为主的方式与存量出售的方式相结合。按一定规则和速度降低国有股权比例，最终使国有企业从国有独资或政府绝对控股的企业逐步转变为政府相对控股的混合所有制企业。

在改革过程中使用引进增量的方式，政府可以在权益价值基本不变的情况下降低持股比例，有效的降低改革的阻力。对于政府意欲退出的行业，如钢铁、煤炭、有色金属加工和商业零售等传统竞争性行业，政府可以采取存量出售的方式。

9月，国家发展改革委专题会，研究部署国有企业混合所有制改革试点相关工作。在电力、石油、天然气、铁路、民航、电信、军工等关系国计民生和经济安全的重要领域开展混合所有制改革试点。

很多原本门槛较高的行业正在逐步向非国有资本开放，真正破除行业垄断，为所有不同所有制的市场主体创造平等、公平竞争的发展环境。以"公平准入"和"平等保护"为突破，打破民资行业准入的"天花板""玻璃门""旋转门"。非公经济可通过交叉持股与国企实现优势互补，国资投资项目允许非公资本参股，破除行政垄断，放大国有资本的带动力，对形成国企市场化经营机制、促进产权多样化等具有牵引作用。

如果能在民航、电讯、军工等领域加大混合所有制改革的力度，有利于激发民间投资，扭转民企国内投资大幅下降局面，可以在较短的时间形成数百数千万亿社会资本进入国企。但现实的问题是，如何进一步放宽外商投资准入，又维护产业安全，而目前两方面都存在不足；规范企业尤其是上市公司行为方面存在缺陷，存在着内部人控制、监督监管机制缺失的现象。

一些行业的市场化不够，产业领域中多种市场要素缺乏充分流动的能力，使资产定价有一定难度，这会影响到社会资本的进入和退出。

这次国企混改的七大推动方向，民企在过去都是很难进入的，混改将增强民企信心，激发民间投资，扭转民企国内投资大幅下降局面。铁路作为国民经济动脉，民间资本进入后，不仅可以缓解铁总资金紧张的局面，更可以加快基础设施建设，加快利润回收步伐。铁路证券化、高铁快运、物流和混改。而这几个词无疑是铁总改革突破口。

应遵循国有企业改革工作规律，下放改革权力。调整改革工作策略，以改革目标与评价标准为抓手，取消各项改革试点的审批机制，建立经常性改革试验探索机制，建立严格的督查、问责机制，以期达到确保改革落地的目标。

调整改革主体，让企业作改革主体。改革方案已出齐了，下一步主要抓好落实，务求实现改革突破。现在改革的会议多、文件多、方案多、口号多、督查多，口号喊得震天响，但雷声大雨点小，改革的主体是热热闹闹，实际上改革并没有落地，大家几乎都心知肚明，成为常态。

混合所有制改革不仅仅是要降低国有股东的持股比例，其目的是要就是要通过股权适当的多元化和分散化，通过股东大会、董事会和监事会中表决权安排，使不同所有者相互制衡，防止少数人谋取私利，最终形成良好的公司治理机制，促使公司的所有者和经营者为了企业价值的共同努力，最终到达国有资本增值保值的目的。

当然，要界定国有资产流失的标准，找准问题产生原因和杜绝办法。怎么样才算是国有资产流失？这是一个尚不够明确的领域。有些地方搞的是"没有天花板，没有地板"的改革，标准不清，很多企业、地方政府被迫处于"原地待命"中。另外，国有资产和国有股权定价在操作层面上，也应该有明确的依据。

（2016 年 11 月）

当前国企混合所有制改革势态与模式

很长时间以来，国企混改一直是一块难啃的硬骨头。自中央经济工作会议确定混合所有制改革作为国有企业深化改革的突破口以来，国家发改委出面，与国资委一同抓国企的混合所有制改革，出现亮点纷呈、模式多样的局面。

2017年5月23日，习近平总书记在中央深改组第三十五次会议上指出，要加大对试点的总结评估，对证明行之有效的经验做法，要及时总结提炼、完善规范，在面上推广。要区分不同情况，实施分类指导，提高改革试点工作有效性。我们预计，2018年将是国企混改的突破年，2017年底将有混改的典型案例进行推广。现在，梳理混合所有制改革过程中形成的主要模式，总结提炼经验，研究国企混改发展趋势，对认识与引领国企混改，是一件迫在眉睫的任务。

当前国企混改新形势与模式特点

从表面上看，过去三四年，央企混改"雷声大雨点小"，呈现波浪式前进的特色。从2014年7月15日国企混改试点开始，也已经整整三年时间了，为什么可复制、可推广的经验出不来呢？最根本的原因，就是在"度"上不明确，不知道在什么时间改到什么程度、什么水平，甚至不知道为什么要改。其实，央企混改在实际中也取得了一定的进展，特别在二三级子公司层面，通过引进战略投资者、借壳旗下上市平台实现某一业务整体上市、员工持股等均有进展。自然，混改的试点，是在继续"摸着石头过河"，长期居于放与不放的纠结点上，而不敢或不愿把步子放大一些。毕竟，要从根本上打破垄断，顾虑还是相当多的，对国有资产流失的担忧也是很多的。

从整体形势看，国企新一轮混改，是提出"推进混合所有制改革是深化国企改革的重要突破口",紧锣密鼓抓试点的阶段。2016年9月28日,发改委召开专题会时,已部署了国企混改试点的相关工作。东航集团、联通集团、南方电网、哈电集团、中国核建、中国船舶等中央企业和浙江省发展改革委就列入混改项目实施方案做了详细介绍。到10月初,发改委明确央企6+1混合所有制改革试点正式推出。今年3月31日,要求尽快批复实施试点方案,在电力、石油、天然气、铁路、民航、电信、军工七大领域迈出实质性步伐,形成一批典型案例。

现在,第一批9家混改试点的方案已基本批复,第二批10家试点企业名单已经确定,预计年内将取得阶段性进展;第三批试点也着手启动了遴选工作。

引人注目的是,东航集团旗下的东航物流启动了混改计划,东航方面将让出绝对控股权,非国有战略投资人和财务投资人合计持有45%股权,核心员工持有10%。南方电网宣布深入推进售电侧改革。中国联通停牌并发公告称,拟通过非公开发行股份等方式引入战略投资者。中粮集团正式启动了旗下金融板块专业化公司中粮资本的混改项目,通过增资+转股,引入社会资本和员工持股,成为中粮集团加速混改的重要标志。另外,国家电网公司、中国电力建设集团也积极制定混改方案,中国兵器工业集团制定了军工混改试点的初步方案并确定了4家试点单位。

地方国企混改也在提速。目前,包括北京、天津、上海、山东等超20个省区市,均将进一步推进国企改革列为2017年重点工作,国企混改成改革突破口,各省份根据自身情况制定了改革路线图和时间表。

国企新一轮混改试点向核心领域发展,行业涉及配售电、电力装备、高速铁路、铁路装备、航空物流、民航信息服务、基础电信、国防军工、重要商品、金融等重点领域。

显然,国企新一轮混改的特点是公开化,不是"暗箱"操作。过去有些混改,目的是比较模糊的,改革的内在动力也不是很强,更多情况下是在自身认识尚未到位的情况下,为了吸引眼球、制造眼球效应而做出的一种目的性不明确的改革。既然已经是混合所有制,要进一步推动改革,就必须在放权方面有更大的作为，而不是犹抱琵琶。改革方案要兼具含金量和操作性，"上接天线、下接地气"。通过抓典型的办法狠抓落实，抓出一批好的典型案例，以点带面，推动改革落地见效。

新一轮混改内容目的更具体化了，不仅在于对企业的选择，更在于试点要实现企业制度创新的目的。在企业制度创新上，尤其要引入战略投资者，优化企业股权结构；加快实施薪酬制度改革和劳动用工制度改革；探索员工持股可行路径等。

值得注意的是，国资委抓的混改也在积极推进。特别是新一轮国企员工持股正启动实施。国资委表示10户中央企业子企业作为首批试点，目前正在稳妥有序开展审计评价、确定外部非公有资本股东等工作。湖北、江苏、河南、福建和重庆5省市进展较快，共确定了43户试点企业，正式启动员工持股首批试点。按照《关于国有控股混合所有制企业开展员工持股试点的意见》计划，2018年底将进行阶段性总结，视情况适时扩大试点，这意味着今明两年10家试点央企及至少150家地方国企将着手实施，国企员工持股正多点发力，下半年国企员工持股有深入推进。

当前混合所有制改革主要模式分为四种：整体上市（包括借壳注资实现上市）、引进战略投资者和资产重组与清理退出与员工持股（包括股权激励）。

（一）整体上市或借壳上市。国企整体上市实现多途径的增资扩股是混合所有制改革的方式之一。国企上市的途径主要有三种：一是母公司整体上市，如五大行、三大电信运营商均实现了整体上市；二是母公司不上市，旗下子公司均陆续上市，如中航工业；三是将公司资产注入已上市的子公司平台，变相实现整体上市。上市分为主业资产上市、整体上市和多元业务分别上市。其中，主业资产上市也算分拆上市的一种形式，是将集团的主营业务或与主营业务相关的资产改制重组后上市，而与非主营业务相关的资产留在母公司。采取此种方式的企业包括上海的交运集团、城建集团、华银电力等。主业资产上市这种模式的缺点是没上市的非主营业务的资产质量、盈利能力较低，这阻碍了整个企业的发展。一般而言，母子公司存在同业竞争的集团采取整体上市的模式，在集团层面重组、剥离不良资产和非经营性资产之后，实现集团经营性资产的整体上市。通过整体上市以实现协同效应和规模效应，优化资源配置，减少和规避不必要的关联交易，扩大上市公司流通市值，改善上市公司的治理结构。一般来说，进行多元化综合经营的大型、特大型企业集团实行多元业务分别上市的模式，如光明食品集团、百联集团，但采取此种模式需要花费比较长的时间来实现而不能一步到位。

在新一轮的国企改革中，采用第三种方式借壳实现混改的公司较多，实现整体上市的央企只有邮储银行。例如，中航科工旗下的上市平台航天电子买下航天九院旗下所有企业类资产，2015年末，航天九院已经基本实现旗下企业类资产的整体上市。国资委试点央企国药集团也是通过旗下上市平台现代制药整合重组国药集团旗下所有化学制药企业，实现了国药集团化学制药资产的整体上市。

（二）引进战略投资者。引进战略投资者是1998年那轮国企改革主要采用的混改方式，在新一轮国企改革中，仍然有不少企业通过引进战略投资者进行混合所有制改革。只不过这一轮战略投资者引进目前多在子公司层面，央企母公司展示出引进战略投资者意向的较少。一般来说，国有企业规模较大，存量资产较多，即使有内部人入股增量也很有限，产权结构依然比较单一；同时，这些资金比较有限，不利于扩大公司规模，所以通过引入有实力的战略投资者来弥补不足。上市公司通过引入战略投资者，不仅能获得更多的资金，而且能获得战略投资者先进的管理理念、技术及市场渠道，有利于企业创新和产业升级。

比如，大唐集团下属新华瑞德公司就通过通过产权交易所公开挂牌的方式，完成股权转让和增资扩股，并与湾流资本、千合投资、中科招商等五家投资人签署《产权交易合同》及《增资扩股协议书》，提供非公有制资本比重。

（三）资产重组与清理退出。这种方法与去产能可以结合。资产重组是指通过资产剥离、挂牌转让、债务重组等方式以重新组合业务、资产、债务等要素。一般来说，通过并购重组的方式来进行资产重组从而优化资源配置，并且越来越多的公司采取并购重组型的定向增发方式，此种方式能降低主并购企业的资金压力，交易成本比较低，程序简单，同时，能利用市盈率幻觉提高并购后的股价，提高并购后公司的市值。在经济增速放缓的背景下，国有企业混合所有制改革增加了重组主体与让"壳"主体。目前，从中央企业到地方国企，国有企业资产整合和清退力度不断加大。在供给侧改革的大背景下，国企重组异常活跃，过剩产能的关闭运转及资源优化配置的重组在未来若干年将持续推进。

（四）员工持股。国企改革的核心内容之一是解决国企员工激励不足的问题，而员工持股的模式，将使员工与企业利益绑定，从而直接提升国企高管、核心岗位和其他员工的工作积极性，增强企业经营活力，并提高企业经营效率。其实，国企高管、中层干部、技术骨干最希望的就是有持股机会，这是能够体现其价值的重要方式，尤其是在限薪的大背景下，一些主要核心人员的价值得不到市场化的体现，员工持股会给予他们这种机会。自2008年国资委139号文以来，中央部委分别就员工持股发布过六个规范性文件，依次是2008年国资委133号文对国有企业员工持股做出初步规范；2010年财政部联合一行三会发布财金［2010］97号文，对金融机构员工持股做出规范；2014年证监会发布的上市公司员工持股试点意见；2014年6月20日的《指导意见》明确指出开展员工持股计划即ESOP的试点，是员工通过奖金、工资或付现金等方式获得本公司的股票，并根据所持份额参与公司治理同时分享公司利润，是企业激励机制的一种形式；2015年9月24日，顶层设计的出台；2015年10月24日，《关于国有控股混合所有制企业开展员工持股试点的意见》出台；2016年国资委133号文，对国有控股企业员工持股做出更详细的规范。

目前，央企员工持股呈现四个特点：一是提速，二是范围扩大，由一般竞争领域扩大到垄断领域，三是数量增加，四是比例不断提高。尤其是国机集团，员工持股平台持有22%股份，创央企新高。作为混合所有制改革的重要组成部分，员工持股必然会成为下一步国企改革重点突破的内容之一,也将成为受关注的话题之一。

混合所有制改革典型性模式

对企业来说,选择怎样的混合所有制改革方案,从哪个角度推行混合所有制改革是非常重要的。方案选不对,路径选错了,就有可能使改革走向歧途。反之,则能给企业带来新的希望、新的期待,让企业焕发新的活力。

目前,新的模式相继出现。联通是一种混合所有制改革方式,中石化对销售公司引进资金也是一种方式,宝武集团对欧冶云商的混改,也不失为一种方式。这也意味着,对央企的混改来说,只要目标不偏离,形式应当更加丰富,其目标,就是要达到改革的目的,实现改革效率的最大化,而不是就改革论改革,为改革而改革。这些模式,具有鲜明的时代特征与行业特征,多与近10多年宏观形势有紧密联系。

中国建材资本扩张模式。 中国建材取得跨越式发展的主要经验之一,是探索央企市场化经营的模式,引进社会资本,和民营企业合作,走一条包容性成长的混合所有制道路。因为水泥占到建材行业GDP的70%,而这个行业山头林立,强手如林。2007年,在上海、浙江、江苏、湖南、江西、福建五省一市不产一两水泥的中国建材,成立南方水泥公司,将150多家水泥企业揽入麾下,成为东南经济区域最具影响力的大型水泥集团,扭转了当地全行业亏损的局面。目前,中国建材已在淮海、东南、北方、西南构建起四大核心战略区域,成就了坐拥4.5亿吨产能的世界水泥大王。为了发挥央企与民企两种要素的积极性,实现央企与不同所有制企业的合作共赢和包容性成长,中国建材集团对重组企业采取"七三原则":中国建材以30%为占股底线相对控股上市公司,上市公司则以70%的占股底线绝对控股各子公司(如南方水泥)。同时,多数原来企业的负责人继续担任新企业的管理者,民企的资本得以保全和升值,活力机制继续发挥作用。中国建材的整合公式,就是央企的实力加上民企的活力等于企业的竞争力。

海螺员工持股模式。 这家企业开始员工持股较早,2000年至2002年,海螺7000多名员工以现金出资方式,参股建设了荻港海螺、枞阳海螺、池州海螺等沿江熟料基地，受让了安徽省投资集团持有31.8%的铜陵海螺股权，构建了企业与员工利益共同体，解决了制约企业扩张的资金和机制问题。在大的改革环节上，第一步是成立集团，推行员工持股和定向增发，解决了职工身份和共同发展两大问题，在很大程度上提高了企业的生产力。第二步是集团改制成立海创公司，组建起混合经济体，实现了产权多元化，更大程度地实现了国有资本保值增值。第三步是推进整体上市，使固态的国有资本变成能流动的活资本，进一步激活企业活力，为企业更深层改革奠定好基础。

中国石化坐镇招股模式。2014年2月19日，中国石化率先推出油品销售业务引入社会和民营资本实现混合经营。境内外共有25家投资者入围，以现金1070.94亿元认购增资后销售公司29.99%的股权。其中，大润发、复星、航美、新奥能源、腾讯、海尔、汇源等9家为产业合作伙伴。此次增资扩股被称作2014年全球最大的并购项目。中国石化加油站将与合作伙伴共同打造生活驿站的概念，实现从油品供应商向综合服务商的转变。中石化牵手腾讯，这并不是一种简单的资本对接和分红，而是一种全新的营销模式。腾讯本身参股中石化也并不为追求短期回报。所以当前资本对接带来的不只是投资回报，而是一种线上线下的互联网思维转变。当然，中石化在吸引战略投资者或者财务投资者时，它也会看哪家企业对其发展的推动力更大。

云南白药放弃控制权模式。新华都对白药控股单方面进行增资，增资额约为254亿元，而在本次交易完成后，云南省国资委和新华都分别持有白药控股50%的股权。一下子让出50%的国有股。集团和控股股东层面的改革，是最重要、最彻底的改革，也是其他所有制资本最感兴趣和最具吸引力的改革。转让一半股权，就意味着突破了1/3"否决权"的底线，就失去了传统意义上的"控制力"。新华都集团，在投入了巨资后，也明确表示将锁定6年，体现出其对云南白药发展前景的信心。此次"混改"将有助于云南白药建立市场化治理体系，成为真正的市场主体，并在今后的发展中释放巨大的活力和能量。其中，云南白药控股原董事长、总裁等企业高管将不再保留省属国有企业领导人员身份和职级待遇；新任董事长、党委书记等人选由省国资委提名担任。这种转换身份标志着云南白药控股混合所有制改革已完成所有重大改制步骤，取得了实质性的成功。

东航物流"脱马甲"模式。东航集团旗下东方航空物流有限公司引进外部投资者和员工持股的"混改"，由全资到出绝对控股权，持股比例降低至45%，幅度极大。非国有战略投资人和财务投资人合计持有45%股权；另10%股份将由核心员工持有。实现优势链条整合，打造强大的"门到门"综合物流能力。从引入的民营战略投资者来看，旨在保持控股的前提下实现优势链条整合。引入第三方物流、物流地产和快递快运投资者，能够与东航物流的强项航空货运实现优势互补和强强联合，共同打造强大的"门到门"综合物流能力。他们实现了员工持股的突破，中高级管理人员不受1%的限制。所有参加混改的人员都需"脱马甲"转换国有企业人员身份，与东航解除劳动合同，再与东航物流签订完全市场化的新合同。"脱了马甲"，中高级管理人员就不受1%的限制了。

欧冶云商的"链条突破"模式。这是拉长产业链、做活产业链、做强产业链的模式。宝武集团旗下钢铁电商平台欧冶云商公司开放28%股权，募集资金超10亿元，引入包括本钢集团、首钢基金、普洛斯、建信信托、沙钢集团和三井物产在内的6家战略投资者。宝武集团的这次混合所有制改革，不是针对某个具体企业，而是一个云商平台，是一个相对比较完整的产业链企业，既可以有效拉长企业的产业链，使企业的市场触角更多，也能成为一个独立的上市平台，与宝武集团形成有机的统一，弥补宝武集团在云商这一块的不足。宝武集团对欧冶的此次混合所有制改革，也增加了一条新的混改路径，那就是不要在混改问题上过于僵化，不要非此即彼，亦即不是集团层面推进，就是选择一家产业链下的二级企业，尤其是二级制造企业，而是应当对企业产业链延伸有足够帮助的企业。譬如销售公司、物流公司、云商平台等。如果这些方面都推行了混合所有制，产业链下的企业就可以进一步整合，独立进行混合所有制改革，最终推动集团层面的改革。

中国联通集团公司层面"混改"模式。中国联通的此次混改，可能在集团公司层面进行混改，这将是一个重要突破。一是他们在转让的股份当中，既有转让给其他所有制资本的，也有转让给其他国有企业的。给其他所有制资本的"权"不会放得太多，而为了体现改革的力度，只能将其他国有企业也作为战略投资者拉进来，以确保国有继续保持绝对控股、绝对支配地位；二是阿里、腾讯等的进入，可能会对下一步其他所有制资本进入垄断领域、布局垄断领域打下良好的基础。阿里腾讯等能够在明知没有话语权的情况下，仍然愿意参与到中国联通的混改中来，更多的是着眼未来，而非眼前。

葛洲坝控股民企新兴产业模式。中建能葛洲坝集团2013年在建筑业萎缩情况下，董事长聂凯做出大胆向新兴产业推进混合所有制改革的决策，高举高起，大起大落，一举压缩126个产能过剩企业，通过收购、兼并、投资等方式向43个民企参股。很快进军节能环保、污染治理、高端装备制造、水务、新能源等领域，葛洲坝绿园公司对大连环嘉、湖北兴业、宁波展慈等知名环保企业控股50%以上，年固回收处理能力达到730万吨，环保产业以年均30%以上的速度增长，综合实力快速进入全国前三位。通过加快抢占环保产业制高点，新的经济增长点已占半壁江山。他们完成了由"灰"变"绿"的华丽转身，现在是我国废旧钢铁、废旧塑料行业标准主要起草者。2013年至2016年，葛洲坝集体年度营业收入从541亿元增长到1014亿元，年度利润总额从23.52亿元增长到56亿元；资产负债率下降11%，国有资产保值增值率达到209%。葛洲坝通过混改民企快速转型，为我国国企混合所有制革提供了一个非常有说服力的样板。

中冶葫芦岛有色重组退出模式。中冶集团在2013年对葫芦岛有色公司重组，大胆重组破产，引进社会资本。中冶集团从资源开发向有色冶炼深加工扩张，持有葫芦岛有色51.1%股权。后来，中冶集团为葫芦岛有色扭亏脱困先后投入98亿元资金后，再继续为其"输血"，中冶自己就会被拖垮。2012年末，葫芦岛有色资产负债率高达241.68%，严重资不抵债，中冶提出为"僵尸企业"找到合适的"墓穴"。他们第一步依法完成破产重整程序，实现三个重组方的进入；第二步推进企业改制。实现了中冶集团控股55%、宏跃集团持股35%、辽宁省和葫芦岛市各持股5%的第一步股比目标。在不足一个月的时间里，中冶集团和宏跃集团投入增资款和股东借款共计12.56亿元，为锌业股份落实重整资金提供了保障。最后实现民营企业宏跃集团控股39%，葫芦岛市持股29%，中冶集团持股27%，辽宁省持股5%。民营企业成了大股东，激发企业内生动力和经营活力。2014年下半年，管理人先后完成了2家低效、无效子企业股权转让和4家"僵尸企业"出清。接着，中冶集团着手实施葫芦岛有色股权深度调整，严控风险、分步实施，安置转岗职工2.4万人，移交"三供一业"等7项社会职能，夯实资产并清理债务近150亿元。在有色冶炼行业持续低迷、整体亏损的环境下，葫芦岛有色由重整前每年亏损10多亿元转变为重整后连续三年年均盈利。

军工资产证券化模式。国防军工，军工是重中之重。对于前两批19家试点企业的特点，从行业领域看，涉及配售电、电力装备、高速铁路、铁路装备、航空物流、民航信息服务、基础电信、国防军工、重要商品、金融等重点领域，特别是国防军工领域较多，有七家企业。预期军工混改主要改革方向为资产证券化。在前两批19家试点企业中军工占7家。中国航天科技集团称混改将主要通过上市实现，称军工集团事业单位改革方案已经基本确认，亟待配套政策落地。中国航信全资子公司中航信移动科技有限公司计划在混合所有制改革中，引入3~4家外部投资者，并计划释放10%~15%股权予员工持股。

江中法人治理模式。江中制药（集团）在混合所有制改革中有三个阶段。第一阶段是员工持股。第二阶段是职业经理人，董事会选聘经理层成省属国有企业首创案例。第三阶段是全面开展了完善公司法人治理结构试点工作。江西省不断完善国资监管体制机制，取消和下放一批审批、核准、备案事项，采取有力措施加强和改进党对国企的领导，坚持和完善双向进入、交叉任职的领导体制。确保党组织政治核心作用的有效发挥。党建工作总体要求纳入公司章程，而且制定了《江中集团党委参与法人治理结构工作细则》和《江中集团公司贯彻落实"三重一大"事项集体决策制度实施办法》,从操作层面落实了党组织在公司法人治理结构工作中发挥政治核心作用的工作路径。充分发挥党委政治核心作用,确保党的领导、党的建设在国有企业改革中得到充分体现和切实加强。

PPP 模式。国务院发布《关于国有企业发展混合所有制经济的意见》,鼓励各类资本参与国有企业混合所有制改革,并且提出推广政府和社会资本合作(PPP)模式。PPP 模式将加快国企混合所有制改革进程。PPP 模式带来的不仅是社会资本,还包括出资方的知识技能、管理经验、创新能力、市场约束等"附加值"。在社会资本的催化之下,PPP 项目往往更具效率。这种方式,民企利润极少,但是涉及面广。

中金珠宝公正公开模式。这是一种讲程序、讲公开的操作模式。中国黄金集团黄金珠宝有限公司拟募集资金总额不低于 22 亿元,拟募集资金对应持股比例不超过 41%。在本次增资混改当中,中金珠宝拟征集 3~7 个投资方,并将通过本次混改实施员工持股。员工持股占增资扩股后股比约 5%。除了战略投资着眼于互联网嵌入,向线上发展,走向中高端外,这家企业在混改过程中公开、公平、公正,没有暗箱操作。在方案制定过程中,进行了细致完备的民主意见征求。举行全体职工大会进行了专题解读并向大家书面征集了意见,共收到全部的书面意见征求表。他们三度公示,征求意见。他们进行员工持股激励程度的量化测算,构建工资收入和资本利得成为员工收入增长机制的双驱动。

(2017 年 5 月 30 日)

联通混改的历史价值与改革标杆意义

今年春天，党中央、国务院提出要把混合所有制改革作为国企改革的突破口。最近联通的混改方案出台，垄断领域国企混改力度之大出乎很多人的意料，作为央企新一轮深化改革的先行先试标杆，给人感觉混合所有制改革完成攻城突破，初战告捷，是给十九大召开之前为国企改革划上浓墨重彩的一笔。但是舆论中也出现杂音，有的甚至呼吁停止混合所有制改革，与中央的口径相距甚远。是继续突破，还是马上停止，孰是孰非，不可不分。

联通的混改的突破，是由多个第一形成的。首次探索在央企集团公司进行混合所有制改革，股权释放比例高，战略投资者不仅数量多，而且股权占比也很高；首家通信行业央企向民营资本开放，出现"电信运营商+互联网"的资本与业务创新模式，首家引入"战投+定增+股权转让+员工持股"混改方式的央企等。事实上，联通混改是一次重要的试水和探索，已经成为整个国企改革的冲击波，影响巨大。对于国有企业的改革路径、股权结构、经营机制、法人治理结构的变化都产生了重要的影响，而且也必将影响我国国有企业乃至国家的经济、社会、政治发展。对国有企业改革发展来说，具有里程碑的意义。本文重点就党中央"把混合所有制改革作为国企改革的突破口"战略实施角度，研究整个国企混改的进程，认识联通混改的理论与实践意义。

提出把混合所有制改革作为国企改革的突破口，这是对三年半国企改革难以突破局势的扭转。混合所有制改革是这五年国企改革最大的热点之一，从这里开始，又在这里形成高潮。混合所有制改革明显呈三个阶段：2014年元月开始的热议阶段，2015年3月开始的有序等待阶段，2016年9月开始的突破阶段，混合所有制改革经历标准的"一波三折"。

期间，中央做过多次指示。开始的"积极开展"，中期的"不搞拉郎配，不搞全覆盖，不设时间表，成熟一个推进一个"；后期的"要形成允许改革有失误，但不允许不改革的导向"。在 2015 年 3 月以后文件中提出"三不"，正好是对前一年复杂局面的回应，强调"稳步进行"、"有序推进"，向外界释放出这种信号：不要为了混改而混改，不要盲目追求混改数量，要追求效果与质量。然而，在 2015 年 3 月到 2016 年 9 月的一年半，很多地方改革速度慢，严重滞后，长期试点而经验难以推出，中央指出"对滞后的工作要倒排工期，迎头赶上"是对前一阶段节奏过慢现象的扭转。发改委会同国资委于 2016 年启动实施第一批混改试点，确定了东航集团、中国联通、南方电网、哈电集团、中国核建、中国船舶等中央企业列入第一批混改试点。联通的混改方案提出便是形成突破、形成高潮的一个象征性事件。

提出把混合所有制改革作为国企改革的突破口，这是对国企改革理论分歧的统一。十八届三中全会结束不久，我们的改革很快就遇到了分歧，这是思想理论分歧的反映。2014 年春节一过，混合所有制改革的论坛遍布南北，然而多围绕股权多少来讨论，一方维护公有制，防止国有资产流失；另一方鼓吹私有化，显露出消灭国企的意图。显然，讨论的焦点在所有权上，而不是经营权上。这些争论，本质是要不要改革，要什么样的改革，而不是怎样改革。我从 1978 年开始参与改革全过程的调查研究，深知每次改革必然在理论上要引起争论。20 世纪 80 年代的"姓社姓资"，90 年代的"姓公姓私"，21 世纪初是"有产无产"，现在的"股多股少"，是这场争论的继续，每 10 年争论一次。这是现代中国一个走不出来的"迷魂阵"。在这次争论开始的 2012 年，我就提出"改革的方向是市场化而不是私有化"，就此接受光明日报的专访。我对所有制主导改革的方向进行否定，认为改革的核心内容是经营权改革，就是所有权与经营权分开。可惜，很多地方的改革一再有悖于原意。走一阵，路不通了，又停下。《中共中央国务院关于深化国有企业改革的指导意见》指出，"坚持因地施策、因业施策、因企施策，宜独则独、宜控则控、宜参则参。"就是打破了

第四章 联通混改是国企改革突破的"关键一战"

"股多股少"的局限。突破这个局限。这里提出"三因三宜"的策略,以"宜"为中心。这两年混合所有制改革为什么反反复复?问题在于,混合所有制经济的焦点没有找准,分歧较大。很多人把焦点放在股权比例上,或认为是公有化程度越高越好,越纯越好,或则认为私有化程度高才算改革,以致实际操作的人左右为难,混合所有制难以推进,这些人把焦点不是聚焦在经营权而是所有权问题上。混合所有制能否成功,关键看改革能否聚准焦点,看是否对国有经济发展有效果。改革开放重大战略决策的十一届三中全会"标志着中国共产党人在新的历史条件下的伟大觉醒",很重要的一点是体现在对于传统的僵化的社会主义经济体制的深刻认识,经过大破大立,创立了一套新的极大地解放了生产力的经济体制。打破单一的公有制,建立了以公有制为主体、多种所有制经济共同发展的基本经济制度。特别是混合所有制经济作为发展最快、最有活力的一种经济形式,成为中国特色社会主义的一大亮点。可惜,我们本来在理论上解决的问题又不平静了。提出把混合所有制改革作为国企改革的突破口,就是不要争论,把思想集中在行动的"突破"上。联通混改此时出现,是"奏响了国企改革最强音"。

提出把混合所有制改革作为国企改革的突破口,这是党中央从实际出发的重大抉择。经过近四年的实践,新一轮国企改革已进入总结经验、做出评价的时候,也是接受监督和检查的时候。细心的人可以回顾一下,近几次中央深改组会议,看看中央是怎么要求的。习近平总书记在中央深改组第三十八次会议重要讲话强调,"对已经出台的改革举措,要对落实情况进行总体评估,尚未落地或落实效果未达到预期的改革任务,党的十九大之后要继续做实,确保改革落地见效、蓝图变成现实"。深改组第三十七次会议讲到改革时指出,"对滞后的工作要倒排工期,迎头赶上,对一些难度大的改革,主要负责同志要亲自推动,跟踪进度,敲钟问响。要坚持锐意进取,发扬敢为天下先的改革精神,对改革中的阻力要敢于破除,抓好改革试点工作"。会议指出,形成允许改革有失误、但不允许不改革的鲜明导向。第三十六次会议强调,各有关方面要对已经出台的改革方案经常"回头看",既要看相关联的改革方案配套出台和落实情况,又要评估改革总体成效,对拖了后腿的要用力拽上去,对偏离目标的要赶紧拉回来。学习好、理解好最近连续三次中央深改组会议精神,是我们认识联通、东航、黄金珠宝、中粮混改方案接连实施的政治遵循和价值标准选择。联通混改,绝不是一个联通能办得了的事情,我们可以从中看到党领导国企新一轮改革的气势与背水一战的决心。

确实,不少地方国企改革的面宽了,节奏慢了,需要突破。突破口定在混合所有制改革上,不能再等,不能再拖,不能再耽误,不能再懈怠,态度明朗,意志坚定。联通混改,是事关国企全面深化改革这盘大棋的"关键一子"。当党中央、国务院明确提出,"把混合所有制改革作为国企改革的突破口"时,关乎国企改革的大的战略突破。

联通混改试点从去年9月底开始,是国企混改形成突破势头的一个标志性的事件。联通的改革具有样本意义,就单个企业来说,是新一轮国企改革以来,力度最大的一次改革。联通混改是按照习近平总书记在中央经济工作会议确定的"完善治理、强化激励、突出主业、提高效率"混改十六字方针组织实施的。在最近的混改突破中,试点单位联通集团这一"突击队"如果趟出一条新路径,对后面的国企改革将有借鉴和启发意义。它们无论对混改目标的确定、标准的明确、路径的选择和难题的破解,还是在混改过程中使用的方式方法,都将为后面的混改队伍提供可复制、可推广的经验。当然,如果联通在混改中出了偏差,甚至出了问题,也会为国企改革提供教训,付出了成本。当然,我们希望偏差少些,出了偏差则及时扭转过来。按照中央的要求,"允许改革有失误、但不允许不改革",这是当前的一个基调。因此,对于"不改革"和阻拦改革的思潮要保持高度警惕。

联通试点,作为国企混改形成突破势头的一个标志。有三大突破点:一是有垄断特征的国有企业由公有制绝对控股转向相对控股,让出30%以上的股份,实现国有企业由国有产权的独家治理走向国有产权与非国有产权的共同治理;二是混合所有制改革层次深,方式复杂,战略投资加财务投资,外部投资加内部控股,国企改革与扭亏转盈转型升级结合,触及深层次矛盾的改革,是趟深水的典型;三是"混改热+互联网热"的模式出现,互联网民企的战略投资大规模加入,实现了业务结构上互补、重组整合,有利于国企业态向产业链条中高端发展。

《关于深化国有企业改革的指导意见》指出国有企业发展混合所有制经济的目的,"以促进国有企业转换经营机制,放大国有资本功能,提高国有资本配置和运行效率,实现各种所有制资本取长补短、相互促进、共同发展为目标,稳妥推动国有企业发展混合所有制经济"。这里是四个标准,尤其是促进国有企业转换经营机制,让国有企业更有活力,是列于混合所有制的第一的标准。应该这样认为,联通混改重在转换经营机制,能引动780亿巨量现金,收到放大国有资本功能的效果,岂不是大好事。联通混改是"宜控则控",不仅是控股,而且与其他国企一起处于绝对控股地位,是符合《指导意见》"坚持因地施策、因业施策、因企施策,宜独则独、宜控则控、宜参则参"政策要求的,是符合国有企业发展混合所有制经济四条标准的。

当然,联通的改革也不是"一改就灵",也不会"一混就灵",需要继续做艰苦的探索。混改只是形式和手段,不是目的,而是以质量和效益为目的,通过艰苦努力,使混改收到好的效果。显然,混合所有制改革的第一目的,是转换经营机制,增强企业活力。而企业改革的决定性力量是内因,而不是外因。混合所有制改革是通过外部因素刺激和带动内部因素,而不能代替因素,不能代替国企的自身改革。这一点,必须保持清醒的认识。早一点清楚,早主动。

然而,当前主要矛盾是改革的问题。而绝不是可以不搞混改,或者永远不搞混改。搞是前提,改是前提,干是前提,这是不可动摇的,不可改变的抉择。

在国企改革的历史上,对于国企引入社会资本,过去有"改制合并、分拆转让"模式,也出现过国有资产流失的现象,甚至非常严重,这是我们时刻不能忘记的。这一次以联通为代表的混改,与过往国企混改不同在于,一是坚持公有制的控股地位;二是核心部分的电讯网牢牢控制在国家手里；三是改革的重点是经营市场化，是经营机制的改变，而不是所有制的改变，焦点不在股份的"多"和"少"，而是在经营权程度的"深"和"浅"；四是防止国有资产流失，这次混改规定员工持股最高不超过1%，把少数人趁混改暴富的路给断了；五是不是简单的改制就完了，而是转向公司化治理，建立法人治理结构，以市场化经营来体现效益。不是像以前有些地方那样，把改制当作目的，改制效果就不再过问了，现在是把效果和要求放在前面，应该说新一轮改革与以往的改革有本质的进步。

联通等试点企业的混改，具有实际操作的引领意义。突破口，意味着突击队的出现，要在攻破的城墙上撕开一道口子，引领整个战场乃至整个战役。就像攻城，需要云梯，需要弹药的保障，需要掩护，当然更需要勇气。对于联通等试点企业来说，一下子被推到风口浪尖上来。联通的改革已是开弓没有回头箭，唯有不怕牺牲，冒着枪林弹雨，勇往直前，斩关夺隘。在联通等试点企业的混改操作中，怎样绷紧国家安全这根弦，遵循电信行业监管规则，符合电信网络信息安全要求，怎样选择正确的路径，防止国有资产流失，怎样以董事会治理为核心，以市场化运营为原则，建立权责对等、协调运转、有效制衡的混合所有制公司治理机制，怎样依法改革，实行同股同权，体现股权面前一律平等，建立一套新的体制、机制与制度；包括在程序上公开、公平、公正，在操作及技术规范上树立典范；怎样健全激励机制，让最广大基层员工拥有更多混改获得感，当然最重要的是，以混合经济的效益与成果说话，增强央企实力，将央企做大做强，而不是将央企做散、做小。对于多家机构投资者而言，如果有足够耐心，需要同心同德、扎扎实实地去改进公司治理结构，改善企业管理；对政府而言，怎样建立容错机制，允许失误，甚至失败后的攻城策略的调整，不可求全责备，不可抓住一点不及其余。政府应该给联通更多的宽松时间，乃至试错时间。理论界也要提供扎实的理论根据，对待先行先试而试错的地方应该宽容，持谨慎的批评态度，或褒或贬，都应充分地探讨，但不能随便扣帽子，打棍子。在这个突破过程中，对全社会也是一种考验。

中央明确提出，2017年要在包括集团层面的混改上有所突破，电力、石油、天然气、铁路、民航、电信、军工等领域，要迈出实质性步伐。2017年3月5日，李克强总理在《政府工作报告》中指出：优化国有经济布局和结构，加快发展混合所有制经济，建立健全现代企业制度和公司法人治理结构；制定非国有资本参与中央企业投资项目的办法，在金融、石油、电力、铁路、电信、资源开发、公用事业等领域，向非国有资本推出一批投资项目。连续四年的"两会"，总理报告都点出这些领域，明确在这些领域搞混合所有制。意味着国企改革攻坚战进入关键阶段。

突破口形成了，就不会后退，后续部队要跟上。下半年的混合所有制改革，势必向纵深发展。预计，第三批公布的数量可能会大大超过前两批。第三批试点中地方国企混改更引人关注，因为大多数国企还是在基层。预计石油、天然气、铁路混改的空间很大，资本参与的空间很大。目前，三批试点，犹如三支突击队，发起一轮又一轮冲锋，势头很强。对于前两批19家试点企业的特点，所处行业涉及配售电、电力装备、高速铁路、铁路装备、航空物流、民航信息服务、基础电信、国防军工、重要商品、金融等重点领域，特别是国防军工领域较多，有七家企业。包括中国航空集团、中国兵器装备集团、中国兵器工业集团、中国船舶重工集团、中国电力建设集团等央企都在积极制定混改方案。现在，第二批突击队黄金珠宝、中粮已经公布方案。第三批试点也已经开始报方案了，等待遴选。以上说的中央企业领域，还有一个是地方国企领域，在南方省市开辟局面的基础上，最近天津、山西、黑龙江、河南等北方各地混合所有制改革出现一些大动作，混合所有制改革已呈遍地开花之态。上下联动，可望在今年年底形成国企改革的突破之势。

联通混改是党的十八届三中全会以来国有企业改革的标志性事件，昭示做强做优做大国企的战略雄心，具有标杆意义。我们要坚决维护党中央"把混改作为国企改革的突破口"的正确抉择，立场坚定，旗帜鲜明。当前改革的主要矛盾是干与不干、改与不改。需要对"干"的支持，对改的支持，如果口口声声讲改革，改革真的来了，就"叶公好龙"起来，这是要不得的。我们可以期待，围绕联通混改的操作程序、国资定价、董事会建设、经理层市场化转型、股权激励等方面，总结制度性经验，并加快复制推广。

（2017年9月29日）

第五章
供给侧改革是转变国企经济困境的战略突围

国企利润负增长倒逼的一场大突围

从 11 月的中央政治局会议首提"供给侧改革"以来,这个词就不断出现在各类中央会议中,一直延续到 12 月的中央经济工作会议。在会议新闻中,"结构性改革"一词出现 17 次之多。作为中国经济的主体,国有企业对供给侧改革的结构调整起着至关重要的作用,既是国企结构改革年,也是清退产能之年,国企面临巨大的压力,也面临巨大的机遇。

我们需要强调的是,国有企业供给侧改革,是企业利润负增长的倒逼。

国家统计局发布数据显示,2015 年全国规模以上工业企业实现利润总额 63554 亿元,比上年下降 2.3%。这是继 1998 年以来,规模以上工业企业利润首次出现负增长。弄清原因,对于我们凝聚共识,找准措施,非常重要。

有两个数字值得关注:采矿业利润同比分别下降了 58.2%,国有控股企业同比分别下降了 21.9%。

2015 年,石油和天然气开采业利润比上年减少 2354.4 亿元,黑色金属冶炼和压延加工业利润减少 1110.8 亿元,煤炭开采和洗选业利润减少 818.3 亿元,非金属矿物制品业利润减少 357.9 亿元,黑色金属矿采选业利润减少 349.8 亿元。采矿业利润下降有两个重要原因:其一是产量下降;其二是价格暴跌。

规模以上工业企业中,国企利润下降得最为严重,国有控股企业、是同比分别下降了 21.9%。2015 年国有控股企业实现利润总额 10944 亿元,比上年下降 21.9%。这和国企所处的行业领域有关,国企大都集中在资源、原材料等领域,大多是产能严重过剩行业。国有企业更多地对应重工业,而民企更多地对应轻工业与商业;国有企业更多地对应投资,而民企更多地对应消费。后者是比较活跃的,整体利润还可以,民企效益普遍好于国企。

工业企业利润首次负增长,深层次原因可以从四个方面来看。从环境看，是国际国内需求不振，内需外需双双疲软，缺少增长动力；从企业外部来看，成本居高不下，企业成本负担很重；从企业内在来看，过剩产能严重，工业"腾笼换鸟"速度慢，过剩产能严重；从经济发展周期来看，是大规模刺激带来的"后遗症"。

1998年以来，规模以上工业企业利润首次出现负增长，在其意料之中。内需外需双双疲软，投资出现大幅下滑，消费虽有增长但不足以支撑整体利润回升，外贸又大大拖了后腿，工业面临的需求出现了明显减缓趋势。成本的居高不下。大宗商品虽然价格出现了下降，但是土地、劳动力等生产要素上升较快，企业融资成本、电力价格、税收等也未出现明显下降，企业成本负担很重。

工业品价格明显下降也加剧了效益的下滑。数据显示，2015年，工业品出厂价格比上年下降5.2%，降幅比上年扩大3.3个百分点，已连续46个月下降，对利润影响严重。

我们要看到，企业和产品进入衰亡周期也是工业利润下滑的重要原因。2008年之后进行的大规模投资让一些重化工企业迅速膨胀，这些企业从发展周期上本来已经进入了衰落期，强刺激在短期内拉升了这些企业的发展，使其扩大了产能，也增加了其对投资的依赖，随着刺激政策的收紧、产能过剩的加剧，这些行业目前正集中进入一个加速衰亡的阶段。

2008年的投资一部分进入了传统领域，这是产能过剩的重要原因。另一部分投入了当时的新兴产业领域，这些行业即使没有产能过剩，经过这8年的发展也开始进入了衰亡期，利润下降是必然的。

在采矿业中最为明显。广西一铁矿开采企业开采的55%品位铁矿运到钢厂一吨才卖210元，每吨矿中仅税收就高达76块钱。其中，国税是19.2元/每吨，此外还有30多种地方税。另一方面，柳钢等下游钢厂相继停产后，已经没人收矿了，大量的铁矿生产出来卖不出去，地方政府又给压力不让停产，像个泥潭一样越陷越深。

随着去产能的不断推进，一定要创造一个公平有序的环境，根据市场需要和各类企业的活力和竞争力来确定哪些企业退出。同时，国企改革也应加大力度去产能过程中，地方政府会倾向于裁掉民营企业而保护国企，这将损害整个工业利润增速的长期增长，一定要防止这种倾向。

现在，工业利润的下滑仍在继续，甚至加剧。2015年12月，规模以上工业企业实现利润总额8167.2亿元，同比下降4.7%，降幅比11月扩大3.3个百分点。工业利润寻底需要一个较长的周期。应当反思此前的刺激性宏观调控政策，并在降低企业成本和加快工业转型升级上多加施力。

此前对经济的多次刺激扭曲了生产要素价格，过于关注短期经济目标，导致供给需求不平衡局面的加剧，而不利于长期经济目标的实现，另外，这些刺激政策的边际效应也出现了递减，应当引以为戒。

现在亟须降低企业成本，首先应该大幅减免税费。国务院已经决定全面推开"营改增"，进一步显著减轻企业税负，这是一个好的信号，不过还应该考虑税收征收方式的调整，如从按产地征收向按消费地增收，或者改成消费税，这样有利于遏制地方政府盲目上项目的冲动。

加速推进要素的市场化。土地、矿山应按市场来定价，不能搞审批制，利率的市场化和企业上市注册制也应加快。另外，中国的工业地价已经超过美国20倍左右了，地产泡沫使工业经营成本大幅提升，应逐步消除。

工业转型升级的缓慢是企业利润下滑的重要原因。由于落后产业占据了大量资源，而新兴产业、创新性投资并未进入大规模发展的阶段，动力转换方面出现了"青黄不接"，这是经济发展的一种严重的不平衡矛盾。化解这个矛盾，今明两年至关重要，一方面是去产能，另一方面是加大对新兴产业投入力度，平稳地进行工业发展新老动力的转换。

国家提出的化解过剩产能的第一条原则就是市场倒逼，其实质就是用亏损来倒逼，对于连续亏损、进入衰亡期扭亏无望的企业应加速其退出。

（2015年12月26日）

供给侧改革对于化解中国发展不平衡矛盾的意义

2015年11月10日，在中央财经领导小组第十一次会议上，习近平总书记强调，在适度扩大总需求的同时，着力加强供给侧结构性改革，着力提高供给体系质量和效率，增强经济持续增长动力。"供给侧"，为我们提供了解读中国经济政策和经济前景的新角度，也为理解习近平经济和国企治理思想提供了一个重要的窗口。

为什么在国企改革正在铺开之际突然提出"供给侧改革"？为什么说"供给侧改革"的出发点是搞好企业，增加新型供给？国企改革顶层设计与新供给经济学有什么联系？为什么国企"供给侧结构性改革"要从消化过剩产能开始？国企改革将怎样为"供给侧改革"提供动力？这种改革将为国企改革乃至中国经济发展带来什么红利？我们从一开始就要做出回答。

"供给侧改革"出发点：增加新型供给实现供需平衡

进入11月，来自中国最高层的"供给侧结构性改革"的声音，高度密集。11月10日，在中央财经领导小组会议上，习近平总书记强调，在适度扩大总需求的同时，着力加强供给侧结构性改革，着力提高供给体系质量和效率，增强经济持续增长动力。

8天之后的11月18日，习近平在亚太经合组织（APEC）工商领导人峰会发表演讲时表示："要解决世界经济深层次问题，单纯靠货币刺激政策是不够的，必须下决心在推进经济结构性改革方面做更大努力，使供给体系更适应需求结构的变化。"

11月11日召开的国务院常务会议，李克强总理也提出以消费升级促进产业升级，"培育形成新供给新动力扩大内需"。而在此前公布的十八届五中全会公报中,也有"释放新需求,创造新供给"的措辞。

从操作层次看,国家早已从多个方面推动"供给侧改革"。国务院常务会议就部署从"供给侧"的创新来实现居民消费的升级。国务院后续还会出台一系列扶持政策,其中包括《关于积极发挥新消费引领作用加快培育形成新供给新动力的指导意见》、《关于加快发展生活性服务业对促进消费结构升级的指导意见》两大重磅文件。

"供给侧",从字面理解,指侧重于"供给"。"供给侧"就是相对于需求侧,消费侧,意味着在外需不足、内需潜力和空间有限的情况下,今后经济发展的着力点将从原本的重需求逐步转变为供给需求共同发力。出口、投资、消费"三驾马车"的提法正逐渐从官方话语体系淡化。"供给侧"涉及供给到各个方面,这是一个思想体系。

"供给侧",为我们提供了解读中国经济政策和经济前景的新角度。而回顾"供给侧改革"的理论探索和相关国家实践,对照中国经济的现状,就能更清晰地把握"供给侧改革"的出发点、内在逻辑和推进领域,加深理解这一改革对中国搞好经济、搞好企业、搞好国企的重要意义,以求行动更自觉,更为大胆,从而更为精准地在"供给侧"做文章,开启经济增长新周期。为什么要搞"供给侧改革"?怎样搞"供给侧改革"?找到最基本的脉络,我们就会恍然大悟:

新供给的主体是谁?是提供产品与服务的经济组织——企业。

新供给的形态?是生产,是实体经济。

"供给侧改革"的出发点?搞好企业,增加新型供给。

"供给侧改革"改什么?通过简政放权,让市场活起来,让企业愿意去生产(增加供应);把原来国资掌握的部分行业放给市场、放给社会,让社会资本愿意投入企业(增加供应)。

通过供给结构调整,这种宏观调控着力激活微观活力,在减税、金融改革等方面,努力帮助企业降低成本,这有利于提高企业发展能力,增加有效供给。因此,"放权、减税、让利、引资",我们要做的事,用这8个字可以概括。

"供给侧改革"的落脚点在哪里？"供需不平衡"是理解"供给侧改革"最基本的背景，"供需平衡"是理解"供给侧改革"最基本的目的。

"供给侧改革"内在动力在哪里？外部动力是政府，内部动力是企业。通过改革来构建"新动力"，通过调整来设计新结构，通过创新来提供新"供给"，这是中国企业对"供给侧改革"的回答。

这时候，我们可以说：这种供、求两侧相平衡的调控方式，是中国当前发展阶段的重大选择，也是中国企业深化改革与发展的重中之重。轰轰烈烈而又步履艰难的国企改革找到了外延，也找到了内涵，对准了目标。从目标看，"国企改革"与供给侧改革"具有同一性；从内容看，"国企改革"重点解决国有企业的产权结构，而"供给侧改革"重点解决国有企业的产业结构，他们是相互支持、相互补充的。

国企改革顶层设计贯穿新供给经济学的思想

供给侧结构性改革核心思想是降低制度性交易成本。供给侧结构性改革的最终结果反映在经济增长模型方面是提高全要素生产率，反映在市场方面是企业竞争力得到提高。前两月的《关于深化国有企业改革的指导意见》，便是一场制度性变革，为"供给侧"改革做了充分的准备与动员。

如果细读9月13日公布的《关于深化国有企业改革的指导意见》，不难发现其中贯穿了新供给经济学的思想。在供给学派理论中，研究的多是"供给侧管理"。然而，这次强调的是"供给侧结构性改革"。宽泛意义上的"管理"被"结构性改革"取代，指向非常鲜明。国有企业改革是"供给侧改革"的主体。国企改革搞了好多年，不仅各方意见不一，而且建议也是五花八门。到底怎么办？《指导意见》，最终还是对全面深化改革做出了战略部署。理解了"供给侧结构性改革"，才能真正弄明白为什么要搞这场国企改革。从国有企业角度来说，尽管《指导意见》要斩断国企与政府之间的"脐带"，对于部分国企来说存在一定挑战，但《指导意见》对于国有企业推进按照市场原则实施产权多元化、改善公司治理结构、对管理人员实施市场化的激励和约束机制、减少政府对企业的各种束缚等改革措施，将使国有企业整体上迎来巨大发展机遇。从现代经济学和现代国家治理角度看，《指导意见》所体现出来的核心思想是"放松管制、对内搞活、加强监管、转型升级"等典型的供给侧管理思维。这势必增强现有国有企业的活力、控制力和影响力。显然，中国经济长期积累的结构性矛盾相当突出，但核心是体制机制问题，要着力通过国企改革破解矛盾，通过供给侧结构性改革来重新焕发中华民族发展的生机与活力。

供给学是一种尊重市场主体，尊重企业的理论

"供给侧"这一理念来自于中国的"新供给"，"新供给"是中国式"供给学派"的简称，是中央政府所倚重的宏观调控体系的新一套理论话语。

在实践中，所谓供给侧改革，就是从供给、生产端入手，通过解放生产力，提升竞争力，促进经济发展。这种改革具体而言，它要求清理僵尸企业，淘汰落后产能，将发展方向锁定新兴领域、创新领域，创造新的经济增长点，具体措施就是国企改革中的"三个一批"。

长期以来，经济增速下降已经是不争的事实。我们一直为针对当前经济增速下降、诸多行业面临周期性衰退等新常态下的宏观政策的确立，该从速见成效的需求侧入手，还是立足长远倚重供给的问题而争论不休，而犹豫、彷徨。实际上，是对中国发展的主要矛盾存在分歧。

现在要积极拥抱"供给侧结构性改革"，主要还是基于当前供给与需求很不平衡的客观现实，围绕当前经济运行中的主要矛盾，作出的一种时代选择。频繁出现的"代购潮""海淘热""疯抢潮"早就说明，随着人们消费结构不断升级，国内供给经常满足不了人们需求。连买个指甲刀都要让人从德国带回来，连购个马桶盖都要跑到日本去疯抢，国外货如此走俏，跨境电商生意红火，这都在说明，是以新的供给来释放新的需求，为中国经济发展提供新动力了。哪些领域、哪些产业、哪些产品在"供给侧"需要加大改革力度实现平衡，正是中国经济结构转型升级的需要。

从深层次看，供给学派和凯恩斯主义的本质区别在于，凯恩斯主义强调需求对经济的拉动作用，而供给学派则强调充分尊重市场主体的主观能动性，创造条件为市场主体提供良好的服务，政府不能增加企业负担，必须让企业充分发挥资源配置的作用，必须在调整生产力诸要素的基础之上，让企业成为推动经济增长的主为军。

供给学派尊重市场主体，尊重企业，给社会发展的主人——企业，给予史无前例的重视。把"供给侧结构改革"这一伟大历史使命交给企业，交给中国企业。

新供给经济周期与国企"三个一批"的高度吻合

怎样进行"供给侧结构性改革"？从新供给经济周期与国企"三个一批"改革来看，竟然是那么吻合。

中国经济发展如今面临的最突出矛盾不是总量矛盾，而是结构不平衡的问题，加强供给侧结构性改革解决这种不平衡恰逢其时。可以看到，中央财经领导小组第十一次会议明确提出，要促进过剩产能有效化解，促进产业优化重组；要降低成本，帮助企业保持竞争优势。

显然，中央决策坚持问题导向，从生产供给端入手，创造新供给，满足新需求。中国进入中等偏上收入水平国家后，需求增长总体比较平稳但出现了新升级，产业结构要跟上来，现代服务业和高端制造业要加快发展，而产能严重过剩行业要加快出清，这样才能形成新的平衡。

我们探讨从供给端和供给结构变化出发，一个完整的经济周期可以划分为四个阶段，这恰恰是供给侧结构调整的四个层次，是国企改革中与发展中表现为"三个一批"的任务。

第一阶段，新供给形成阶段：当新供给随着技术进步孕育产生，社会供给和需求结构仍在延续，经济处在新周期的导入期，经济潜在增长率开始回升。这正是企业创新阶段与《指导意见》中的"创新一批"相对应。

第二阶段，供给扩张阶段：当新供给内容被社会普遍接受，新的需求被新供给开发创造出来，新供给与新需求形成良性促进，经济进入快速增长阶段,经济增速不断提高。这正是企业发展阶段,与《指导意见》中的"发展一批"相对应。

第三阶段,供给成熟阶段:该阶段的生产技术进一步普及,社会资源纷纷涌向新供给领域,则供给数量迅猛增加,而需求逐步趋稳,供给自动创造需求的能力降低,但供给仍然维持惯性增长,社会资源配置效率开始降低,经济增速回落。这正是企业兼并阶段,与《指导意见》中的"重组一批"相对应。

第四阶段,供给老化阶段:过剩供给短期难以消化,过剩产业资本沉淀不能退出;老化供给不能创造新的需求,造成总需求持续下降;新的供给力量尚未产生,经济整体将陷入萧条期。这正是企业清理退出阶段,与《指导意见》中的"清理退出一批"相对应。

《指导意见》中的"三个一批",实际上是"四个一批",因为"创新发展一批",包含了"创新"与"发展"两个层次。如果一个经济体中大部分行业处于新供给形成和供给扩张阶段,这个经济就会充满活力,其经济增长速度就会提高,整体运行趋势是向上的;反之,如果一个经济体的较多行业处于供给成熟和供给老化阶段,这个经济体的活力就会下降,其经济增长速度就会降低,整体运行趋势就会向下。目前的中国经济正处在经济增长速度降低,运行趋势向下阶段,就是因为中国目前较多行业处于供给成熟和供给老化阶段。

当一个国家的经济结构出了问题,有太多处于供给成熟和供给老化阶段的产业,那么无论是刺激需求还是五年计划,都无法改变经济结构转型的问题。反之,财政与货币政策刺激虽然可以在短期内吸收部分过剩产能,但长期可能反而进一步鼓励了过剩产能扩张,可能加剧供需矛盾,阻碍长期的经济结构调整,并且削弱经济的自我循环能力。

进入新常态的中国经济,面临一系列新的突出矛盾和问题。表象上是速度问题,根子上看是结构问题。抓住供给侧做文章,是中国经济进入发展新阶段的必然选择,是化解经济供给与需求不平衡矛盾的重大抉择。供给侧结构改革,最终是要落到结构改革上,就是通过比例的调整,达到新

第五章 供给侧改革是转变国企经济困境的战略突围

的平衡，实现改善效率的目的。

当前，供给侧结构性改革，关键是提高经济增长质量和效益，是创新发展一批，全面提升中国各方面的要素生产力。新供给主义经济学认为，技术和产业的演进、供给和需求结构的变化，以及供给与需求循环往复的交互作用是形成经济周期波动的主要力量。这作为一条主线，是中国经济下一步长期稳定发展的一个核心问题。

重要的是清理退出一批。钢铁、水泥、煤炭、油气、有色金属、玻璃等上游产业的利润下降幅度最大，利润下降也最明显。如果扣除达六项，其他行业的利润变化并不是很大。所以，结构调整很重要的是上游板块要进行比较大力度的结构性调整。

显然，中国在供给侧的改革应该着眼于放松政府管制与干预，鼓励企业创新、重组与清退。但是，这并非仅仅靠改变某些经济政策就能实现，而是全面地改革，改变政府部门抓住权力不放的行为习惯，改变国企本身安于现状、不思改革、总是等着上面催逼的状态。

国企"供给侧改革"追求平衡，应从消化过剩产能开始

国企进行"供给侧结构性改革，从哪里开始"？答案是消化过剩产能。

是否消化过剩产能？供给侧管理和需求侧管理曾经有两种相反的结论：需求侧管理认为市场无法出清，因此需要采用政策刺激的方式来恢复需求，令需求扩张去迎合现有产能；而供给侧管理则认为市场可以通过价格调整等方式来自动出清，通过价格、产能整合、淘汰等方式来清理过剩产能，因为"过剩"存在本身就是不合理的。

过剩产能已成为制约中国经济转型的一大包袱。现在去产能主要有四大路径：从解决"僵尸"企业入手，加快清理退出；加快企业并购重组，提高行业集中度；扩大出口，通过"一带一路"战略等开辟新的市场，从需求端加快去产能；加快产能输出，将工厂迁移至中亚、非洲等国家，在供给端消化产能。

在目前供给侧结构性改革中，企业盈利水平是一个需要特别关注的核

心指标。核心就是企业可盈利。这应该是经济转型的一个核心指标,也是衡量国企改革是否成功的重要指标。

习近平总书记在中央财经领导小组第十一次会议上的讲话,更全面地为"供给侧改革"下了定义:

其一,"要促进过剩产能有效化解,促进产业优化重组。"化解过剩产能,通过价格调整、企业整合淘汰、拓展外部市场是主要方式。这意味着,从央企到地方国企的整合将向下层逐级推开,"一带一路"的建设进程将加快。这关系到产业层面供给的改善。

其二,"要降低成本,帮助企业保持竞争优势。"这意味着企业将通过结构性减税获益。实际上,此前明确的"适当降低社保缴费水平",与降低成本的政策信号一致。这是在财税制度层面改善供给。

其三,"要化解房地产库存,促进房地产业持续发展。"这是对房地产作为支柱产业的再次确认。这是在调控层面消除供给制约。2000年到2013年房地产投资增长率差不多24%,但2015年1~10月份下降到2%,下降幅度太大。促进房地产业持续发展,不仅因为这一行业能带动钢铁、水泥、电解铝等许多下游产业的发展,化解这些行业的产能,有效拉动就业,还在于从推进"人的城镇化"考量,房地产业的发展是让2.5亿缺乏相应市民权利的城镇常住人口能真正定居下来的必要物质前提。

其四,"要防范化解金融风险,加快形成融资功能完备、基础制度扎实、市场监管有效、投资者权益得到充分保护的股票市场。"这一论述表明了最高领导层对股市发展的态度。股市既是企业的直接融资平台,也是普通投资者合法获得财富、提高消费能力的主要平台。这是在资本层面强调供给的稳定性。

习近平总书记在产业层面、调控层面、财税制度层面、资本层面的论述是一个新部署,勾勒出了"供给侧改革"的重点领域和规模。显然,这些层面的改革都非一日之功可竟,这也表明"供给侧改革"不是针对经济形势的临时性措施,而是面向全局的战略性部署。

目前,第一个要做的,就是在减产能方面应该切实加大力度,取得实质性进展。工业企业盈利负增长已经持续一年多时间,其主要原因就是产能过剩,特别是钢铁、铁矿石、煤炭、石油、石化等重化工业部门,产业过剩很严重。PPI 已连续 40 多个月负增长,这五大行业对整个工业 PPI 下降的贡献占 70%~80%。

解决这种局面的关键,就是严重过剩行业在减产能方面要有实际性的操作。但因为这些重化工业行业里面主要还是国有企业,除了涉及减产能和稳增长之间一定程度的矛盾,还有人的问题和债的问题需要解决。这样仅仅靠地方、企业、市场恐怕很难解决,还是需要国家出面采取一些措施。推动企业减产能,还要进一步推动市场化的兼并重组,通过优势企业发挥主导作用,用市场化的办法对生产力进行重新整合,未提升整个企业的生产效率。

清理退出一批,不能重复 20 世纪 90 年代的下岗故事。很多决策者对去产能闻之色变,认为去产能就是"破",意味着砸机器、倒牛奶、社会动荡。不应该简单地用下岗分流方式提高国有企业的生产效率。去产能可以"立",通过并购重组,可以有效缓解去产能的阵痛,重塑企业活力。结合国际经验和中国困境,政府可以从以下五个方面寻求新突破:

一是推动大巨头整合重组,可以从央企整合开始。从美、日、韩等国的经验来看,化解产能过剩的过程一定伴随着行业寡头的整合和超级巨头的诞生,要么大并大,要么大吞小。

二是降低并购重组的制度交易成本。简化相关法律流程与环节,降低并购重组的时间成本。监管机构放权,减少行政审批。

三是发挥投资经营公司对僵尸企业的整合和监管职能。

四是实施过渡期保护,为并购重组赢得时间。从企业并购到形成新的盈利点之前,可以由政府实行一定的产业保护。

五是解决积极性与潜力释放不充分的问题。细化生产力要素,充分发挥劳动者的作用,掀起全民创业的热潮。

国企"三架发动机"是"供给侧改革"强大动力

进行"供给侧结构性改革,动力何在"?在于企业。进行供给侧结构性改革,实际上是政府宏观调控,培育企业这一供给主体。最终决定于企业自身的动力强弱。

企业如何提高生产能力,供给侧管理的手段,可以从三方面努力,做好了,就是为供给侧结构性改革提供了"三架发动机"。国企"三架发动机"是"供给侧改革"强大动力:

第一架发动机:是在制度因素方面,政府与国企实施市场化改革。在新的时期以全面改革为核心,来促进供给端解放生产力、提升竞争力,以此生成经济社会升级版所需的有效供给环境条件,解除供给约束,推动改革创新"攻坚克难"、冲破利益固化的藩篱,充分激发微观经济主体活力。这是续接和有效增强经济增长动力的"关键一招",也是从要素投入、粗放增长转向供给升级、集约增长,引领市场潮流而创造需求,得以实质性联通"脱胎换骨、凤凰涅槃"式结构调整的主要着力点。

通过简政放权,把原来政府掌握的权力放给市场、放给企业,让市场活起来,让企业愿意去生产(增加供应)。这种宏观调控着力激活微观活力,在减税、金融改革等方面,努力帮助企业降低成本,这有利于提高企业发展能力,增加有效供给。这种供、求两侧相结合的调控方式,是符合中国当前发展阶段的正确选择。

也就是说,结构改革看起来是要提高某些领域的比例,但其实是政府要在这些领域进行体制改革,让准入更加便利,让更多社会资本能参与投资,甚至主导投资,而且政府要确保民间资本在这些领域的投资能有合理回报。这是国有体制改革的根深目的。

第二架发动机:是在产业因素方面,调整供给结构。供给侧结构改革,最终还是要落到结构改革上。而结构是和总量相对应的,所谓结构,是指比例,结构改革最原始的意义就是通过比例的调整达到平衡,实现改善效率的目的。与"供给"紧密相连的一个词是"经济结构性改革"。在

11月10日召开的中央财经领导小组会议上,习近平总书记为这一改革划出四大关键点,包括化解产能过剩、消化房地产库存、降低企业成本、发展股票市场。中国经济存在十分突出的结构性问题,不平衡是当前经济发展的主要矛盾,由不平衡向较平衡状态作调整以及由被动的高代价平衡向积极主动较低代价的平衡作调整,势在必行,而且变不平衡为平衡的过程,也是释放潜力、激发活力、合成动力,打造"升级版"的过程,客观上需要特别发挥供给侧管理的结构调整作用,即力求在短板上增加有效供给。从本质上说,调结构不属于一个经济增长问题,也属于长远发展的平衡方式。

第三架发动机:是在产品上提高供给质量,实现"供需匹配"。供给侧结构性改革,最重要的就是提高供给质量,让中国的供给能力能适应领先的需求结构的变化。如果不能将各方有效需求和有效供给结合起来,不能从供给侧去激活新需求,很多人还是会到德国去背回一个烧饭锅具,还是会跑到圈外商店里买下一个价值不菲的包包。这样一来,中国经济又怎么可能有效化解产能过剩问题,经济结构又怎么可能得到优化重组呢?

中国新供给平衡有两个方向,一个是创新,一个是"精致生产"。创新需要研发投入。中国的研发投入占GDP比例为2.01%,与韩国、芬兰等国家接近4%的水平仍有较大差距。技术创新一方面需要资本市场的市场化激励,另一方面也离不开政府的整合和支持,尤其是一些重大科研项目的短时间攻关。"精致生产"就是把活做细,就是现在人们讲的"工匠精神"。中国大部分制造业摊子已经铺开了,但整个精细化程度还是比较低,这在中国的潜力很大。

在这三架发动机中,国企改革是起决定性的动力,制度供给是最重要的发动机。"经济结构性改革",任重而道远,非一日之功。然而我们可以看到"供给侧改革"将会成为"十三五"期间经济改革的重心,"供给侧改革"将会成为国企改革与发展的主轴。重点解决国有企业的产权结构的"国企改革",与解决国有企业的产业结构的"供给侧改革"将相伴而行,共同促进,并行不悖。

(2015年11月20日)

必须拿出改革容错机制以支持国企去产能

每一轮国企改革,"会不会造成国有资产流失"都是公众担心的首要问题。本轮国企改革,要求吸取过去国企改革经验和教训,尤其是不能再把国企改革变成少数人牟取暴利的机会。如何在积极推进改革的进程中,不让国有资产流失?我们应当研究解决。不过,不能由此变成不改革的理由。

目前,国有企业改革出现一种借防止国有资产流失的名义,拖延改革和不改革的现象,改革速度缓慢活力发挥不充分渐渐上升为突出矛盾。近来,清理"僵尸企业"的鼓声如雷鸣般轰响,然而相当一些地方仍是按兵不动。有一些说法在流行,"先看看,等一等,别给自己惹麻烦",有人为此解释,不是不想清理"僵尸企业",而是拿不准,怕被指责国资流失。因而,不少企业对清理"僵尸企业"持拖延观望的态度。应当说,这些议论和担心是可以理解的,但把清理"僵尸企业"与国有资产流失对立起来的思想是站不住脚的,甚至是错误的。

放任僵尸企业是国资最大流失

新一轮国企改革,一系列新举措让人耳目一新:重组整合、混合所有制、员工持股、成立投资运营公司……所有这些改革的推进,有一道共同的底线——不让国有资产流失。

截至2014年底,全国国有企业资产总额1021187.8亿元,所有者权益355629.4亿元,其中,中央企业资产总额537068亿元,所有者权益为184446.6亿元。2014年末,全国大陆总人口为136782万人,按照简单的算术平均,全国人均净资产26000元。这些国有资产来之不易,是新中国成立60多年来积累的共同财富。保障国有资产安全,是国企改革的前提和底线。

公众对流失有担心,还因为在此前的国企改革过程中,侵吞、挥霍国有资产现象时有发生。一段时间以来，对国有资产的监督手段比较单一，主要是通过审查账目、查阅文件等形式。不少监管制度只规定违法违规情形，没有具体追责的实体性和程序性规定，以致国有资产发生损失后无人担责。

同时，国有企业治理结构还不健全，外部董事、外派监事作用发挥不到位，一些企业的内设监事会形同虚设，企业内部监督力量在履职中受到本企业领导制约，无法形成有效的权力制衡。

防流失从何着力？关键是让国企负责人做到从思想认识上主动防流失，从制度建设规范上织好安全网，让国有资产不能流失。2015年底出台的《关于加强和改进企业国有资产监督防止国有资产流失的意见》给出了加强企业内部监督、外部监督、社会监督及追责制度等药方，制度建设迈出了一大步。

《意见》提出，完善企业内部监督，加强对权力集中、资金密集、资源富集、资产聚集的部门和岗位的监督，防止权力滥用；加强外部监督，整合出资人监管、外派监事会监督和审计、纪检监察、巡视等监督力量；加强信息公开，保障社会公众对企业国有资产运营的知情权和监督权；强化追责，建立健全国有企业重大决策失职、渎职责任追究和倒查机制，严厉查处侵吞、贪污、输送、挥霍国有资产等违法违纪行为。这些措施落实到位，可望有效防止国资流失。

改革不能导致国有资产流失，已成为方方面面的共识，国有企业内部更是时时自我提醒。然而，一些国企也出现了"怕被指责国资流失而对改革拖延观望"的现象。例如，混合所有制改革、员工持股改革，不少国企表示，"先看看，别给自己惹麻烦。"授权董事会的改革一直被认为会受到热捧，现实中却有企业负责人表示，"授权未必是好事，授权后万一投资失误岂不是成了国资流失？"

新一轮国企改革的许多内容，会涉及资产的变动调整。要在推进改革的过程中防流失，但不能以防流失为理由而拖延改革。

先从国有资产流失说起。国有资产流失有两种形式，一种是运用各种手段、各种渠道将国有产权、国有资产权益以及由此而产生出来的国有收益转化成非国有产权、非国有资产权益和非国有收益,或者以国有资产毁损、消失的形式形成流失。这是产权转换所发生的"交易性流失"。另一种是国有企业"体制性流失",当前国企改革着力解决的就是体制性流失的成本不断增大问题。亏损实质就是资产缩水,资产缩水的过程也就是国有资产流失的过程。虽然这种流失常常不涉及违法、贪污腐败等,但如果不改革,不让企业成为真正的市场主体,不清理"僵尸企业",那国有资产流失就不可避免。

国企改革与清理"僵尸企业",都是一种资本流动行为。清理"僵尸企业"就是保障资产往高处流,往更有可能发挥其价值的地方流动。一些国企无效低效资产靠政府"输血"来维持,耗费了国家大量资金,欲活不能,欲死不甘心。必须让国企资产恢复"流动"的本质,国企资产不流动,就流失。

"僵尸企业"是指那些无望恢复生机,但由于获得放贷者或政府支持而免于倒闭的负债企业。是等着这类企业把行业中的优质企业拖垮,最后一起死,还是快刀斩乱麻,处置这类企业从而腾出必要的资源和空间?我们必须有所选择。

向"僵尸企业"宣战,是迄今为止中国在调整产业结构、化解过剩产能走出的关键一步。大量的"僵尸企业"占用了人力、土地、技术与信贷资源,导致"发行货币越多,流动性越紧张,资金的价格越昂贵"的怪圈。在"僵尸企业"效益低下又不让倒闭破产的情况下,契约精神和优胜劣汰的市场法则失灵,企业抓住政府"喜欢"GDP的心理,进行政策套利,大量中国企业追求产业低端,但又能很快见效的产业。这使中国经济升级的阻力巨大,几乎无法前进。

2016年的经济工作供给结构改革是主题,去产能是主线,淘汰"僵尸企业"是主要抓手,兼并重组与清理退出是主要形式。要在推进改革的过程中防流失,但不能以防流失为理由而拖延改革,更不能以防流失为理由而拖延清理"僵尸企业"。

不改革、不清理"僵尸企业",将是最大的国有资产流失。与交易过程中的流失相比，体制性流失后果更严重。如果消极对待改革，拖着、等着、看着，对发展中的机遇抱着"宁可错过，别万一犯错"的想法，企业在市场竞争中不能做强做优，甚至发生亏损、倒闭，那才是更大程度的国资流失。

应该对国资流失确定标准

改革不能导致国有资产流失，已成为方方面面的共识，国有企业内部更是时时自我提醒。然而，一些国企也出现了"怕被指责国资流失而对改革拖延观望"的现象。

一家能源类央企负责人在被问及是否会推进股权多元化改革时回答："我们自己不会主动搞。涉及资产的改革，哪怕是兼并重组，也容易被扣上国有资产流失的帽子。"

新一轮国企改革的许多内容，会涉及资产的变动调整。要在推进改革的过程中防流失，但不能以防流失为理由而拖延改革。这就需要进一步明晰"流失"的定义。

狭义上的国资流失容易判断，一般具有3个特点：主观意志，即经营者比较明确地事先知道某类行为会造成资产流失；方向确定，即涉及侵吞资产、利益输送等；企业事实上受到损害，这是资产流失的结果。许多国企负责人持类似观点。

广义上的流失则存在不同看法。近几年，A股的"亏损王"多是大型央企，每次发报表时都会有人指责其"亏损导致资产流失"。国家鼓励大型国企"走出去"，但在海外投资的过程中，也出现了一些失败的项目，企业多次被舆论批评"资产流失"。企业亏损，资产总量肯定受影响。但企业也有为难之处。商场如战场，谁能保证每一项决策都正确？年年都盈利？有些项目可能一两年不盈利，但三五年后或许会给企业发展带来极大的利好，这样的项目要不要搞？

目前，关于国资流失缺少确定的标准。特别是舆论所说的一些"资产流失"，不少是基于主观判断。法律法规不可能对具体的交易行为一一规范，但对于涉及国有资产的市场交易，今后应完善法律法规，修改国资法，增加国有资本交易程序的内容。包括细化交易程序、健全交易市场、确定资产受让条件和竞价要求等。在改革的进程中防止流失、消除争议，最关键还是公开透明。

公开是最好的约束。信息披露真实、全面、及时、充分，既能方便监管部门进行全过程的监督，对企业运营也会是无形的强大约束。从企业具体的改革方案到资产的评估定价、改革的决策程序和责任人，都应当尽可能向全社会公开，接受社会舆论、专门机构和企业职工的共同监督，这将对国企形成硬约束。

目前，界定国资流失最难的地方在对价问题，不管是引入其他投资者还是收购别的企业，定价都是难题，特别是对于品牌、研发能力等无形资产的评估，不好判断。而推进国企重大信息公开，对资产处置等有着巨大影响的专业信息以高度透明的姿态进行评估、接受审视，有利于形成共识，推进企业的改革发展。

国企改革要有一个容错机制

现在，国企改革很多开拓性的改革工作，还缺乏一个容错的机制，这导致很多人不敢去开拓进取。有不少人存在"求稳怕错"的心理。2016年国企改革的任务可谓艰巨。如何将央企整合做大，如何突破固有利益的藩篱？国企改革面临着配套政策还不齐全、多部门的协调机制还需完善等局面，因此，难度很大的改革应该采取试点的形式获取经验，同时，企业自身能够改革的项目应该让企业先做。国企改革目前普遍有"求稳怕错"心理，应当建立容错机制。造成的原因有两项：一个是政策涉及方方面面，只有配套政策都出台以后，改革才好进行下去。现在因为政策还没有完全齐全，企业普遍有"求稳怕错"的心理，基本所有企业都怕追责，企业采取的做法是现在先稳住，防止出错，所以国企改革现在普遍有这样的思想负担，原因在于政策的配套还不够系统和完善。第二个方面，国企改革涉及诸多部门，如管人的部门如何管，管薪酬的部门如何去吸引和留住优秀人才，如何对这些人才进行激励？这里面涉及很多问题，如政府管理体制等，现在这个也没有配套。

国有企业改革绝对不是单一改革，改革就是要融合起来，把其他改革和国企改革统筹考虑，其他领域如果不改，国企改革也无法深化。

现在是上面很有改革积极性，但是下面的积极性怎么激发，这个关系也需要处理好。上上下下要形成合力来推动国企改革。国企改革这篇文章非常大，如果改革成功推进下去，能够激发很大的市场活力，但是改起来还真的不太容易。现在国企改革到了深水区，是配套性、互相关联性都很强的改革，在这种前提下，应该鼓励大家敢为人先。有一些东西即使错了，也没有关系，只要不是违法乱纪，要允许大家有一个容错的机制。

国企改革"容错机制"该如何构建？江苏省委、省政府印发的《关于全面深化国有企业和国有资产管理体制改革的意见》，详细描述了江苏国资改革的目标和实现路径，并为改革专门设置了罕见的"容错机制"，即有关单位和个人在推进国有企业改革中依法决策、实施，且勤勉尽责。改革中要正确认识国有资产流失，改革过程必然会产生流失。在改革过程中规范运作可以防止大的流失，大的流失可以防止，小的流失永远有，这是改革成本，不改革会造成更大的流失。他认为，东北三省国企的问题，靠政府及央企加大投入并不能解决问题，关键还是在于国企改革。应建立"容错制度"，鼓励在改革中创新、突破、试错。要明确只要在改革试错过程中个人没有贪腐行为，一律免责。国企改革更需要思想解放，给予更大的政策空间甚至比给钱更重要、更起作用。在推进混合所有制改革过程中，应加大骨干员工持股力度，推行分红权改革，推进投资项目团队入股、科技人员科技成果转股。资本重组过程中，关键是找到适合参与产业重组的企业家。

为免除改革开放工作创新者的后顾之忧，不少地方都曾出台过类似的"容错机制"，但在"叫好"和"质疑"的嘈杂之中，往往没有了下文。国有企业和国资改革，关系每个人的切身利益，关系着国家的经济命脉，建立"容错机制"，实际上也包含尽量"少出错""不出错"，特别是要保障"不敢故意出错"的本意。具体来说，可以从如下几个方面入手：

一是建立国有企业改革的决策监督机制。长期以来，国有企业改革决策，或局限在国有企业内部，或在国有企业与政府之间博弈，如此狭窄的决策范围，遏制不了国企或政府的"瞎折腾"，而且一旦国企领导与官员的腐败相结合，"依法决策"就可能彻底沦为遮羞的幌子。因此，为了尽量避免国有企业改革的决策失误，就必须扩大决策的监督范围。

二是建立国有企业改革实施的动态评估机制。国有企业改革是一个动态的过程，对任何决策，都应该有一个评估，而且随着改革措施的推行，评估也应该动态跟进，并公开透明。一旦评估出的结果与决策预想不一致或出现较大偏差，就应该寻找原因，反思和调整决策。

三是建立国有企业改革及时有效的纠错机制。我国过去国有企业改革导致国有资产流失，就是缺乏及时有效的纠错机制，导致改革一旦启动，即使发现可能存在严重问题也硬着头皮"一条道走到黑"，或者"中途烂尾"。因此，一旦动态评估发现问题，就应该启动纠错机制，尽量将错误及早纠正，避免造成巨大损失。

四是建立国有企业改革容错的激励机制。即使有了完善的"容错机制"，在即使无功也要但求无过的政治传统氛围里，首先，激励有人愿意"吃螃蟹"；其次，对一家国有企业来说，改革是有风险的，容错是有成本的，那么，就应该建立合理的补偿或政府补贴机制，避免让先行先试者独自承担"试错"的成本。

建立国企改革"容错机制"，是一项系统工程。国资国企改革已经步入深水区，进入攻坚阶段，既有难度又极为复杂，虽然依然有"摸着石头过河"的意味，就更需要做好顶层设计，建立切实的制度、机制保障。只有这样，允许试错才能不流于口头、流于形式，先行先试者才能不畏首畏尾、抱残守缺、瞻前顾后，那些投机、腐败者才"不敢故意出错"，我们的国资国企改革才能顺利推进。

（2016年1月）

保持供给侧改革战略定力不能动摇

2016年5月工业增长等数字出来了，投资和消费的下滑，当前中国经济最大的问题是社会预期混乱、企业信心不足。作为今年五项重点经济工作之一的"降成本"一直备受关注。近日，国务院再次对降成本发出"重拳"，盘活建筑业企业近万亿元资金。"降成本"是为了提振信心。在未来不确定的情况下，尽管生产端较好，但无法带动投资，也就难以形成"基建、房地产→生产→投资→收入→消费→生产"的正向循环。投资是中心环节。投资不来，企业难兴。

从企业这一端看，生产端仍在回升。5月工业增加值同比6%，与4月持平，为2015年9月以来第三高，生产端仍在回升。从结构上看，与4月相比，采矿业同比增速下降，制造业同比增速上升。从主要产品看，5月发电量同比0%，高于4月的-1.7%，粗钢、水泥产量同比亦均高于4月。

从固定资产投资这一端看，仍在下滑。除房地产、基建外，固定资产投资增速全面下滑，第一产业累计同比下滑1.1%，第二产业同比下滑1.5%，第三产业下滑0.5%，民间投资增速下滑1.3%。

从地域上看，东北地区投资下滑最大，中、西部也有下滑，东部略有增长，与产能过剩行业分布、信用违约地区分布相匹配，供给侧改革和信用风险爆发共同导致企业减少投资；当然，三四月末商品期货暴跌，影响企业对未来预期，加剧企业的悲观情绪，5月投资下滑也顺理成章。

为什么房地产企业形势特别好？因为房地产仍然是中国最大的资本蓄水池。企业拿地增速持续回升，5月较4月增加0.6%，创2014年11月以来最高值；房地产企业到位资金增速维持16.8%。除房地产投资外，商品零售增速与4月持平，而餐饮收入增速下滑0.7%。分商品看，汽车、药品、日用品同比回升，其他多数商品的销量同比增速有不同程度下滑。

目前经济的关键在于政府起用需求政策，需要在供给侧改革和需求端刺激之间取得平衡，过度倾向任何一方都可能导致难以挽回的后果。需求管理与供给管理是宏观经济管理的两种形式，虽然在不同时期会有所侧重，但二者始终是相互依存、互为条件。战略上做好打持久战的充分准备，把握好当前和长远的关系，有序推进供给侧结构性改革。总结五点建议：

一、要充分认识供给侧结构性改革的长期性和艰巨性，保持改革的战略定力，只要在底线上面，就要坚持住。"改革红利"的产生不仅需要时间，而且需要支付"改革成本"。一些重大领域的改革，在短期内不但不能改善经济，反而会令经济更加困难，甚至可能引发各种震荡，这对改革推进者无疑是一个巨大的挑战，考验着执行者的战略定力。总结历史经验教训，时下推进供给侧结构性改革，务必要谨防急功近利的速成心态。必须理性面对供给侧结构性改革带来的压力，接受短期内较低的经济增长率，破解现实经济发展中的矛盾和问题，以短期阵痛为未来经济稳健高速增长创造条件。短期内较低的经济增长率要有一条底线，这个底线是6%左右。经济企稳是供给侧改革的前提。政府应当充分释放"供给侧改革建立在经济守住底线之上"的信号。经济无底线下滑必将带来社会的预期紊乱，在经济整体下滑中企业的最佳策略是避险而非创新，只有经济企稳之后，改革才能真正进行。这是个成本线。

二、从宏观调控政策上辩证处理好供给侧管理和需求侧管理关系，给需求端一个底线。推进供给侧结构性改革需要需求侧管理给力，适度有效的经济刺激政策将会为全面推进供给侧结构性改革创造更好、更大的环境。起用需求侧到什么程度才不影响供给侧改革，也得有个底线。什么时间、什么地点、什么范围，可以搞需求侧。东北与沿海地区，就不能一个样，对东北就要多用需求侧政策。供给侧改革不可能也不应当忽视需求端。不能一搞需求端，就要被扣"帽子"，甚至招来不改革的压力。

三、供给侧改革，要真干，各个部门的实招也要有个底线。政府、企业、社会各方面都要做好为供给侧结构性改革。推进供给侧结构性改革是一场硬仗。实施相互配合的"宏观政策要稳、产业政策要准、微观政策要活、改革政策要实、社会政策要托底"五大政策支柱,其涉及的改革范围十分广泛,实际是各个部门要拿出实招。行政改革、国企改革、财政改革、税务改革、金融改革、社会保障改革、价格改革、流通改革,这些部门都要拿出实招来。

四、国有企业是供给侧改革的主体,国企改革要加快,2016年走到哪一步也要有一条底线。重要领域的改革涉及方方面面的利益,尤其需要突破来自既得利益集团的各种阻力,改革遇到的难度之大、风险之高前所未有。供给侧结构性改革的艰巨性决定了供给侧改革不可能一蹴而就。但是,改革已经试了两年,得让全社会了解试点的结果。让人们了解,我们抓得很紧,效果很好。改革,就是用改革的办法破解经济运行中的结构性矛盾,着力提升改革的质量和效率。改革,也是要讲"质量和效率"的。

五、政府行为与市场行为得有个边境,供给侧改革本质要求是按市场在配置资源中起决定作用。什么事该放手,什么事该收手,得有底线。供给侧结构性改革要完成的"去产能、去库存、去杠杆、降成本、补短板"五大重点任务,这些层面的改革非一日之功可见,需要企业组织自身来解决。所有改革方案都要上级批准,便是一种反改革行态,分明是计划经济的回归。这种现象迟早要终结。

供给侧结构性改革本质上是重大的创新活动,世界经济发展的历史证明:改变社会面貌的经济创新活动无不经历了一个痛苦的"创造性破坏过程",如果我们没有力排众议的勇气、没有耐心和毅力承受这种"创造性破坏过程"短期阵痛的定力,从而放松了供给侧结构性改革的攻坚任务,就必然错过了这个改革"窗口期",这将成为未来中国经济发展面临的最大风险。但怎么用好需求端,防止另一种风险出现?需要平衡协调。

供给侧改革正处在关键时刻,不进则退,来不得半点的动摇。要拿出底线,也就是拿出负面清单。否则,在供给侧改革和需求端刺激之间难以取得平衡,容易动摇,出现后退倾向。

(2016年6月10日)

对"僵尸企业"千万不能搞债转股

债转股是去产能、化解国企债务难题过程中的治标之举,只对于部分有发展前景、易于盘活的企业适用,绝大多数亏损企业不能这么搞,债转股不应该大范围推广。不能全都采用债转股的方式降杠杆为企业脱困,把风险和包袱全部转移到银行机构身上。"高负债—债转股—重新大幅举债",这样的恶性循环不能重演。但去产能任务压力大,不用这个方法也不行。

国务院10月10日正式公布《关于积极稳妥降低企业杠杆率的意见》及其附件《关于市场化银行债权转股权的指导意见》,新一轮债转股拉开帷幕。

债转股目前已有案例落地,出现一批案例。比如,建设银行与武钢集团、云南锡业集团在自主协商的基础上,采取了社会化募集资金方式,成功实施债转股方案,在降低企业杠杆率、减轻企业财务负担的同时,也推进了企业改革,支持了实体经济发展。

11月8日,中国建设银行与广东省国资委、广东省广晟资产经营有限公司共同签署市场化债转股框架合作协议,由建设银行安排150亿元资金与广晟公司开展市场化债转股合作,这是广东省内首单省属国有企业市场化债转股合作项目落地。

11月9日,中国建设银行与广州市国资委、广州交通投资集团有限公司共同签署市场化"债转股"框架协议,由建设银行或其关联方以货币资金的形式出资100亿元与广州交投集团展开"债转股"项目。

11月10日,重庆建工投资控股有限责任公司、中国建设银行股份有限公司在渝签订了市场化债转股合作框架协议,建设银行以多种方式向重庆建工控股提供总金额100亿元的资金,支持其增资本、提利润、拓市场。这也标志着重庆市首单国企市场化债转股工作迈出步伐。

债转股拉开序幕,一些经营困难、被债务压得喘不过来的国企松了口气，认为总算等到了"救命稻草"。债转股客观上会对困难国企起到缓冲作用，但如果把脱困希望完全寄托在债转股上，恐怕是想错了。

上一轮债转股，的确有产能落后且没有发展前景的企业反倒存续下来，但是多数不成功，影响了市场正常的优胜劣汰。正是吸收以往经验，此次债转股特别强调"市场化债转股"，不能变成一些企业的"免费午餐"。

20世纪末，"债转股"曾经在我国处置银行不良资产时大量采用，被视为国企解困三大政策之一。国家经贸委（2003年被撤销并入国资委、发改委、商务部）、中国人民银行于1999年7月发布《关于实施债权转股权若干问题的意见》，9月，中国信达资产管理公司与北京建材集团签署北京水泥厂"债转股"协议，这是我国第一次真正的"债转股"运作，在此轮不良资产处置当中，通过债转股方式处置了约4000亿不良资产，占比约30%。

从历史上"债转股"的经验看，"债转股"完成后的收益主要来自分红、股权转让或资产重组。银行成为股东之后，有望更加深入地介入企业生产经营，甚至通过投贷联动、并购贷款等方式，推动部分产能过剩行业的战略性重组兼并。

从国际上看，在1929年的金融危机、股市崩溃和经济萧条之际，意大利就曾将企业无力归还的贷款转化为银行对企业的股权。之后，意大利政府成立了伊利亚控股公司，由其购买银行持有的企业股权，对这些企业进行重组，重组成功后，再把企业卖给私人。

美国、日本在几次金融危机时处理不良资产的模式与中国"四大AMC（资产管理公司）"模式并无二致，即由政府筹建资产管理公司统筹，背后以财政力量不断消化坏账。

允许商业银行"债转股"基本目的是一石二鸟，一方面银行的不良资产变成投资就是正常资产，防止银行不良率出现大幅上升，账面上比较好看，同时可以降低企业的财务成本，不用付息。

与其他国家处理不良贷款的方式相比，我国"债转股"是一个通常的做法，关键的问题在于必须要按照市场的原则，由企业、银行、金融机构由自主谈判来决定，不能由政府指令来做，否则埋下的隐患非常大。亏损企业本身没有市场前景的，就应该让他破产，不应该让它通过'债转股'方式继续生存。"僵尸企业"就不能这么做，该退出市场的就应该退出市场，老是希望转移、延缓风险，最终风险只会越积越大。

站在监管层角度，我们认为对于债转股企业资质的认定应该会较为谨慎，以防止将"僵尸企业"的风险传导至银行体系和潜在的利益输送发生。

从银行本身来讲，很多是不会同意"债转股"的。"债转股"将对银行产生四点影响：第一，不良资产"债转股"，将降低账面不良额和不良贷款率，提高拨备覆盖率，缓解银行核销压力；第二，增加资本占用，目前企业贷款风险权重为100%，不良资产"债转股"后，风险权重将为400%；第三，拉长回收周期，降低资产周转率，但未来的退出机制有待厘清；第四，对银行股影响为中性，实施进度和效果仍有待检验。

最近，既有中钢集团、云南锡业等央企、地方国企率先开始债转股，也有东北特钢这样的国企履行破产程序。

只想债转股而不同步改革是不行的。对于长期亏损、已失去生存发展前景的"僵尸企业"，国家早已明确要"清理退出一批""依法破产"，这既是去杠杆、去产能过程中正常的市场化手段，也是国有企业结构调整的重要内容。

光想着借债发展更是不可能的。"高负债—债转股—重新大幅举债"，这样的恶性循环不能重演。此次市场化债转股做出一系列约束性安排，强调债转股协议中要对资产负债率作出明确约定，防止企业杠杆率降而复升、再次超出合理水平。这意味着，企业是降杠杆的第一责任主体，必须处理好长期发展和短期业绩的关系，审慎经营，不可过度负债。

债转股最近有加大规模的势头。虽然是改革的手段之一，但是不能将其当国企脱困捷径，更不能把实现债权转股权、负债率下降就看作脱困成功。

（2016年11月15日）

国企供给侧改革进入红利期的判断与论证

数据证明中国国企供给侧改革红利期到了

中国国有经济已经历了长周期阶段性的拐点,进入中国国企供给侧改革新红利的新阶段。因为中国国企经济数据从2010年10月出现持续下滑,是事实。从2016年10月出现持续上升,也是事实。这个阶段是72个月。

作为国民经济的重要支柱,央企上半年交出了亮眼的"成绩单"。7月统计局数据显示,中国二季度GDP再次取得6.9%的成绩,几乎超出所有的市场机构的预测。今年经济多头大获全胜,国务院国资委已经四次公布数字了。今年上半年,中央企业累计实现营业收入连续5个月保持两位数增长。在102家中央企业中,有99家企业赢利,其中29家企业效益增幅超过20%。仅6月央企就实现利润1596.7亿元,创下单月利润历史最好水平。目前,这个势头还在继续发展,可以这样认为,新红利期到来终获历史检验。

我说的新阶段是2016年10月来的9个月,这是对2010年11月到2016年10月的6年国企经济持续下行期说的。

今年初,2016年国企利润数字出来了。2016年实现利润总额增长6.7%。不仅终止了2014年和2015年连续两年的下降态势,还创造了2012年以来的最高增速。新的利润增长点正在形成,结构日趋优化。尤为需要清醒认识的事实是,在当前中国经济增长的诸多驱动动力中,国有企业是中国经济能否从L型走势中实现探底、筑底、企稳、复苏甚至反弹的重要支撑力量。中国国企经济已经步入增速换挡期"经济L型"的一横,而且站稳了,已经站在新周期的起点,这种变化的意义在两方面:一是这是我们国家自2012年来长期沉浸在经济雾霾里面的一股强风,展示出晴朗的蓝天。经济犹如在一直下沉的无底洞里沉没，突然着了底，产生很强的稳定感。二是我国利润行业构成发生重大变化，总体稳步发展、行业分化加快、结构趋向优化，这正是我们供给侧结构改革所期盼的境界。利润转好、结构趋优，国企赢得了质量和效益的双提升，为中国经济注入了强劲动能。国有经济现在处于"L"型增长的的哪个位置？从"竖杆"位置来看，GDP 增速下降已经止住；从"拐角"位置来看，GDP 增速已经触底；从"横杠"位置来看，GDP 增速已经趋稳。这是中央连续多年强调的"以质量与效益为中心"目标的实现。也是习近平总书记期待的"着力提高供给体系质量和效率，增强经济持续增长动力"愿景的实现。我们可能已经告别了长达 6 年的去产能、通缩和资产负债表调整，正在进入"新阶段"的起点上。

这种评判，被以后 6 个月继续证明。今年上半年，全国国有企业收入和利润继续保持较快增长。多家央企近日公布的经营业绩显示，经营规模进一步提高，盈利结构持续优化，偿债能力稳中有升。经济指标连续三个季度的回升，表明传统经济动能受市场调节机制的影响出现了重大的积极变化。我认为，工业企业利润增速大幅回升，内部存在明显分化，新的利润增长点正在形成，结构日趋优化，这正是供给侧结构改革所期盼的境界。利润转好、结构趋优，国企赢得了质量和效益的双提升，为中国经济注入了强劲动能。从而 2012 年度 11 月开始的国企经济急剧下行势头得到遏制。中国企业开始步入剩者为王、强者恒强的时代，大量无效僵尸产能很难复产，导致行业利润集中度大幅高于产能集中度，下一步有些行业进入寡头垄断的竞争格局。未来两三年应继续以供给侧结构性改革与国企产权改革为抓手，内外动力齐发，保持国企良好的改革与发展势头。

现在，中国宏观经济"稳中有进""稳中向好"基本态势的判断，再次得到核心数据的有力支撑，我们有理由相信，中国经济会通过培育经济新动能继续发展，通过扎实深入推进供给侧结构性改革和创新驱动发展战略，保持宏观经济"稳中有进""稳中向好"的良好态势，维持中国经济在今后相当一段时期内的中高增速水平。

国企经济新阶段的标志性特征

在对中国国有企业经济运行相关数据中,虽然某些宏观指标数据出现了一些正常的小幅波动,但是,对于2017年6月国民经济运行的相关核心数据进行仔细观察,一个不可忽略的重要现象是,国有企业的企稳向好。观察各类企业的表现,可以大致发现以下特点:

新速度。首先,是大中型国企利润回暖较快,同比增速快于工业企业整体增速,中高速度是企稳向好局面出现的基本因素。2017年上半年工业增加值同比增长6.9%,比去年同期加快0.9个百分点;1~6月份,规模以上工业企业利润同比增长了22.7%,增速高于去年同期16.3个百分点,体现了政府大力推进"三去一降一补"的成效。

与以往几次回升有所不同,这次经济形势回升力度不大,但持续的时间较长,不仅连续两个季度经济增长均为6.9%,同时实现了连续8个季度保持在了6.7%~6.9%。

新红利。新阶段的核心是从产能过剩到供给出清,2017年是产能周期出清的触底,行业集中度提升。2010年以来,经过过去6年的经济衰退和长达54个月的通缩,钢铁、煤炭、水泥、玻璃、化工、机械、造纸等传统行业领域大量中小企业退出,行业龙头压缩淘汰过剩产能,市场自发的力量进行产能出清,2015年11月启动的供给侧结构性改革和行政化去产能加速了国企占比高的行业的产能出清。从客观上看,为什么大中型、上中游的国有企业利润增长速度最快呢?还有一个原因是去产能政策急速推进,导致原材料价格大幅上涨。这在煤炭、钢铁、化工和有色等行业表现得尤为突出。2015年底至今,煤炭和钢铁产品价格出现明显回升。

新结构。2017年以来,企业利润有了回升,但不是所有的企业都雨露均沾而是分化加快,优化形成。重组整合特别是在当前形势下,是央企主动适应新常态、引领新常态的一个重要决策,也是市场经济条件下企业间的一个日常经营行为。从去年6月至今,已有6次央企重组。目前,国资委央企名录中,央企已减少至101家,距离国资委年内百家的目标已经不远。

众多行业领域的竞争格局发生翻天覆地变化,行业的利润集中度远远大于行业的产能集中度,很多行业正在逐步进入寡头垄断格局。

从经济结构上而言,我国经过几年的调整,现在正在趋于合理,消费支出对经济增长的贡献率已经达到了63.4%。这意味着,我国消费在拉动经济方面开始发力。想想看,我国是世界上最大的消费潜力市场,这14亿人的市场会带来多大的拉力。

新水平。国有企业向中高端化水平的全面升级和迈进,在很大程度上反映了当前中国宏观经济"进"的主基调。从更为长远的发展角度来看,国有企业的中高端化,更是检验供给侧结构性改革和创新驱动发展战略是否得到有效贯彻和落实的重要手段,更是决定能否可持续提升中国劳动者工资水平、缩小收入差距、夯实内需增长驱动模式的决定性因素。2017年1~4月,高技术产业和装备制造业增加值同比分别增长了13.1%和11.5%,增长幅度要高于规模以上工业增速6.4个百分点和4.8个百分点。产业投资结构的优化特征,也反映了中国工业正向中高端化水平全面迈进和升级的基本特征,2017年1~4月固定资产投资中高技术产业的投资和服务业的投资分别增长了22.6%和12.1%,这两个产业的投资增速分别高于固定资产投资增速13.7个百分点和3.2个百分点。

新动能。国有企业中自主创新能力的提升和产业新动能的壮大,在一定程度上体现了当前中国宏观经济"好"的主基调。主要表现在:第一,工业部门的新动能、新产品、新服务快速发展壮大。2017年1~4月,工业机器人的产量同比增长了51.7%,SUV汽车产量增长21.7%,太阳能电池增长18.2%,智能手机产量增长10.9%。第二,与工业部门日益融合的新业态、新模式快速成长。

新实力。以制造业为主的实体经济部门的稳健复苏,是2017年中国宏观经济企稳向好局面出现的核心因素。一方面,工业增加值全面呈现稳定向好的发展态势。2017年第1季度,全国规模以上工业增加值同比实际增长6.8%,增速比上年同期加快1.0个百分点,比上年全年加快0.8个百分点。其中,最为引人注目的亮点是,2017年第1季度,制造业增加值同比增长7.4%,要高于工业部门0.6个百分点,而且,规模以上工业企业产销率达到97.2%。对制造业的乐观态度主要出于两方面:一是制造业经过三年多的去产能,或已接近产能出清,从而投资可能触底反弹;二是制造业的补库存周期或将推动投资显著回升。

2015年11月开始的供给侧改革因果关系

那么,如何看待2017年的中国经济及国企形势的变化?供给侧结构性改革是解决当前经济发展的结构性矛盾、实现长期可持续稳定增长的一个治本良方。此外,则是得益于中央企业瘦身健体提质增效攻坚战的顺利推进。

如果我们回顾次贷危机以来中国经济的下行调整,增长从2010年第3季度开始调整至今,已有将近7年,其中,还包含了PPI持续为负的三年多的实体经济通缩期。这已是改革开放以来,经济转型最为艰难和漫长的时期。较之1998~2003年的结构转型更为艰巨。

这场调整是从2015年11月开始的。标志性的事件是习近平供给侧的重大部署。

我们有必要回忆一下当时新华社的报道。财政部数据显示,前10月全国国有企业利润下滑9.8%,比前9月扩大1.6个百分点;地方国有企业利润连续三月同比下降,由前8月降1%、前9月降2.7%,扩大至前10月下降6%。在钢铁、煤炭和有色等持续亏损行业,为数不少的企业已连续多个季度亏损、债务不断攀升、低效问题尽显,一些企业举步维艰,甚至已无力自救。

这是2015年12月的情况。一年后,情况变了。规模以上工业企业的利润增速,已从2015年的-2.3%转为2016年的8.5%,中国银行业的利润增速则从2015年的2.5%温和上升至3.5%。经济拐点的出现,可能意味着向好趋势将从结构向整体扩张,中国经济增长的新周期的起点逐步确立。

2017年上半年，中国宏观经济呈现反弹，最重要的特征是分化优化。在以供给侧结构性改革为核心的国内各项宏观政策和世界经济复苏拉动的共同作用下，上半年中国宏观经济运行延续了2016年下半年以来企稳向好的态势，多项宏观经济指标都趋于改善，名义GDP增速连续5个季度回升，经济运行的微观基础进一步增强，经济结构持续优化，经济总体实现良好开局。这不仅标志着中国经济成功探底回升、风险和压力得到初步释放，同时也意味着供给侧结构性调整初步成功。

供给侧改革的推动，使得之前的亏损大户，如钢铁、煤炭等行业的一些国企都在扭亏为盈。尤其是钢铁、煤炭，今年以来涨价比较明显。这是造成央企利润快速回升的重要原因。杭州钢铁、陕西煤炭，也都属于这个范围。

一个突出的案例，是中国兵工集团的变化。在过去一年，51个僵尸企业，亏损27.5亿，现在25.8亿亏损丢掉了，包袱丢掉了，只亏损1.8亿。其实，这是央企的一个缩影。很多人提出怀疑，在102家中央企业中，有99家企业赢利，其中29家企业效益增幅超过20%。

今后几年国企供给侧改革与国有经济前景预测

短期来看，三季度经济仍有支撑，主要有三个因素：一是十九大召开背景下的底线思维；二是制造业投资仍维持稳中有升态势；三是从当前的增长格局来看，投资、消费和外贸增长有一定惯性，仍将对三季度的经济增长形成支撑。

央企经营形势有了显著好转，那么这是否说明了整个经济形势也走出了底部？应该说整个经济正在底部合理区间震荡整理，这是新周期新阶段的起点。其实，未来一段时间，中国经济的主题短期是防风险，而长期仍然是通过供给侧改革推动中国经济进入产业高端、动能提升的新周期。风险问题，包括房地产泡沫的问题，民营企业家的信心问题，资金脱实向虚的问题，企业债务杠杆问题等，化解这些风险点，才能为中国经济平稳进入下一个周期奠定基础。这些风险点不化解，人们也不敢承认新周期的到来。

上半年的数据的确不错,而且,经过这两年在供给侧改革领域的发力,经济结构的优化和动能的转换等态势也越发明显。高端制造、高端消费、新兴产业和动力不断出现,特别是消费连续多年已经成为经济增长的最大引擎,这都预示着中国经济在困难转型中的悄然嬗变。

我们应当注意前天的政治局会议,这是十九大前最后一次专门研究经济问题的会议。提出了长周期、阶段性、结构优化升级的问题。我们要注意,中央对供给侧改革仍然给予高度重视,尤其是对结构优化是盯着不放的。我们要一手抓国企改革,一手抓国资改革,以国资改革带动国企改革,还要一手抓国企改革,一手抓供给侧结构性改革,供给侧改革是主线,这个提法没有变。

显然,按照供给侧的标准,中国国有经济进入"新红利"周期的转折只能是开始,中国长周期拐点的普遍确认需要假以时日。但新的红利期的到来,新起点出现,在当前具有重要的认识意义,不必继续延续悲观惯性,而应看到新阶段的降临。我们在三项叠加、新常态的氛围里沉浸得太久了。需要走出来看,眼界更高些,更远些。

可以这样认为,2015 年是国企经济形势最困难的一年,2016 年开始逐年向好,2017 年红利开始形成,现在是红利形成的阶段,对红利的形成要有充分的认识,对供给需求矛盾向平衡方向的转化,也要清醒的认识。2018 年坚持供给侧结构改革时经济会进入新的上升通道,我们需要从深层次、高角度认识这件事,我们已经站在一个新红利、新阶段、新周期的节点上了。

(2017 年 7 月 25 日)

| 第六章 |

央企重组是为新经济体系形成而洗牌

内外有别、统分结合是央企重组的正确抉择

近年来，各种有关央企兼并重组的传闻不断。中远集团和中海集团旗下四家上市公司因母公司筹划重大事项而停牌，被人认为整合拉开序幕。受国企改革利好影响，市场传闻同行业合并同类项从而"做大"国企，其实为什么重组？也不仅仅是为了"做大"，一个是国家战略考虑；二是企业自身发展的考虑；三是符合市场规律。

重组仅仅是手段，而不是目的。因为国有企业是国家财产和全民财产，重组首先要服从国家战略需要、增强国际竞争力、保持国企改革的活力，维护国家的经济安全，最终目的是国有资产的保值增值。

怎样重组？不是合并就好。我以为采取"统分结合，内外有别"的方针，或许是央企业重组成败的关键所在。同领域企业在海外业务方面通过合并打响中国品牌，在国内依旧保持相对独立参与市场竞争，这种方式将更符合中国新常态下对企业的要求，有利于国企良性发展。如果简单合并有可能与国企市场化改革的初衷相悖。

就拿南北车来说。十四年前，为了防止轨道交通行业的垄断，增强其在市场机制中的竞争活力，中国铁路机车车辆工业总公司一分为二，分为中国南车集团公司和中国北车集团公司。分离后南北车在竞争中充满活力，业绩得到飞速发展，这是有目共睹的。

当然，分开后也并不全是有利的局面。2013年，当中国北车等企业竞标阿根廷动车订单时，南车从斜刺里冲出以低价介入竞标，这样的削价竞争自然给中国其他企业带来经济上的损失。还有，因规模小而缺少话语权的事情也有些。出现这种状况，自然又让人们对两家合并有所期待。

国外的"合"是有道理的。南北车在国际上的竞争对手，如德国的西门子、加拿大的庞巴迪、法国的阿尔斯通等，都是每个国家这一领域中最

具实力的企业在参与开拓海外业务。我们重组"中国中车公司",以一家公司出价、竞标,此举既能防止恶性竞争带来的两败俱伤,又可以实现资源、技术、市场等因素的强强联合,以一个超级轨道交通企业的姿态占据国际市场的龙头地位,为中国企业争夺话语权。在国内也可以在一定程度上避免在各地重复投资设厂,从而抑制产能过剩,避免浪费。随着我国高铁规划逐步实施和建设,也将给产业链上下游的企业发展带来新机遇,如防水涂料、减震复合材料等高性能材料行业都将迎来利好。看来,在外面"做大"是适应国际竞争的需要。

问题在于如果仅仅将南车和北车合并成一家超级企业,尽管其实力可以称雄国际市场,然而在国内再度形成垄断,与当年分家之前又有什么区别呢?

显然,坚持国内的"分"是有道理的。在上一轮国企改革中为什么石油、电讯、电力等行业一分之三,一分之五,就是为了形成竞争的市场,这是改革的成果。有人说,只要南北车合并以后不滥用市场支配地位,就不会产生垄断行为。这是谁也无法相信的话。在国内市场,该分则分。分开来有利用于形成良性竞争的运行机制,确保企业始终具有持续活力,防止其滥用市场支配地位给上下游企业造成压力和技术创新能力的衰减。如果中车集团实行垄断经营,上下游的中铁建、中铁工与中铁总就会受其限制,而处于不平等的状况。中车集团"一口价",上下游只有接受没有选择的可能。对于南北车集团内部来说,也失去竞争。

国内的"分"也是有办法的。就像中车公司,在国内市场中,可以按轨道交通产业涉及的科研、生产、销售环节分别成立三个公司,在公司下面分化出若干个子公司,内部分别竞争,确保活力,防止垄断。三个公司上面是统,下面是分。科研环节的独立能促使南北车的科研能力在相互竞争中得到提高,生产环节的独立则使得双方生产效率不会因为主体某种程度的合并而受到影响,而销售环节的独立能够让市场体制里的竞争反过来促进科研和生产,提升企业整体实力。

如果这种"统分结合,内外有别"的方案得以实施,既可以防止在海外恶性地削价竞争，又能够防范其在国内市场形成垄断，岂不是两全其美之策？

路走得不顺，可以改变，但不是退回来重走一遍，那就太耽误时间了。改革千万不要走回头路，倒退的路走不通。央企合并重组要注重改革的质量和效益，是为了前进，而不是倒退；是为了中国企业在全球市场的长足发展，不可违背市场化的方向而失去自身活力。

我们需要认真思考到底为什么重组，怎样重组？要寻求活力，也要平衡利益，不可想得简单，不可操之过急。央企家大业大，不少是几千万亿资产的家当，央企改革方案出台是件大事，需要统筹兼顾，反复斟酌，条件成熟再择机出台，急不得，也不能急。

当然，央企重组还有一个方法问题，这就是政府调控与市场调控结合，要找到一个最适合的"度"，既有"父母之命"，又要"自由恋爱"。因为央企是国有资产，国家是说了算的，但是毕竟是重组方自己过日子，也要"夫有情，妻有意"才能过得好，过得甜蜜，过得融洽，甚至连企业职工的利益与情绪也要想到，因为文化的融合在于队伍。

（2015 年 8 月 11 日）

揭示央企进入"组合"时代的密码

近日,国务院办公厅印发了《关于推动中央企业结构调整与重组的指导意见》出炉,我觉得这个文件是近年国企改革文件中写得最好的之一,目标明确、思路清晰、不拖泥带水,有一些新创意,也有精准发力的味道。这个文件表明,由中央企业带头,国企重组将掀开新的一页。正确认识文件的看点,抓住要害,推动中国进入大企业时代有重要意义。

央企重组文件的十大亮点

亮点一:指向明确,直接指向重组。文件没有用"结构调整与经济布局的指导意见",直接提重组,目标明确。显然,下半年将会拉开央企重组的大戏。

亮点二:针对中央企业"宽"和"长"的问题。"总地来看,中央企业产业分布过广、企业层级过多等结构性问题仍然较为突出。"这次要解决的是"过宽"和"过长"的问题。

亮点三:第一次对央企设定"形成一批具有创新能力和国际竞争力的世界一流跨国公司"的目标。说明央企未来将更多的"走出去",集中精力到国际上竞争。要达到什么目标?

亮点四:第一次提出"巩固加强一批"。"巩固加强一批、创新发展一批、重组整合一批、清理退出一批",过去的22号文件是三个一批。现在新加上"巩固加强一批",而且很显赫地排在第一位。习近平在7月4日强调,"国有企业是壮大国家综合实力、保障人民共同利益的重要力量,必须理直气壮做强做优做大,不断增强活力、影响力、抗风险能力,实现国有资产保值增值。"这个指示中"国有企业是壮大国家综合实力"的提法引人注目,是对国有企业的重新定位。22号文件的表述是,"是推进国家现代化、保障人民利益的重要力量","推进国家现代化"与"国家综合实力"的用词变化,一是虚指,一是实指,是有深刻意蕴的。这个文件是第一次体现"国家综合实力"的份量。整个文件体现这个思想的指导。

亮点五:突出"主要承担国家重大专项任务的中央企业"。"主业处于关系国家安全、国民经济命脉的重要行业和关键领域、主要承担国家重大专项任务的中央企业",后面一句加上去很明显。

亮点六:正面提出央企重组整合的四种模式。强强联合、专业化整合、企业内部资源整合、并购重组。

亮点七:调整重组平台发挥作用。将中央企业中的低效无效资产以及户数较多、规模较小、产业集中度低、产能严重过剩行业中的中央企业,适度集中至国有资本投资、运营公司,做好增量、盘活存量、主动减量。

亮点八:提出"3+2"概念。通过产权转让、资产变现、无偿划转等方式,解决三年以上无效益且未来两年生产经营难以好转的低效无效资产处置问题。这是一个新提法。

亮点九:提出绝对控股负面清单。对战略性矿产资源开发利用,石油天然气主干管网、电网等自然垄断环节的管网,核电、重要公共技术平台、地质等基础数据采集利用领域,国防军工等特殊产业中从事战略武器装备科研生产、关系国家战略安全和涉及国家核心机密的核心军工能力领域:实行国有独资或绝对控股。

亮点十:这是一篇"平台论"。文件中,遍布平台的提法。搭建科技创新平台、强化科技研发平台建设、构建行业协同创新平台、建设"互联网+"平台、建立支持创新的金融平台、搭建国际科技合作平台、鼓励企业搭建创新创业孵化和服务平台、搭建国际化经营平台、携手走出去平台、高效产能国际合作平台、商产融结合平台和跨国并购平台。

央企进入组合时代的原因

现在国企进入"组合"阶段。目前,五组 10 家重组正在推进。国企改革历程中曾有一段时期以"分"为基调,如电信业拆分、民航业拆分等。这种"分"与"合"的轮回,推动其发生的内在规律和原因值得研究。

原因之一,"十三五"发展目标的牵引。"十三五"期间中央企业的将把建设有创新能力和国际竞争力的世界一流跨国公司放在重要位置。在国际竞争中,中央企业代表国家实力,只能加强,不能削弱。

原因之二,国外巨头激烈竞争的推动。例如机车,应对来自包括德国西门子、法国阿尔斯通、加拿大庞巴迪以及日本川崎重工等"重量级"国外巨头的激烈竞争。中国南车与北车合并组成的中国中车,形成合力,便是在这种背景下的重大措施。

原因之三,快速更新中的市场挑战。当年央企拆分的主要诉求是打破垄断、构筑合理有序的竞争格局,历史条件已经发生变化。譬如旅游市场,竞争格局已经形成,由于阿里巴巴、腾讯、百度等民营互联网巨头在线资源优势加强旅游业务,这是中国港中旅集团与国旅集团组合的必要。

原因之四,化解过剩产能的催迫。譬如钢铁行业,目前我国粗钢产量已占全球总产量近一半,产能利用率则已跌至表明"严重过剩"的75%以下,因此这种情况下,考虑到国企往往具有重规模扩张、轻效率提升的行为偏好,通过大规模兼并重组以减少不必要的恶性竞争。钢铁、煤炭、汽车、水泥、机械制造、电解铝、稀土、电子信息、医药等重点行业的兼并重组将陆续推进,预示着中国企业联合重组、做大做强的号角已经吹响。

原因之五,"以国资改革促国企改革"的解题思路。通过兼并重组进而将原先只负责资产经营的国企,组建成为国资运营和管理的平台,显然又正合国企改革的规律。国有资本投资、运营公司组建,是重组的又一推手。中国五矿与中冶的组合,更深层次的表现必然是中国金属矿产投资公司的出现。

原因之六,提高国有资本配置效率的布局。坚持实施提质增效,着力打造新常态下发展新优势,特别是主业的形成,符合经济结构与布局的进程。从2005年后的多元化发展,需要瘦身健体了。

对中国进入大企业时代的思考

国家之间的竞争，就是大企业之间的竞争。经济学家萨缪尔森在他的成名作《经济学》中说"美国的事业是企业"，那么，中国进入"大企业时代"的意义是什么呢？企业强则国家强，中国的事业也是企业。大企业承担着实现国家振兴、民族复兴的使命。从某种意义上讲，国家和国家之间的竞争，就是大企业之间的竞争。德国西门子与美国通用电气、日本的小松机械与美国的卡特彼勒、法国施奈德与瑞士ABB、美国通用汽车与日本丰田，无一例外地体现出代表国家竞争力的大企业之角逐。这几年，中石油、华为、中兴、三一重工在美国的困境，都说明这种大国之间竞争的残酷性。

企业的崛起与国家经济的崛起具有一致性。世界500强是世界各国经济实力的标志。细心的人不难发现，各国上榜企业的数量和国家的经济实力排名有着惊人的相似，尤其是上榜企业数量最多的六个国家，同时也是在GDP世界排名中最靠前的六个国家。

今年，中国有110家企业入围世界500强，而在14年前，中国仅有11家企业上榜。在某种意义上这标志着21世纪初国家制定的关于发展具有国际竞争力的大型企业的战略规划进一步取得成功，具有指标意义。从这个层面上来说，培育具有国际竞争力的世界一流企业，已经成为了重要的国家战略。

对国有企业，习近平总书记在2015年7月吉林考察时提出要坚持把国有企业搞好、把国有企业做大做强做优不动摇，意味着首先要把国有企业做大，并在做大的基础上再做强做优。2015年7月提出要理直气壮地把国有企业做大做强做优。当然，大是手段，是途径，强与优是目的，是我们的梦想。先大起来，这是不容置疑的选择。

"大企业时代"形成对中国的发展有着里程碑式的意义，中国进入"大企业时代"具有六大内在特征：第一，大企业时代对工业生产组织形式而言，生产和资本出现了集中的趋势。这些大企业往往控制着一个或多个部门的生产经营，甚至可能掌握着国家的经济命脉。第二，向世界市场加快发展，进入国际化竞争时期。国际化竞争就是国家大企业之间的竞争。第三，大企业时代对生产力实现了一次质的飞跃。一些优势企业强强联合，形成了具有较强综合竞争力的大企业集团；一些产业链相关企业合并重组，促进了企业业务链条整合，发挥了协同互补效应；等等。第四，引发经济结构与布局变化，产业结构优化与提升企业竞争力，提高国有资本配置效率。第五，导致生产关系发生深刻变化，大企业产生并成为经济生活的主体，适应了新生产力发展的要求。第六，兼并重组是实现"大企业时代"重要形式。

中国必须从内部推动市场化的改革，这是中国的企业变为大、强、优的伟大企业的必由之路。这个因素越来越重要了。我们期待的国企改革，便是要解决这个问题的。重组要从市场需要出发，从增强中国企业的国际竞争力考虑。比如，中国建筑行业便有中建、中交建、中铁建、中铁工、中电建、中能建、中化建与中冶八家，现在八家都修路、架桥、盖楼，搞房地产，形成低质化同业竞争，甚至在海外市场也出现恶性竞争。这种状况，要在改革中予以重视与解决。怎么做大，是质量高、效益好的大。

在"大企业时代"发展的背景下，按照国内外市场激烈竞争与央企内在的瘦身健体的需要，中央企业在2020年左右组合成80家左右有创新能力、有国际竞争力的"国家公司"，将是可能出现的局面。在今后一段时期内，重组将成为国企供给结构调整的中心枢纽，以强强联合为领头，兼并重组、专业化整合、拆分重组、内部资源整合、并购重组、混合参股、关停并转、托管与混合经济等多种方式的组合案例将持续涌现。

（2016年7月28日）

兼并重组是钢铁"去产能"的主要路径

关于钢铁去产能分析。目标定了,时间定了,连僵尸企业都定了。大家关注的,哪些会定为今年去产能的范围。显然,在这一轮行业洗牌中,重组兼并是化解钢铁产能过剩的主要途径。2016~2020年,中国钢铁业将会掀起新一波"兼并重组潮"。宝钢、武钢、鞍钢、河钢将进一步扩张,较多的社会资本以混合所有制形式进入。

5月18日,财政部正式明确了1000亿元去产能专项奖补资金的使用办法,支持钢铁、煤炭行业去产能。财政资金使用办法终于有了细则,意味着,经过半年多的调研和准备,钢铁、煤炭行业去产能的大幕正式拉开。李克强总理去武钢,强化了这种气氛。克强总理选的重要困难户的代表"武钢",在中央企业中占有非常重要的地位。

我国粗钢产能2015年为12亿吨,粗钢产量为8.06亿吨,粗钢产能利用率仅为67.17%,产能严重过剩。2010~2014年间,全国累计淘汰粗钢产能9377.15万吨。

在国务院常务会议上,李克强总理要求在近几年淘汰落后钢铁产能9000多万吨的基础上,再压减粗钢产能1亿~1.5亿吨,严控新增产能。根据《关于钢铁行业脱困指导意见》,该目标将在2016~2018年内完成,不分所有制性质,淘汰方式分"强制淘汰"和"引导淘汰"两种方式解决。前者将通过《环保法》等一系列法律法规,以及安全生产、能源利用、技术方式等行业文件来限定。一些不符合相关法律法规和行业政策要求的钢铁企业将被强制关停或以破产淘汰出局;而政策引导淘汰的,主要是已经主动退出市场,或者不符合地方发展规划,需要搬迁改造,以及主动进行兼并重组的企业。

去产能的就业冲击,问题不大。前一阶段,把这件事说得多了,也太紧张了。目前,我国钢铁平均人均年产粗钢约为 300 吨/人,如果压缩 1 亿吨产能,将有 33.33 万人面临失业;压缩 1.5 亿吨产能,将有 50 万人面临失业。钢铁行业减产可能造成 40 万工人失业,上游和下游行业还会有更多从业者受到影响。其实,根本用不了那么紧张。这是三年数字,一年就是 10 多万。我国每年大学生毕业还 700 万人,都安排得了,还怕这 10 多万人。

去产能的真正解决之道,是大范围兼并重组,大型钢企的重组将在中国陆续展开。我国钢铁行业经历这一轮再平衡之后,结构将得到优化,国有钢铁企业资本比重将不断下降,中国钢铁行业提高产业集中度的时期已经真正成熟。当前钢铁产能过剩行业最大的问题并非产能过剩,而是产能过于分散,导致一系列的恶性竞争和产能分布不合理问题。现在的竞争是完全自由式的竞争,是低级的竞争,高一级的竞争叫垄断竞争,宝钢等寡头形成后,通过调整自己的生产节奏可以控制市场的供需平衡,保证盈利,是下一步的必然结果。美国钢铁业历史上经历过两次重大兼并重组。第一次是 20 世纪初钢铁行业出现产能过剩,在金融资本的支持下掀起兼并重组浪潮。金融巨头 JP 摩根于 1901 年以换股的方式收购了全美 3/5 的钢铁企业,组建了美国钢铁公司,占美国粗钢产量的份额达 70%,行业集中度大大提高。但从 20 世纪 70 年代起,钢铁行业在国内外各因素综合影响下,开始陷入衰退,集中度有所下降。第二次是 21 世纪初美国钢铁业掀起新一轮兼并重组浪潮,行业集中度再次大幅提高。日本、韩国等国都经历过相似过程,目前美日韩钢铁行业前四大巨头的集中度(CR4)在 60%以上左右,而中国只有不到 30%。日本在应对 20 世纪 70 年代和 80 年代后期两次造船行业大萧条时期,大力推动行业兼并重组来削减过剩产能。将原来 21 家企业重组为 8 家企业集团,削减了 20%的过剩产能。

目前国企改革气氛很浓,重组提速的火热氛围在一定程度上加大了市场对钢铁国企重组的预期。2007~2011 年,中国钢铁业曾掀起一波"兼并重组潮"。宝钢重组八钢、韶钢,武钢重组昆钢、柳钢,首钢重组水钢、长钢、通钢,鞍山钢铁集团与攀钢重组等;同时,区域内钢铁集团密集涌现,山东钢铁集团、河钢集团、渤海钢铁集团先后成立。2016年~2020年,中国钢铁业将会掀起新一波"兼并重组潮"。

现在,地方大多把去产能的重点放在推动兼并重组、实现产业转型升级上,鼓励跨地区、跨行业、跨所有制兼并重组,并且给予资金、税收、信贷等政策支持。在由中国钢铁工业协会第九届中国国际钢铁大会上,龙头企业高层以钢铁行业"改革新举措"为主题进行了讨论。

不过,过去教训不少。典型的是武钢和柳钢的重组。当时在地方政府的撮合下,2008年武钢和柳钢正式成立广西钢铁集团,武钢控股80%,广西国资委以柳钢的全部资产入股20%。而广西钢铁集团即是后来防城港项目的投资主体。如今随着钢铁行业的沉沦,防城港精品钢铁基地项目建设缓慢,而武钢和柳钢更是在2015年被曝出已经悄然分手,双方也不再合并报表。

去产能落实最大的难度不是如何把产能缩减下去,而是在改革的过程中实现结构调整和转型升级,这才是化解产能过剩成效的关键所在。中国钢铁行业央企怎么做?第一,要重启兼并重组的大旗,在行业最困难的时候,兼并重组的阻力会小;第二,与钢铁企业混合所有制改革结合起来;第三,要提高技术创新能力,创新提升产品的含金量,有一些企业做特种钢的,优质钢材效益很好;第四,要创新商业模式;第五,要推进加快全球化步伐。

2016年大宗商品价格的上涨,给部分去产能领域的过剩产能出清增加了不确定性。春节后,低迷的钢价出现大幅上涨,去产能尚未落地,停产钢企却已开始复产。3月我国日均粗钢产量达到228万吨,4月份更是达到231.4万吨,一举打破了2014年6月230万吨的历史记录。本轮钢价上涨"救活"了一些本可能自然淘汰的企业和产能,对去产能任务形成了新的压力。但是,缺乏终端需求明显改善的价格升势将难以持续,在产能过剩且需求低迷情况下,延缓旧增长模式,出清所引发的风险将更为严重;因此,行业去产能的任务、转型升级,决不能后退。随着高层表态,僵尸企业"借尸还魂"的现象会很快得到抑制。

(2016年5月20日)

中央企业重组的重点行业与难点

两会后不出一周,中央企业接连出大动作。先是中国神华巨额分红,股票市场大涨,接着传出中核建、中核集团启动重组的消息。

2017年的央企重组,重要推手是供给侧改革,重点将发生在钢铁、煤炭、重型装备、火电四个行业,这些行业多是去产能的重点领域,产业集中度需要提高,这也体现了供给侧结构性改革的要求。

从实践情况来看,近3年来中央企业的重组取得了阶段性的效果。从方向上看,央企重组坚持服务国家战略,更好地完成了央企所承担的使命责任;从布局上看,坚决落实了化解产能过剩等产业结构调整的要求;从效果上看,优化了资源配置,促进了转型升级,提高了效率和效益。现在,思路是越来越清晰了。

四大行业重组是重点

从目前央企动作来看,围绕钢铁、煤炭、重型装备、火电四大行业的央企重组似在紧锣密鼓的开展中。

煤炭:今年煤炭行业央企重组势在必行,之前已经做了很多准备工作。2016年的煤炭行业可谓"一扫阴霾"。随着去产能的推进,煤企迎来了利润整体反弹。煤炭行业神华一家独大,整合基本就是神华牵头来做行业整合。一方面是央企的煤炭资源整合,另一方面是与地方国企的整合。去年7月,中国国新、诚通集团、中煤集团、神华集团出资组建的中央企业煤炭资产管理平台公司即国源煤炭资产管理有限公司成立运行。而国源公司的主要任务是配合落实中央企业化解煤炭过剩产能,推动优化整合涉煤中央企业煤炭资源,促进涉煤中央企业瘦身健体、提质增效、结构调整和改革脱困。

钢铁：2016年6月，宝钢集团与武钢集团宣布启动重组，3个月后，双方正式公布合并方案。兼并重组对象首推鞍钢和河钢，首钢与河北钢铁肯定是要参与整合的，需要准备条件。

重型装备：涉及核电、工程机械、船舶方面。中核建和中核（集团）是同宗同源，是从原来的中国核工业总公司拆分出来。业务分别所处核电产业链条的上下游，"国电投"式的合并将成大概率事件。单以中核建与中核集团拟进行合并而言，所存在的模式包括两类，即一种是一方成为另一方上下游业务模块，即中国电力投资集团公司与国家核电技术公司合并的"国电投"模式；另一种则是同质化重组，两家公司合并后仍为两家平级单位存在，代表案例则是"南北车"合并。中核建和中核集团之间的业务存在互补性，合并后将形成产业链，从而更好地增强了我国核电产业的竞争力。核电的重组，将成为我国继中国中车后又一块品牌，而二者之间倘若合并，也符合同行业做大做强、减少无效竞争以及"一带一路"和"走出去"战略的大方针。

船舶行业，中船集团作为第一批混改试点单位，已初步提出混改实施原则，优先选择在纯民品、竞争性强的业务领域进行积极混改。在去产能大背景下，南北船作为国内船舶行业龙头，合并预期不断升温。

火电：电力系七大混改领域之首，其中煤电领域因产能过剩，企业集中度低等因素，有望迎来央企重组的变革。两会期间，发改委、国资委官员频提煤电央企兼并重组为解决煤电产能过剩的手段之一。认为电力行业集中度提升空间大，行业重组有望加速推进。2016年数据显示火电产能过剩逾20%，严控新增并淘汰过剩产能将有效提升煤电行业整体的利用效率。煤电行业今年采取多种方式去产能，包括淘汰、重组、改造等方式。现在，102家央企中拥有发电业务的能源类企业共有12家，相对于5家钢铁、2家煤炭和1家水泥的央企数量，电力行业央企数量多，行业集中度提升空间较大。重组合并将产生在大唐发电、华能国际、华电国际、国电电力、国电投五大发电集团下的火电类上市公司。五大电力的合并，可有效减少重复建设和无效投资，成为巨无霸型的电力集团，有利于提高在国际市场的竞争力，走出去与国际一流电力集团相抗衡。

这样看来，2017年央企重组，除了供给侧结构性改革这一推手外，"一带一路"和"走出去"战略也是一大推手，主要集中在重型装备与火电领域。还包括要探索境外资产整合，提高国有资本的运营效率。

中央企业重组意义在于，提高资源配置效率减少内耗，推动供给侧结构性改革，促进企业转型升级，提高企业经济效益。同时，不断地增强国有经济的活力、控制力、影响力、竞争力和抗风险能力。要化解产能过剩并帮助产业脱困，最终还是要依靠改革，这其中就包括内部国企改革瘦身健体及行业内与产业链上下游间的兼并重组。

2017年国企改革有望在规范中进行一定规模的并购重组，与混合所有制改革结合、与分类改革结合，有很多将会出现在央企与地方国企，或者央企与民企之间。今年央企重组面临的最大难点是如何通过重组提升国有资本运行效率，如何将重组与深化改革相结合，以及如何产生机制转换与资源配置的协同效应。企业重组不是两个企业资产的简单叠加，而是通过资源的重新配置产生提高效率的效果。因此，重组将分两块进行，首先是已经重组的消化融合工作，其次创新的重组工作，解决貌合心不合的问题。有效的重组要防止貌合心不合，也就是在物理变化的基础上加快化学反应，切实激发企业内生活力，不断地提高企业质量、效益和竞争力，做大做强产业集群，真正地打造具有国际竞争力的世界一流企业集团。

最近大家还注意到，中国神华巨额分红的主因是为煤炭企业兼并重组提供资金。上市公司就应该分红，就应该多赚取利润，为包括国有资本在内的所有股东提供更多回报。考虑到国资委目前对于央企分红和市值管理的重视，不排除其他国企和央企也有类似提高分红比率的动作。高分红潜力公司主要集中在采掘、公用事业、交通运输、汽车、商业贸易、建筑材料等行业。

（2017年4月20日）

从神华国电说到央企重组五种模式

去产能、抓重组、搞混改，是目前国企改革和供给侧改革的重要内容。2017年国企改革进入突破阶段，而能源央企是重要板块，也格外引人注目。

最近中国国电集团与神华集团合并重组，使央企总数降至98家。十八大以来的五年，18组34户实施重组，尤其是2015年下半年供给侧结构性改革以来，央企重组频率明显提升，规模和力度加大。随着兼并重组的全面加速，能源央企重组的红利也将开始逐步释放。

神华和国电重组模式分析

神华和国电重组是强强联合是一件新事，有利于形成全产业链竞争优势。首先，中国国电集团是全球风电装机容量最大的公司，神华集团是全球最大的煤炭企业。两大集团重组为国家能源投资集团。神华和国电合并属于强强重组做大，重组后的总资产是1.8亿元，将是全国最大的发电集团，而且是世界装机容量排名第一的电力公司，有利于电力行业做大，增强竞争力。第二，它是煤电重组，因为煤电联合已上升到国家战略，尤其是国家意识到新能源汽车的巨大需求，以及火力发电对环境的影响，这样一个具有长期战略意义的国有能源集团是国家再一次发展的关键，煤电一体化有利于企业稳定、投资和发展，同时减少重复投资与建设，行业整合提高效率。

当前中国的中央企业整合，其目的并非是单纯减少企业数量，而是要减少同业竞争，提高企业效率，打造国际领先的企业集团。国电和神华重组，正是基于这一思路展开。新成立的国家能源投资集团业务将涵盖煤炭开采与销售、发电与热力生产、港口铁路航运、金融、节能与装备制造等领域，横跨多个行业门类，在国内外的竞争力和定价权都将大幅提高。

能源央企重组的五种模式

可以发现，能源央企重组大致有五种情况：一是强强联合，如国电集团与神华集团重组形成中国能源。二是优势互补的重组，如原中电投集团和国家核电重组形成国家电投。三是煤电一体化的产业链条的重组。四是吸收合并的重组，如和保利能源板块进入中煤的重组。保利能源成为第二家划转至中煤集团的非专业涉煤央企的煤炭子公司，此前，国投公司已将国投新集（已更名为新集能源）划转至中煤集团。五是中央企业与地方国企的组建方式，最近山西能源国企改革的文件刚公布，各省、各市单独的能源体系，是需要调整。是否将来是条条与块块结合，也需要个顶层设计。

能源国企迎整合高潮，围绕做强做优做大目标加快重组步伐，同时混改力度加大。地方国企混改也迎来实质性措施。从山西来看，加大与央企、省外国企及民企交叉持股、投资持股力度；同煤集团与京东集团开展合作，同时，选取朔煤公司宏腾陶瓷建材公司为职工持股试点，目前，正在推进。潞安集团也提出要分层分类多模式促进混合所有制企业改革。晋煤集团已经启动12家企业混改，年内力争完成两家，同步推进剩余10家，尽快确定合作方及实施方案。

供给侧结构性改革后重组的五个更加重视

供给侧结构性改革下的能源央企重组，有明显的新特征。

2015年下半年供给侧结构性改革以前，国企重组是为了做大做强，在以后则重视市场化的资源配置实现国企产业链的优化和价值链的强化。具体表现为五个更加重视。

更加重视能源企业化解过剩产能。现在从事电力生产的华能、大唐、华电、国电、国家电投在内的五大发电集团，以及国投电力、国华电力、华润电力、中广核四家规模稍小的发电企业。九家企业参与同质化竞争显然是不合适的。整合重组要进行业务优化，让相对落后的产能适时退出，从而在一定程度上减少重复投资，化解煤炭、电力等行业产能过剩的压力。

更加重视煤电产业链的一体化。煤炭和电力，这两个此前互相博弈，在煤炭价格波动中不断上下变换位置的行业，此刻却都面临产能严重过剩，并被列为供给侧改革的重点。当然，煤电联营并不是新概念，神华集团在行业最惨的时候还能盈利，就是靠的这个，电力企业为了不受制于煤炭，也在布局煤炭矿区。作为"中国神电"的落地，在一定程度上终结了煤电博弈，并由此拉开煤电一体化的整合大幕。未来，或许将有越来越多的来自这两个行业的企业融合为一体。

更加重视与混合所有制改革结合。近期以来，能源企业动作频频，分层分类多模式引资，同时推进员工持股试点。其中，油气领域将成为第三批混改试点的重心，中石化透露正在销售、地热、管道等业务板块推进混改，国家电网推出了混改路线图，在抽水蓄能电站、分布式电源用户侧配套并网工程、电动汽车充换电设施、调峰调频储能装置四个电网项目领域实现向社会资本开放。

更加重视以市场配置为主。在重组对象的选择及执行方面，由过去行政性"父母之命"逐渐向市场化"自由恋爱"过渡。神华重组谈判时间长，一家不行，再换一家，可见自由程度高。能不能化解过剩产能，能不能通过重组合并减少重复投资、重复建设，节约运营成本，能不能产生协同效益，这些都在成为重组中的谈判条件。

更加重视重组的效果和质量。重组不是户数从98变成多少户，追求的是如何让央企的战略定位更准确，功能作用更有效的发挥、如何让央企的布局结构更合理、国有资本的效率如何进一步提高。更加重视提高国际竞争力。

供给侧结构性改革下的央企重组趋势

目前，涉煤央企主要分为三类，一是中煤集团及神华集团两家专业煤炭公司，二是以五大发电集团为代表的煤电一体化企业，三是类似于之前的国投公司及保利集团的非专业涉煤央企。

目前，能源央企混改将显著提速。一方面，第二批混改试点方案多已获批复，多家混改试点央企的方案也将陆续亮相。此外，第三批混改试点已筛选数十家央企，下一阶段油气、军工、铁路等重点领域的混改将提速。另一方面，作为混改的重要组成部分，涉及国有企业、国有控股企业的并购重组也在加速推进。截至目前，国家发改委开展了两批国企混改试点，共选择了19家企业。其中，能源领域相关企业有南方电网、哈电集团、中国核建、三峡集团、中核集团。

下一步能源央企重组具体工作中将重点抓好"五个聚焦"。一是聚焦深化供给侧结构性改革，二是聚焦突出精干主业，三是聚焦做强做优做大，四是聚焦行业健康发展。将重组整合作为落实产业政策、优化产业格局、推动产业发展的重要抓手，推动煤炭、电力、造船、装备制造等行业加大"去产能"力度，提升行业集中度，实现产业有序发展和转型升级。五是聚焦创新能力提升。

能源央企重组重视的困难

供给侧结构性改革下的央企重组，要求比过去更高。中国能源重组要和供给侧改革密切结合，通过改革来重构新平衡，优化能源产能，提高能源的供给。从酝酿到制定重组方案，再到实施，央企重组的过程困难重重。具体讲，要高度重视以下困难。

首当其冲的是集团总部整合难。要考虑机构精简减少层级，还要考虑领导干部任命安排，此外还有要有效地提升管理效率。

其次，是上市公司的重组整合难。上市公司层面的整合涉及监管政策和资本市场，各方高度关注，操作极为复杂。停牌时机、信息披露、股东大会表决等关键环节都要注意，确保依法合规操作。

业务整合难。产业链条的重组，要找到要最佳的方式和利益平衡点，重组的效益才能达到。协同效应能否充分发挥，要注意同类业务横向整合、产业链纵向整合、区域化整合、归核化整合等模式。能源转型要不断完善能源市场体系、能源价格体系、能源技术体系、能源监管体系以及能源国际合作关系。

安置富余员工难。两个集团合并以后涉及人员安排，需要做大量细致工作。保障员工转岗不下岗，以及如何妥善解决债务问题等。产能过剩的行业的供给要出清，提高经营效率，改善资产负债表。

文化融合难。两个集团的重组，最大的问题是企业文化的融合。合并以后，如何在文化上进行融合实现企业战略协同是央企重组面临的终极难题。不是仅仅停留在物理变化上，而是追求发生化学反应。央企重组是一个渐进的过程，一般都要3到5年之后，企业才能实现各个层面的整合融合，继而实现1+1＞2的重组效果。我们应当充分认识困难，爬石上山，攻坚克难，使央企重组为推进供给侧结构改革发挥更大的作用。

最后强调一点，不管是去产能、抓重组，搞混改，都要强调市场化经营，让企业有积极性，提高经济效率，不能为改革而改革，为重组而重组。因为央企重组，本质上是把市场作为资源配置的决定力量，也就是说央企重组是市场配置资源的行为。

（2017年9月20日）

| 第七章 |

国资改革引领国企改革的内在逻辑

最大理论突破是"以资本为主"概念的提出

党的十八届三中全会召开后,国资监管体制面临巨大的冲击,中国决策层、企业界乃至整个社会,都很关注国资监管体制的改革走向,企业面临新的命运。

十八届三中全会对国资监管与改革力度前所未有。《中共中央关于全面深化改革若干重大问题的决定》前面是概括的4条,后面的第5、6、7、8条是国企改革与国资监管内容,地位极为显著。

这个《决定》重在制度建设,尤其重视国资监管制度的建设。可以有几层理解:第一,制度内涵是全面的,是整个国资的制度体系,是全面的改革;第二,制度是平等的,民主的,包括公有制与非公有制;第三,制度是具体的、成熟的,国资监管与国企改革要形成相对稳定的制度体制,而不是变来变去的体制机制;第四,制度基础是扎实的,就是产权保护;第五,制度实现方式是明确的,是混合经济;第六,制度建设的方向是市场的,而不再是回到行政化的政府管理;第七,制度环境是系统的,对于政府、市场、社会组织、法律等多元主体多与国企有关,而不是封闭的。

国有资产监管制度建设是在以往十年基础上起步的。2003年的十六届三中全会确定了国企体制改革方向和目标,是国有企业快速发展的十年。社会主义国有资产监管制度建立起来,这是一个重大创新。我们要增强这种制度自信。

但是,因为政企没有完全分开,所有权和经营权还没有完全分开,国有资本摊子有点大,在产业中端和低端比较多,活力不足。政企分开,提了二十年,但是到目前不仅没有分开,有时反而更加顽固了。

从基本经济制度创新度角度来理解国有资产监管制度建设问题,主要有四个问题要认识清楚。

第一个问题：对三中全会关于国资国企改革的解读

首先，从历史角度看三中全会对于国资国企改革的时代意义。这一轮国资监管国企改革标志国企改革进入第四阶段。国企改革大体上经过了四个阶段，是以四个三中全会为标志的。

第一阶段是1984年的十二届三中全会，中央首次提出"要使企业真正成为相对独立的经济实体，成为自主经营、自负盈亏的社会主义商品生产者和经营者"，改革的核心是通过承包经营责任制推进政企分开和两权分离。

第二阶段是1993年的十四届三中全会，中央首次提出为国有企业"建立现代企业制度"，改革的核心是以"产权清晰、权责明确、政企分开、管理科学"为目标全面推进国有企业公司制改造。

第三阶段是2003年的十六届三中全会，中央首次提出"大力发展国有资本、集体资本和非公有资本等参股的混合所有制经济"，改革重点从国企转向全面的国有资产管理体制，其核心是以股份制为主要形式的现代产权制度改革。

第四阶段是十八届三中全会的《决定》，迎来一个新的转折点，将混合所有制经济确定为基本经济制度的重要实现形式、政府由管企业转向管资本的思路。

从改革的脉络来看，前三轮改革相继完成了经营体制、监管体制和所有权体制的框架改造，建立了国有资产管理体制。十八届三中全会的改革触及体制，解决国企的功能定位，实现突破性的体制改革，更重要的是按市场化标准全面深入进行国资监管制度建设。

理论角度看三中全会对于国企改革的阐述。从与社会主义国有资产监管制度的联系来看有七个方面的理论创新：

新论一：第一次在党的文件中提出市场经济的"决定性"作用，使社会主义国有资产监管制度明确了必须恪守的体制标准。"使市场在资源配置中起决定性作用"，从"基础"到"决定"，2个字的改变，意义重大，使国资监管体制改革有了原则和检验尺度。这是我国社会主义市场经济内涵"质"的提升，是深化经济体制改革以及国资领域改革的一般规律，要在理论上承认这一规律，在实践上遵循这一规律。基础性作用，给人的理解是在市场之上还有一个力量在配置资源，那只能是政府。比如，产能过剩，一个很重要的原因是地方政府推动下的盲目投资。钢铁、水泥、玻璃、造船以及风电、太阳能，都是政府关照较多的行业，而市场化程度高的轻纺、电器、轻工等产能过剩并不严重。提出市场起决定性作用，有利于政企分开、政资分开，合理划分政府与市场、政府与企业的边界，对国有企业改革与监管发挥重要影响与作用。

新论二：在党的文件中第一次将公有制经济和非公有制经济并列提出，使社会主义国有资产监管制度完善在意识形态上得到松绑。《决定》提出，"公有制经济和非公有制经济都是社会主义市场经济的重要组成部分，都是我国经济社会发展的重要基础。"公有制经济财产权不可侵犯，非公有制经济财产权同样不可侵犯。"这是在党的文件中第一次将公有制经济和非公有制经济并列提出，从而进一步确认了非公有制经济在社会主义市场经济和国家发展中的地位和作用。

新论三：《决定》中第一次提出"以管资本为主加强国有资产监管"，使社会主义国有资产监管制度建立在新的理论基础上。"以资本为主"意味着国资委将少管甚至不管企业，更加关注企业的资本效率与回报率，而非资产规模。这个概念的提出为"积极发展混合所有制经济"和国有企业股份减持提供了理论基础。从国家安全角度来看，政府拥有一票否决权也就够了。政府需要的不是企业，而是国有资产。现在国家用70%的股权去控制一些重要的国有企业，这个成本太高。今后央企的国有股份比重可能从目前的70%左右降至50%以下，当然总量是提高了，国资监管重点转移到提高资本的杠杆效应上。

新论四：在党的文件中第一次提出将国企分类分层，使社会主义国有资产监管制度在操作层次上定位。《决定》明确提出了"准确界定不同国有企业功能"，这为国企分类监管作出了最高的"定调"。当下的国有企业改革只停留在对国有经济功能定位的整体认识阶段，而还没有细化到对每家国有企业使命界定，进而推进国有经济战略性重组的具体操作阶段，使得改革常呈一团乱麻。《决定》提出国企分类分层的新论述，这意味着国有企业或将进入分类分层改革与监管的新时期。未来国资改革就可以名正言顺谈市场化。

新论五：在混合所有制经济前面提出"完善产权保护制度"，使社会主义国有资产监管制度建立在坚实的制度基础上。加速推进各种类型的财产获得有效而同等的法律保护，是市场经济顺利运转的制度基础，也是各种所有制经济平等竞争的前提条件。只有有效保护产权，才能把各种资源充分动员起来，激励人们去创造财富、积累财富和有效运用财富。三中全会在强调混合所有制经济前面强调产权保护制度，将会为加速推进社会主义市场经济奠定最基本的制度。

新论六：第一次提出混合所有制经济是基本经济制度的重要实现形式，使社会主义国有资产监管制度在发展方向上定位。《决定》提出，"国有资本、集体资本、非公有资本等交叉持股、相互融合的混合所有制经济，是基本经济制度的重要实现形式"。混合所有制经济从本质上说就是股份制经济，是一种富有活力和效率的资本组织形式。将混合所有制经济提高到基本经济制度的重要实现形式的高度来认识，在党的文件中还是第一次，既与以往的论述一脉相承，又结合实际实现了新的突破。在"管资本"思路的引领下，多数国有企业将可以顺利地转变为混合所有制企业，甚至由非公资本控股。

新论七：明确提出到2020年上交公共财政的比例提高到30%，使社会主义国有资产监管制度在资本经营预算制度与国家预算衔接。因为国有企业是全民所有的，要实现全面共享，而不是绝大多数收益又再次回到国有企业；要通过公共财政，把国有企业收益更多"用于保障和改善民生"。

在以上理论创新中，对于国资监管体制改革有两句话是最重要的：一句话是紧紧围绕市场在资源配置中起决定性作用，另一句话是明确提出政府以资本管理为主，这是国资监管理念的重大转变。这两句话是《决定》

对于经济改革的总体部署的一个纲，纲举目张，彻底回答了政企分开问题，将织起一个新的网。

我们想一想，党的十八届三中全会改革方向是什么？核心问题是什么？焦点是什么？从"政府以资本管理为主"里，都能找到答案。

第二个问题：国资监管国企改革将会出现新的发展势态

改革就是改变规则，本质是制度变革，中国国企改革的历史就是一个制度变迁的历史。这些制度变化往往被每日发生的相互矛盾的新闻掩盖，看不见、摸不着，不容易理解。我们现在需要一个简单、客观、系统的框架去理解国资监管国企改革改革的本质。《决定》提出一系列国有企业在分类分层改革与监管方面的新论述，使国资委由管企业转向管资本的思路，这意味着国有企业或将进入分类分层改革与监管的新时期。可以从6个方面理解发展趋势：

1. 新阶段：国有资产监管从管国有企业为主向管国有资本为主转变。

2. 新模式：国有资产的监管，将逐渐由管具体的资产、具体的企业为主，转变为管国有资本的总量、分布（结构）、效益为主。

3. 新架构：改革国有资本授权经营体制，组建若干国有资本运营公司，支持有条件的国有企业改组为国有资本投资公司，形成三级框架。

4. 新局面：国有资本改革的布局调整，一是有利于减少政府对企业的直接行政干预，实现政企分开。二是有利于各种所有制相互融合，发展混合所有制经济。三是有利于国有资本的布局调整，使国有资本能够更方便、更灵活地调整到国家所需要的重点领域，四是有利于更好发挥国有资本为全民谋福利的宗旨。

5. 新途径：混合所有制是基本的途径，非公有制经济进入基础设施、公用事业等领域，拓展发展空间，各种所有制资本取长补短、相互促进、共同发展。

6. 新趋势：国民共进成为新的潮流，国企"整合"的目标是"升级"，国企"整合"的结果是在一般竞争领域"退出"，民资控股国企现象将日渐增多。

7. 新措施：我们现在要做的是，①设计蓝图：以七年为里程，可以设为三个阶段；②认清机遇："大国资""新国资"开始；③抓住核心：产权保护；④选准方向：混合所有制改革；⑤打好基础：分类管理；⑥建立框架：三层管理；⑦突破重点：投资经营公司；⑧找好支点：国资委转型；⑨定准战略：结构调整；⑩把握变局：国民共进。

对于《决定》提出国资委由管企业转向管资本的思路，这种改革为国资委监管带来什么变化？根据功能分三类、资本分三层和国资委监管实现三个转变，我称其为"三三工程"。

1. 三个层次。如果国资委作为国家出资人管资产，经营则由若干投资经营公司管，过去国资两层结构会被打破，今后将形成国资委、国有投资经营公司、企业三个层次。央企可以分成若干板块，中石油、中石化、中航、电信、烟草、铁道、电网等大型央企的集团公司今后可逐渐退出实体经营，转变成代表国家管理国有资本的国有大型控股公司，专门从事旗下上市公司的资本运营。央企集团改组为进行资本运营的控股公司后，在更广阔的层面上，同业的央企集团将合并为一个国资运营公司，重塑有效的行业结构。

国有资本运营公司具有很显著的投资银行特征，主要进行企业重组、兼并与收购、公司证券发行等业务，未来国有资本运营公司、投资公司也将主要开展这些业务，以促进产业资本和金融资本的融合，实现优势互补，促进企业国际化。

大家知道淡马锡模式，新加坡财政部拥有100%的股权。但不干预公司在运营或商业上的种种决定；淡马锡控股公司的经理人选择，与政府完全脱钩，还拥有完善的经理人市场，所需要的投资与管理团队，可以在国际范围内搜寻。

中国应该借鉴淡马锡模式，但是也已经有教训。例如，国新公司就处境尴尬，除了产权问题尚未厘清的原因外，不少大型央企总放资产动辄数百亿元，而国新首期注册资金仅45亿元。一些央企认为自己划入国新后等于被降级，有的央企认为如果与别的央企主动整合能讨价还价，而进入国新后命运难料。显然走到淡马锡这一步，还有一段路程要探索。

2. 三种类型。分类混乱是社会议论的焦点，人们对国企有那么多的意见，与对国企的分类没搞好大有原因。中国的国企块头太大，中石油、中国电信这些企业既有政策性业务，也有竞争性业务，很难管理。执行国家政策的电网、采油等业务如果亏损，国家来补贴没问题，但经营性业务也在同一个企业内，造成"交叉补贴"，大家便有意见了。

我国国有企业改革现在只停留在对国有经济的功能定位的整体认识阶段，而还没有细化到对每家企业使命进行界定、进而推进国有经济战略性重组的具体操作阶段。应突破那种将国有企业看作"铁板一块"的认知观念，根据企业使命、定位和目标的不同，确定差异化的国有企业治理思路，据此改革现行的国有资产管理体制。我们认为，新时期国有企业改革的基本思路应该是"精细化分类改革"。国企改革按功能分类开始，应该分为公益性、保障性和盈利性企业三类。

公益性企业是指提供重要的公共产品和服务的行业的企业，包括教育、医疗卫生、公共设施服务业、社会福利保障业、基础技术服务业等。这类国有企业不以盈利为目的，主要承担公益目标。

保障性企业，具有自然垄断特征，主要是指处于涉及国家经济安全的行业，支柱产业和高新技术产业的企业。目前32家包括三大板块：一是国防军工板块，包括十大军工企业和中国商飞公司，共11家；二是能源板块，包括三大石油公司、国家核电、中广核集团和六大电力公司，共11家；三是其他功能板块，包括中盐、华孚、三大电信公司以及中远、中国海运和三大航空公司，共10家。

盈利性企业，处于竞争性行业，在央企中有78家，其生存和发展完全取决于市场竞争。如电信、汽车、电子、钢铁、医药、金融、建筑等。这类企业以追求利润最大化为其首要目标，没有任何强制性社会公共目标。下一步改革受到冲击最大的是这78家企业。

由于国有企业复杂性，上述分类可以是动态的，随着环境和情况变化而调整。

在分类管理的基础上进行分别监管。对于"公益性企业",可以采用国有独资公司的形式,对管理层考核的核心要求是能否很好地实现公共政策性目标;对于"保障性企业",可以采用国有控股的公司制的形式,对管理层的考核要以经济目标为主,满足国有资产保值增值的要求;对于"盈利性企业",主要依靠对派出董事的管理,其收益主要是股权收益。原则上不新设这类企业,从长期看国有股可以从这类企业逐步退出。

要把国企业务界定清楚,就涉及包含多重业务的大型国企的拆分。对于可拆分的领域,可以从能源、资源、基础设施等行业做起。石油、电网、铁路等领域的国企应该聚焦主营业务,如油气采集业务可以垄断,管道业务和终端的加油站其实可以放开;铁路的投资、建设、运营可以拆分;电网的输电和配电应该分开。

实行分类管理,对不同性质的垄断行业也要采取不同的改革办法,行政性垄断必须坚决打破,自然垄断行业要实行以"政企分开、政资分开、特许经营、政府监管"为主要内容的改革。对国有企业目前在竞争领域的经营情况要具体分析,对症下药,制定逐步退出的时间表。不能因为目前部分国有企业在竞争性领域还有利润就高枕无忧。谨防一旦经济形势发生变化,重蹈"国企脱困"的覆辙。

3. 国资委监管的三个转型。随着国有资本分为三层、三类,国资委监管要实现三个方面改变,在管资产、管人、管事情上,都会发生转变。第一个是国资委管全部资产向管投资资产的转变。第二个是改变干部由管企业领导层向管董事会的代表转变。第三个是由管国资委项目审批向经营公司授权转变。

这样一来,过去的十年的好多做法要改变了,国资委的一部分责任就转移到投资运营公司,权利下放,责任下放,压力也下放,投资运营公司这一层将变得非常重要。下一步的国企改革,将对三个层次都提出不同的转型要求,这方面三个层次都要转型。

首先,让国资委转型为政府职能部门,而不是特设机构。按照公共政府的要求，从"工头"转向"老板"，从"管理"转向"监督"，"工头"和"管理"的职能，交给国有资本运营公司或投资公司。国资委则主要负责制度的建立、规则的制定和对国有资本运营公司或投资公司的监管与考核，以及效益的评价与分析，代表政府提出相关要求，包括修改完善《企业国有资产法》。

第三个问题：地方国资国企改革的动态与建议

前几轮国企业改革之所以大刀阔斧，很大程度上是因为国企陷入经营困境，倒逼改革加速。而目前来看，这一条件并不具备。中央企业和地方国企出现明显分化，以前9个月为例，前者累计实现利润总额12838亿元，同比增长16.3%。而后者仅累计实现利润4829亿元，同比下降2.4%。显然，央企整体改革动力不足，地方国企的改革动力更强，因此地方国资国企改革的经验将先出来。

第四个问题：完善国资监管制度必须面对的重大问题

从现在开始，我国的国企改革与监管进入新的阶段。"三三工程"刚刚揭开大幕，完成要用七年时间。从制度建设层面考虑，有几个重要问题应当引起我们重视。

关注一：把握市场化不是私有化的界限。目前国企改革的核心就是要找到国有大企业与市场经济融合的方式。改革方向是坚持走向市场，而非私有化。在现阶段，不能沿用10多年前县以下国有企业卖给小企业的办法。目前国有企业发展存在的问题主要是违反市场化原则，要按照市场规律来发展企业。市场化包括市场准入的自由化、国有企业股权多元化和管理人员的去行政化。公有经济在竞争领域有序退出，为的是向关键领域集中，进一步增强控制力，民营经济更充分地进入竞争领域，不是私有化过程，要防止公有经济极少数人借机瓜分国有企业财产的图谋。

关注二：正确认识混合所有制的两种表述。《决定》的两处混合所有制是两层意思,一是以国有资本投向重点为主,以国有资本撬动民资,统筹运作好国有资源、资产、资本和资金,稳速加快国有资本的扩张和裂变。用100%带动100%,只等于1;用1%带动99%,使各种所有制相互促进、共同发展,混合所有制可以有效放大国有资本的带动力,发挥影响力。二是当前在钢铁、有色、船舶制造、水泥等行业的国企出现严重产能过剩,这是一些国企重组或上市的好时机,是民资参与的机会。现在正是想上市但产能过剩、业绩不好的国企"做功课"的时候,可以先把股权多元化,吸收民资,把该剥离的剥离了。以钢铁为例,未来在城镇化和中西部地区发展两方面,建设住宅和基础设施需要大量钢材。有战略眼光的民资现在选择和国企一起"过冬",将来则有望迎来春天。

关注三:推进改革与保护改革的关系。《决定》第五条是完善产权保护制度,第六条才是混合所有制,为什么要放在混合所有制前面,因为这个产权保护制度是产权改革的核心问题,也是国有企业改革的前提。明确产权能规避三个潜在风险。首先是国有资本失去控制力,在重要的、关键的领域,国家应该掌握绝对控制力。其次是社会资本受歧视,民营和社会资本题量相对较小,但再小也不能开门迎客,关门打狗,要确保其产权发挥作用。第三是国有资本可能会流失到管理者手中,不能像上一轮国企改革,富了一批国企高管。20世纪90年代县级以下国企被全部私有化,使很多国企负责人成了大财主,这个梦,在一部分人心中发酵。我们不能不提防,更不能像俄罗斯那样让央企负责人"一夜变成资本家"。

关注四:管资本为主也要管资本运营过程。国资委管资本主要有两层意思,一是管资本保值增值目标,同时管资本经营过程。资本是一种价值形态,这是马克思的原话,里面有三层含义,包括增值能力、增值过程与增值效果,管资本必然管经营的决策运行检查与最终绩效评价;二是仍然管企业,不是不管。

关注五:结构重组与优化国资布局相结合。建立公开透明的国资流动平台,推动兼并重组,要优化三个布局:从产业布局来说,根据各地区的不同特点和发展阶段,重点扶持和发展适合当地定位、具有比较优势的传统产业及战略新兴产业。从区域布局来说,根据各地区的发展规划,推动当地国企向重点区域或功能区域集聚。从市场布局来说,支持有条件的企业"走出去"开展境外投资和跨国经营,逐步形成全国、全球布局的企业集团或资本管理公司。

关注六:防止政府的"企业官",也要防止企业的"政府病"。政府的职能转变是从微观走向中观、宏观的角度来监管企业,政府管理是管精、管准、管得住,而不是管多、管死、管不住。而企业更多的是让市场管自己,最可怕的是市场管不了,政府管不了,目前已经形成的企业"政府病"尤为可怕,现在开始就要防止投资经营公司充当"二政府"。"有效市场"和"有效政府"是中国特色社会主义市场经济的"两个轮子",相互补充,相互支撑,缺一不可。

关注七:底层先行与顶层设计相结合。新一轮国企监管与改革,有从顶层发计开始的特征,三中全会《决定》有很强的可操作性。而具体实施又必须从基层开始。这次改革工作量大、任务重,不可预测的风险性强。可能先从地方国企开始"摸石头过河",上海、广东、重庆等地已经开始,其实河南能源企业同质化合并已经形成优势,河南企业与央企混合经济都已经在探索过程中。地方国企改革方案可能会率先出台。

关注八:体制制度与机制制度的统一。国企改革再出发是制度创新为主的改革,十年国资监管制度是新制度的基础,不是这些制度要改变,而是完善。新体制框架形成的过程首先是制度创新过程,新管理体制要把机制建好才能运行。所以我们需要建立相对稳定及制度化的机制来解决产权纠纷,从而不断厘清产权,不断降低改革的交易成本。

关注九:利益效果与制度效果兼容。要跳出简单的国有企业利益化的狭隘思路,国有企业改革的主要目标,绝不是通过国有企业私有化、民营化最终消灭国有企业,也不是仅仅围绕国有资产保值增值建立激励机制以追求国有资产自身壮大,而是如何建立有效的制度基础保证国有经济追求"国家使命导向"的发展。要鼓励从建设国资监管制度入手,采用更长期、客观、中性的价值标准,克服改革的短期、长期博弈,从制度、系统等多维度建立新的秩序。

我们注意到，十八届三中全会特别提出国家制度建设和体制改革总目标，提法是"构建系统完备、科学规范、运行有效的制度体系，使各方面制度更加成熟更加定型。"这也是对国资监管的制度建设提出的要求。邓小平在20年前讲的制度完善、规范的任务，再过七年，到了这场制度定型的时候。

从整体上看，十八届三中全会意在推动社会主义国有资产监管制度的全面创新，形成以改革为动力，以政企分开、政资分开为核心，以激活民资存量为手段，以混合所有制为实现途径，以市场化为方向的大的改革格局，这是一个牵动全局的改革设计，与之对应的是一个逻辑关系严密的制度体系。

与十四届三中全会、十六届三中全会比较，十八届三中全会提出建立国有企业监管体制是一个升级版的，是一个更加成熟的、符合现代市场经济要求的国资监管体制与制度。今后7年、10年的企业改革思路，已经通过《决定》很清晰地出现在我们面前了。完善国企监管制度作为完善国家基本经济制度的重要组成部分，已经历史性地提出来了。所以三中全会《决定》是个重要的文献，对于中国特色社会主国企改革与国资监管制度的创新，具有里程碑意义。

（2013年12月6日）

国有资本投资运营公司要做好政府和市场之间的"隔离带"

国务院发布《关于改革和完善国有资产管理体制的若干意见》（下称《意见》），就改组组建国有资本投资运营公司等做出"顶层设计"。国有资本投资运营起了什么作用，人们极为关注。

作为国企改革重头戏之一，国有投资运营公司的筹建工作正趋向明朗，国家将加快改组组建一批国有资本投资运营公司，履行出资人职责，并作为国为资本运营的专业平台，从而更好地加强国有资产监管，完善国资管理体制，进一步推进国企整体改革。

新组建或改建的国有资本投资运营公司，将成为政府和市场之间的"隔离带"。今后，国有资产监管机构的指令主要通过国有资本投资运营公司这一平台，通过规范的法人治理结构，以"市场化"的方式往下层层传导，规避政府对市场的直接干预，真正实现政企分开。这种方式可以避免在出资人和企业之间叠床架屋和拉长委托代理人链条。不过现阶段推行上述管理架构仍存在困难，因此将先开展试点，直到形成可复制可推广的经验。

《意见》对于筹建国资运营平台给出了明确路径，主要通过划拨现有商业类国有企业的国有股权以及国有资本经营预算注资组建；或者选择具备一定条件的国有独资企业集团改组设立，同时国有资产监管机构依法对国有资本投资运营公司履行出资人职责，按照"一企一策"原则，明确对国有资本投资运营公司授权的内容、范围和方式，依法落实国有资本投资运营公司董事会职权。而国有资本投资运营公司则对授权范围内的国有资本履行出资人职责，作为国有资本市场化运作的专业平台，依法自主开展国有资本运作。

现在做得怎样？下半年以来，国有资本投资运营公司的动作引人注目，目前正沿两路径加速推进，一是以国新、国投、诚通三家公司作为平台，在国资委的指导下相继成立国有资本风险投资基金、国源煤炭资产管理有限公司、国有企业结构调整基金，通过市场化方式进行资本运作。二是以宝钢、五矿、中粮等为代表的大型央企通过结构调整重组，进一步改组为国资投资公司。

两件事，分开来说。先说国新、国投、诚通三家公的市场化方式进行资本运作。9月26日，总规模3500亿元的中国国有企业结构调整基金正式成立。作为"国有资本运营公司"的试点，中国诚通牵头发起这一基金，邮储银行等9家大型国企成为首批股东，基金80%的投资都将用在国有重点骨干企业结构调整上，包括央企的兼并重组、过剩产能退出通道机制建设、推动国企转型升级和国际化发展等。

8月18日，国内最大的国有风险投资基金中国国有资本风险投资基金正式成立。中国国有资本风险投资基金总规模按2000亿元人民币设计，首期规模1000亿元。其中，中国国新出资340亿元，作为主发起人和控股股东，中国邮政储蓄银行、中国建设银行、深圳投资控股有限公司分别出资300亿元、200亿元和160亿元。四家公司占股分别为34%、30%、20%、16%。

再往前的5月，诚通就和国新、中煤集团、神华集团共同出资组建国源煤炭资产管理有限公司，作为中央企业煤炭资产管理平台，目标是推动中央企业化解煤炭过剩产能和实现煤炭产业脱困发展。

三笔基金，三个公司，一个目的，运用资本市场和金融工具，推进去产能和实体经济的发展。国投、国新、诚通公司，都是国有资本运营公司的试点，使得国有资本投资公司与国有资本运营公司的界限也开始明朗。

国新等几家公司成立，国资委赋予它的使命就是做重组、重整的平台，本来的定位就是投资运营公司，还肩负着国资布局结构战略调整的重任。他们将在此基础上承接并盘活、利用各类国有资产，通过资产经营和资本运作，推进商业类企业进行改制上市，加快资产证券化进程。

再之，国有资本投资运营公司试点工作。2014年国资委在中粮集团和国投公司进行了国有资本投资运营公司试点工作；今年，新增了神华集团、宝钢、武钢、五矿、招商局集团、中交集团和保利集团7家中央企业开展国有资本投资公司试点，选择诚通集团、中国国新开展国有资本运营公司试点。改组组建两类公司的目的，就是为了探索有效的运营模式，通过开展投资融资、产业培育、资本整合，推动产业集聚和转型升级，优化国有资本布局结构；通过股权运作、价值管理、有序进退，促进国有资本合理流动，实现保值增值。国投、国新、诚通公司，就是是国有资本运营公司的试点，是办事的。宝钢、武钢、五矿、招商局集团，是重组合并的，将来肯定是国有资本投资运营公司无疑了。

显然，投资运营公司，还肩负着国资布局结构战略调整的重任。他们将在此基础上承接并盘活、利用各类国有资产，通过资产经营和资本运作，推进商业类企业进行改制上市，加快资产证券化进程。重组的事情，混合所有制的事情，都在一起推进。

说是政企不分、政资不分，三个公司出现，也是解决这个问题的。用基金平台的方式多方筹集资金，有利于解决国企改革、供给侧改革过程中"钱从哪里来的问题"。刚刚成立的中国国有企业结构调整基金股份有限公司基金，将接受国资委的指导，国务院国资委成立基金协调领导小组，指导基金开展工作，督促落实国家战略。基金采取股份有限公司的法律形式，设股东大会、董事会和监事会，审议和决定基金的重大事项，并对基金的经营进行监督。基金委托诚通基金管理有限公司作为管理人，执行基金管理事务，管理人承担寻求、分析并判断投资及投资退出机会，并开展投资尽职调查、设计投资架构、执行投资谈判、执行投后管理等工作。基金将采取股权投资、参投子基金和债权投资三种投资方式。这是市场化运作了。一直以来，国有企业现行管理体制中政企不分、政资不分等问题已经被广为诟病，健全国有资产监督机制、优化国有经济布局结构，是提高国有资本配置效率、真正实现国企改革的关键所在。

从管资产到管资本，国资监管体制实质性改革破局。国企改革的重要方面,就是将原本的国有资产管理架构由目前的两级变为国资监管机构、国有资本投资运营公司和经营性国企三级,真正逐步实现政企分开,将政府和企业剥离开来,以产权管理为纽带,突出国有资本运作,最终实现国资委从"管资产"向"管资本"转变。国资委等政府部门的一些权力将会随之下放。但是,国资委一些部门不一定积极,因为这是放权的事。

国企改革已进入落实阶段,预计兼并重组、混合所有制、国资投资运营平台、资产证券化的力度会进一步加大。央企在军工、通信、基建、能源、化工等仍有大量企业存在合并的可能性和必要性。在国资兼并整合的大背景下,能否成为国资投资运营平台涉及企业的生死存亡,预计在央企层面将有更多企业作为国资投资运营公司试点单位,地方在改革试点中也将积极组建和发展一系列国有金控集团、投控集团、地方平台公司。

(2016年10月23日)

"金融+"方案：国企改革的新动力

目前推动供给侧改革的传统动力已经减弱，新的动力还未形成，经济复苏乏力，培育新动力和实现动力转换是当务之急。投资领域的改革是供给侧改革的源头，决定供给侧改革的成功与否。我们给供给侧改革经济开出的"药方"之一是采用"金融+"助推国企供给侧改革的方案，解决发展的动力问题。从央企三大投资基金说起，从央企一体化发展考虑，充分利用央企全部资源，克服单一央企发展路径的排他性、碎片化和封闭性弊端，构建央企经济一体化发展的良性金融环境。可望成为供给侧改革的深度发展的思路和着力点。

"金融+"现象——
三支基金化解供给不平衡的杠杆

国务院关于深化投融资体制改革的意见发布，明确大力发展直接融资，要求依托多层次资本市场体系，拓宽投融资渠道，支持实体经济。投资领域的改革是供给侧改革的源头，要想把控好投资的力度和尺度，就要充分发挥中央企业在供给侧结构性改革中的导向作用及调整优化中的推动作用。

国内最大的国有风险投资基金与中国国有资本风险投资基金成立，是一件大事。这是当前国企供给侧改革的热点，从央企一体化发展考虑，充分利用央企全部资源，克服单一央企发展路径的排他性、碎片化和封闭性弊端，构建央企经济一体化发展的良性制度环境。可谓央企体制机制上的一个重要创新。

目前用基金平台的方式多方筹集资金，实际上已经形成国企供给侧改革中"金融+"现象。这个现象有利于解决国企改革、供给侧改革过程中"钱从哪里来的问题",是解决当前央企供给侧改革面临主要矛盾和主要问题的有力手段。

从 1978 年来的国企改革,无论是混改、近期的多起央企大型战略重组,还是国有资本的投资运营试点动作中,都少不了资本市场和金融工具的影子。对于实体经济的发展,金融既有润滑油的价值,也起到催化剂的作用。

说起去产能,人们最常用的比喻是"壮士断腕、刮骨疗伤"。之所以如此痛苦悲壮,诸多难题交织之下,钱是绕不过去的关口。今年,中央财政将安排 1000 亿元的工业企业结构调整专项奖补资金,重点对钢铁、煤炭行业去产能中的人员分流安置给予奖补。这笔钱太少了。

三个公司出现,是调整优化国有资本布局结构的重大举措,是推进国有资本运营公司试点的有益探索。用基金平台的方式多方筹集资金,有利于解决了国企改革、供给侧改革过程中"钱从哪里来的问题"。

贯穿这三个公司,有一个主要的"线索"是"金融+"现象。

为什么要设资金——
一个风险投资,一个结构调整,都是为了积聚新动能

中国国有资本风险投资基金的成立,是为了解决未来央企新动能的问题。结构调整投资基金,是为了解决优化国有资本布局结构。国源煤炭资产管理有限公司,是推动中央企业化解煤炭过剩产能和实现煤炭产业脱困发展。

背景是什么?供给侧改革时代,国企经济新动能缺少增长动力,是一个事实。2008 年国际金融危机的爆发,使经济全球化迅猛发展的势头戛然而止,到 2011 年底,中国国企发展治理机制失灵,经济陷入持续低迷状态。

1. 国企经济和投资增速持续低迷。2. 债务危机纷纷爆发 3. 旧产能不去,新产能难以形成。4. 结构严重失衡。5. 各央企各自为战,缺乏协调。

与此同时，股市下跌、通货膨胀、货币贬值、资本外流，经济波动剧烈，使国企经济形势充满不确定性，严重影响了国家经济的复苏。

国企供给侧改革中"金融+"现象，就是在这种情况下出现的。前一阶段，中央企业国源煤炭资产管理有限公司，引起了煤炭行业的极大关注。国源公司由中国国新、诚通集团、中煤集团以及神华集团出资组建，旨在配合落实中央企业化解煤炭过剩产能，专注于优化整合涉煤中央企业煤炭资源，促进涉煤中央企业瘦身健体、提质增效、结构调整和改革脱困。

多个类似的基金平台有望成立，有可能完成本领域的供给侧改革和结构调整。一些主要央企拿出一部分沉淀资金，配上国有资本运营公司试点企业的资金，还可以引入银行的资金和政府的资金。现在，不少央企正在准备进行相关的尝试，如成立产业投资基金，更灵活地掌控下属公司及新收购企业的股权，形成顺应市场需求的管理机制。

钱从哪里来——
国家不刺激，民资不肯进，只有靠国企自己了

2016年7月4日，全国国有企业改革座谈会上，国家领导人鼓励国企做强做优做大，今年7月，国务院办公厅印发《关于推动中央企业结构调整与重组的指导意见》，提出下一阶段重点工作包括推进央企强强联合、央企间专业化整合、央企内部资源整合和并购重组，到2020年形成一批世界一流跨国公司。可以说，国企改革的一个重要目标，是要打造能够世界范围内具备竞争力并优化配置资源的企业全产业集群。而不管是企业"走出去"，还是强强联合、跨国并购，从世界经济发展历史和经验来看，都离不开懂得借力资本市场、能够制胜金融博弈。

现在，国务院不能拿出巨额资金刺激，社会资本也不肯投资，以政府部门支持、国企与银行作为主力的风险投资方式可能成为主要投资形式。央企这种新型投资方式将会为地方政府仿效，银行也有支持的热情。将会出现什么结果,可能远远超过四万亿乃至更大的规模。

这一基金不是由政府(比如财政部)出资,而主要是国企出资。此前设立基金一般是政府启动、政府批钱,现在政府主要是搭建这一平台。实际上即使是亏损的国企,其手中也都有相当的沉淀资金,由国企出资可以把这些沉淀资金盘活。今后基金的出资可能是:政府搭台、央企抬轿、银行跟进、社会资本随同的格局。这个基金在投资的时候,势必引入非公有资本进来,包括民营资本、外资资本、员工资本,要结合起来做投资项目。

设立国有企业结构调整基金将充分发挥国有资本杠杆放大作用和多种所有制资本相互促进作用,更好地发挥国有资本在结构调整中的引导作用,推动解决产业重点领域和薄弱环节的资金、市场、技术等瓶颈制约,最大限度地提高资源配置效率和国有资本使用效益,加快央企的结构调整和发展方式的转变。使基金成为促进央企产业重组整合的重要纽带。

国企结构调整基金的关键是解决国企供给侧改革的资金问题,是国企改革的启动基金。该基金实际是"政府组织－央企投入－银行跟随－社会参与",是一种新的资金要素聚集模式。

谁来办这件事情——
经营主体:国家管资本,只能靠投资经营公司

这也是本轮国企改革过程中,全面推进国有资本运营公司试点的重要战略布局。

去年出台的国企改革顶层设计方案《关于深化国有企业改革的指导意见》中提出,在原来国资委、国有企业两层结构中,增加一个国有资本投资管理、投资运营公司,变成三层结构,解决出资人和监管人混淆不清、政企难分的问题。

国有资本投资管理、投资运营公司代表两种不同的出资方式,前者以战略性投资为主,后者主打持股管理和资本运作等功能,涉及整合运营、改制重组、进入退出等资产经营和资本运作。国投、国新、诚通公司,都是国有资本运营公司的试点，使得让国有资本投资公司与国有资本运营公司的界限也开始明朗。

国新等几家公司成立，国资委赋予它的使命就是做重组、重整的平台，本来的定位就是投资运营公司，还肩负着国资布局结构战略调整的重任。他们将在此基础上承接并盘活、利用各类国有资产，通过资产经营和资本运作，推进商业类企业进行改制上市，加快资产证券化进程。

刚刚成立的中国国有企业结构调整基金股份有限公司基金，将接受国资委的指导，国务院国资委成立基金协调领导小组，指导基金开展工作，督促落实国家战略。基金采取股份有限公司的法律形式，设股东大会、董事会和监事会，审议和决定基金的重大事项，并对基金的经营进行监督。基金委托诚通基金管理有限公司作为管理人，执行基金管理事务，管理人承担寻求、分析并判断投资及投资退出机会，并开展投资尽职调查、设计投资架构、执行投资谈判、执行投后管理等工作。基金将采取股权投资、参投子基金和债权投资三种投资方式。

国有资本市场化运作的根本就是向管资本转变，建立"国资委－投资运营公司－国企"的三层框架，而设立基金正是打造中间国资投资经营平台的重要手段。

这次不管是风险投资基金，还是结构调整基金，都是采用这种基金的方式，并且采用这种股份制运营的方式，这和政府划拨资金是完全不同的，前者的本质上就是市场化，是要承担保值增值责任的。

钱到哪里去——
是雪中送炭，还是锦上添花，最急的是去产能

可以预见，中国国有企业结构调整基金公司在强调产业结构调整和国企的战略布局中，特别是在解决创新发展一批企业中将扮演重要角色，通过基金投资引导，重点加大对新兴产业的资本投入。

中国国有企业结构调整基金将重点投资四个领域。一是战略投资领域,二是转型升级领域,三是并购重组领域,四是资产经营领域。该基金最突出的作用一是"雪中送炭",二是"锦上添花"。去产能正处于关键时期,该基金的设立有利于推动去产能进程,同时推进产业转型升级。

在去产能方面,基金提出帮助央企去产能、清退低效无效资产。建立资产退出机制和通道,重点助力钢铁、煤炭、电解铝、水泥等产能过剩行业的"去产能",促进"僵尸"企业、低效无效资产的清理,以及与中央企业主业无互补性、协同性的低效业务和资产的退出。

今年5月诚通就和国新、中煤集团、神华集团共同出资组建国源煤炭资产管理有限公司,作为中央企业煤炭资产管理平台,目标是推动中央企业化解煤炭过剩产能和实现煤炭产业脱困发展。

钢铁煤炭去产能一共拿出了1000多亿(其中钢铁可能需要300亿,其余是煤炭),但是这个钱对去产能来讲是不够用的,只是启动资金,今年要在11月完成全年去产能的任务压力非常大,基金的设立对于煤钢等行业去产能无疑是"雪中送炭"。

首期资金已到位,基金使用的顺序可能是"先雪中送炭,后锦上添花",即先打好去产能硬仗,再推动兼并重组、转型升级等任务。

与筹措资金同样重要的课题,是把钱用在刀刃上。

一方面,要有所不为,坚决加速落后产能出清。"僵尸"企业占用大量资金、土地等宝贵资源,依靠政府补贴和银行输血维持生存,进行不公平竞争。政府要坚决停止对僵尸企业的各种财政、金融支持,促进这些产能退出市场。

另一方面,也要有所作为,为产业结构调整保驾护航。如金融服务要有保有控;不良资产处置要畅通渠道。当前,钢铁煤炭企业债务高企,负债率普遍高于70%,全行业负债均超3万亿元。去产能,不良资产如何处置?让危机企业都走破产清算的路子并不现实,应更多考虑债转股、债务重组等方式给其留条"活路"。运用债务重组等措施,既能防范化解金融风险,又能降低企业债务水平,让企业轻装上阵,让优势产能更好发展。这背后正隐含着此次去产能的总体方向:按照市场规律抓大放小、扶优汰劣。

钱怎么花——
是讲究调整效益，是盲目地扩大规模？应该有考核

记得的 90 年代中期，企业界有一句话颇流行："钱从哪里来，人往哪里去"。当时企业界特别是国有企业，面临结构调整和减员增效的双重压力。产品要上规模、上档次，就要大规模技术改造，那么钱从哪里来？人往哪里去？两句话形象地概括了当时企业面临的两大难题。

三十年河东，三十年河西，转眼 20 年过去，如今上述两句话大有掉个儿的味道。今天的中国，已经从过去的资金短缺逐步变为流动性过剩。不仅海外资金在全球金融危机的背景下把中国看成避风港，就是我们自己的资金也突然多了起来。

人的问题目前尚无定论，且不说它。但"钱往哪里投"的的确确已经开始成为不少企业的困惑。那么，由"钱从哪里来"到"钱往哪里投"这沧海桑田般的变化，又带给我们怎样的启示呢？

相比 20 世纪 90 年代、21 世纪初等时期的国资国企改革，面临着新难题和新挑战，也出现了新工具和思维方法。国资国企改革操盘手和执行者要具备"金融+"视野，其实说到底，是要求与时俱进，结合时代，运用最先进的管理方式、财务技巧、资产运营、资本增值方法来推进企业做优做大做强，与时代共同进步发展。

中央企业所处行业既有部分行业产能严重过剩，又有一些行业供给不足，央企间产业重组合作整合势在必行。我们需要提醒，不要通过兼并重组去盲目地扩大规模。我们现在已经产能过剩了，如果有些国企还只想把规模做大，然后拿基金来支持，这个方向就错了。兼并重组不是去把一个亏损企业吸收就够了，基金应支持国企做强、做优，提高活力和竞争力。

基金为央企重组与去产能、消除"僵尸企业"提供了重要支持，但应警惕部分国企借助基金在兼并重组中盲目扩张规模而忽略了效益，更有专家担忧基金会成为"僵尸企业"获取输血的新通道，而失去市场化退出的机会。

从辩证角度看，钱多也未必都是好事。过去有句话叫"钱不是万能的，但没有钱是万万不能的"。这句话在资本饥渴时代是真理，但在今天，可能也要反过来说才更准确，即没有钱是万万不能的，但有了钱也不是万能的。而且，不仅钱不是万能的，钱多了一旦用不好，危险可能更大。道理也简单，资本规模和风险等级也可能成正比。过去我们实力小，就算失败，损失也相对小，跌倒了爬起来也容易；相反，一旦长成巨人，跌倒的损失以及重新爬起来的代价就会放大，因此往往更失败不起。

由此可见，今天企业面临的"钱往哪里投"的困境，恐怕一点不亚于"钱从哪里来"。如果说过去找钱要三头六臂，如今给钱找到好的出路则需要一双慧眼。

形势怎么发展——
国资委这么办了，地方政府也起而仿之，可能成潮

前一阶段，8家央企的集中签约，意味着央企重组的重心开始向资本、项目、产业板块等内部要素转移。这是我国第一次有组织、有规模的推进央企间产业重组合作整合，未来，央企间产业重组合作整合将被更快地推进，央企内部的各种要素将被再次优化。

不少央企也在跃跃欲试进行尝试，如成立产业投资基金，更灵活地掌控下属公司及新收购企业的股权，形成顺应市场需求的管理机制。

除了煤炭之外，国资委还在大量推进其他资源型产品的去产能工作。钢铁、有色、水泥等行业是否在国新、国投、诚通旗下成立什么资产管理平台，都是可以想象的。

可以预料，作为管资本的重要尝试，基金是一种国资运营的市场化手段，地方政府会纷纷运用这一工具。在地方国资试点中，重庆颇具特色，十八届三中全会后，打造出国有资本投资运营"3+3+1"平台，即3家股权类国有资本运营公司，3家产业类国有资本投资公司，1家国有资产经营管理公司。以重庆渝富集团为例，从 2004 年成立到 2013 年，定位于政府化解处置不良资产、经营运作国有资产的杠杆和工具，逐步形成债务重组、土地重组、资产重组三项职能，初具国有资本运营公司架构，通过运用资本市场、基金、AMC 等运营工具，着力打造上市公司集群，参控股企业 55 户，且以财务性持股为主，不做大股东，通过董事会参与公司治理，不直接参与和干预被投资企业具体经营活动，在打造产业和金融资本力上，体现出熟稔的财技和金融工具管控能力。重庆运用"金融+"方案助推国企供给侧改革，早已经走在央企前面了。

央企"金融+"可以预测——
有"第一央行""第二央行"，央企是否"第三央行"

地方政府与商业银行结盟，吸收民众储蓄投向基建与房地产项目，相当于绕过央行"创造"了一大笔新的货币，其对货币政策的影响相当于"第二央行"。

现在，国资委与央企结盟，吸收商业银行投向结构改革项目，也相当于绕过央行"创造"了一大笔新的货币，其对货币政策的影响似乎相当于"第三央行"。

在"第二央行"的支撑下，政府主导的投资已取代出口，成为经济增长的第一推动力，也在 2009 年后形成了"以速度掩盖质量"的"高铁模式"。

在"第三央行"的支撑下，政府主导的投资已取代国家投资，成为经济增长的第一推动力，是否也在 2016 年后形成"以投资刺激动能"的新"供给模式"？

国家有没有这么想？国资委有没有这么想？不得而知。希望他们看到我们的观点。目前推动经济发展的传统动力已经减弱，新的动力还未形成，培育新动力和实现动力转换是当务之急。在供给侧改革深化时期，面对新动能难以形成、经济复苏乏力的局面，我们可以采用"金融+"助推国企供给侧改革的方案，表达对供给侧改革的深度发展思路、发展方向和发展着力点。从央企一体化发展考虑，充分利用央企全部资源，克服单一央企发展路径的排他性、碎片化和封闭性弊端，构建央企经济一体化发展的良性制度环境。目的是解决发展的动力问题。这要求国企改革推动以制度创新、科技创新为主要内容的各方面创新，塑造更多依靠创新驱动的发展。

当然，基于夯实实体产业经济和有效金融力量工具而形成的"产业与金融资本力"正在发酵，监管者正由"管资产"向"管资本"转变，国有企业及其管理者正更多涉足资本市场，由懂市场、懂管理、懂技术到还要求懂资本、懂金融。这些话，在这里也不多说了。

中国供给侧改革，确实到了必须重新认识社会发展矛盾、思考新发展方式甚至寻找新动力的时候。我们给供给侧改革经济开出的"药方"之一，是"金融+"助推国企供给侧改革的方案，借此引领供给侧改革迈开新步伐，推动供给侧改革实现动力强劲、持续平衡的发展，为国企经济迎来新一轮增长和繁荣打下坚实基础。

（2016年10月）

不可忽视央企"脱实向虚"的新风险

2017年是防止金融风险之年,对国企的金融风险隐患也不能麻痹。7月14~15日举行的全国金融工作会议上,习近平强调,金融是实体经济的血脉,为实体经济服务是金融的天职,是金融的宗旨,也是防范金融风险的根本举措。

较长一段时间来,一些银行、证券、基金、保险和信托机构,出现央企参股甚至直接控股的身影,部分央企的金融业务发展迅猛,甚至跻身主要业务板块。一方面,发展金融业务是助推央企主业,"做大做强"的必由之路;但另一方面,部分央企"热衷"金融业务也引发了外界对其是否"脱实向虚",会否导致金融风险的担忧。

国务院国资委监管的101家央企掌握着中国经济的命脉,是实体经济的顶梁柱,而如何确保央企"聚焦主业"也一直是国资监管的重要命题。央企金融控股平台"脱实向虚"已经成为一种事实。

目前,央行、发改委、国资委等多部门正在积极会商。央行会适时出台有关产融结合和企业金融控股的管理办法,随后,国资委有望出台专门针对央企金融控股的管理办法。

7月19日,国务院国资委党委会在传达学习贯彻全国金融工作会议精神时指出,建立完善产融协同制度机制,强化考核引导约束,防止资金空转套利和脱实向虚。并提出要加强统筹管理,审慎规范开展金融业务,杜绝盲目开展金融投资。国资委落实全国金融工作会议,是积极的。

决策层的警示并非空穴来风。最近几年,不少大型央企看到金融行业发展空间巨大,纷纷投入巨资设立或筹建金融控股公司,布局金融业务。有少数央企已经形成主业、房地产、金融各占三分之一的局面。有的企业有多家金融机构,先设立资本管理公司,然后再找一些企业合作设立证券公司、信托公司、保险公司等。一些发电巨头亦"凶猛"布局金融业。最近几年筹建的央企金融控股公司就包括五矿资本、中航资本、华能资本、英大国际、华电资本、中广核资本等,而更多公司正在加入这一序列。中国兵器装备集团公司就将金融服务列为重点发展的四大产业之一;金融服务也成为中国海洋石油总公司五大业务板块之一。而这些企业的主业,与金融相距太远。

以知名度较高的国家电网旗下的金融控股平台英大国际控股集团,其目前控股英大泰和人寿、英大泰和财险、英大证券、英大国际信托、英大期货等金融机构,且在广发银行持股20%,在华夏银行持股18.24%。英大国际明确提出,"2020年前,打造1~2家金融旗舰企业,最终实现建成国内领先、国际一流金融控股集团"。

2006~2016年,金融产业平均利润总额占国家电网同期利润总额的比重约为14%,占比最高年份为2009年,达到72%,其间国家电网金融产业年平均净资产收益率约为9.8%。

央企金融控股公司,首先要服务于所在集团的主业与实体经济,服务于转型升级。开拓集团外客户,做强做优,与服务集团主业相辅相成,互为前提,这是我们希望看到的局面。实践证明,在产业集团内做好金融服务是非常必要、非常重要,也是非常有价值的。以金融全力支持实体经济,有一个好例,葛洲坝集团利用金融投资事业支撑企业结构调整,在2013年后连续投资环保产业,使得环保年产值达到200个亿,有成为我国最大环保企业集团的可能。

不能"脱实向虚"。这是初衷,不能忘记。问题是,中国金融最大的问题是金融行业和实体经济的服务对象成了"两张皮",金融和实体经济没有形成一个良性循环。这点,在央企中同样突出,有的央企从一开始投入金融控股平台,就是为了赚钱,不是为实体经济。这种企业发展思路很容易偏离企业发展主业,最后"反客为主",荒废主业。

因为做金融来钱快,现在不仅是央企在做金控平台,一些民企也在做金控平台。主要原因与当前中国宏观经济不像以往是高速增长,而是平滑发展有关。在这种环境下，做实体经济的回报周期和回报率明显不如金融行业，一些行业还存在着去产能和去供给的阶段。所以，无论是做实体经济的央企还是民企都希望做金融或金控平台。

央企中有没有金融风险？有。存在偏离主业的风险，热衷发展金融业务，挤占主业业务发展资源，金融业务占比过大，利润主要来源于金融投资，央企中也存在金融管理风险，存在金融违规，有的为融资租赁公司提供担保。这次国家审计便查了出来。

现在一些央企发展金融有一定投机性，加大了国有资产风险，央企在规模、资金上都有优势，贸然进入一些行业，会加剧泡沫化。从企业发展角度讲产业链扩展无可厚非，但现在一些央企发展副业或延伸产业链带有一定投机性，容易加大国有资产风险，由于央企在规模、资金上都有优势，贸然进入一些行业，可能会加剧泡沫化，使风险快速聚焦。

金融企业作为资金支持的平台，自身是通过资金服务功能获利；而实体企业是通过资金、资产、资源的转变而创造价值。只有实体企业的获利水平高于金融企业，才能激发实体企业提升获利空间，才有利于企业脱虚就实。伴随着服务实体经济的方向要求，对金控平台的发展收紧监管，有所限制是必要的。不是说什么企业、什么机构都可以去搞产融结合。

要解决好央企热衷于投资金融行业，过度追逐眼前经济利益的问题，国资委要对央企的功能进行进一步的制度化定位和细分，并建立相应的业务发展考核机制促进其功能实现。对于投资类央企，应当鼓励适度发展金融业。但对于以实业为主的国企，则必须强调其在发展实体经济方面的功能和作用。借助于功能界定及考核机制，可以使企业的发展定位更加清晰，逐步使国有企业摆脱功利化、短视化的倾向。

（2017 年 7 月 21 日）

以国资改革带动国企改革的势态正在形成

最近,国资改革加快,以国资改革带动国企改革的新势态正在形成。国务院办公厅转发《国务院国资委以管资本为主推进职能转变方案》(以下简称《方案》),这份文件对国资监管方式和国资委职能转变作出系统性安排,把管资本为主的国资改革向前推进一大步,企业由此获得更多的经营自主权。这无疑是国资改革加快的一个标志。

国资委以管资本为主,实际是把资本"所有权"变成"所得权",国资委在宏观上管理企业更科学,符合《公司法》,更符合依法治理的原则。

国企改革要以国家层面推进国资资本化管理为前提

对改革的准确定位,非常重要。本来,中国的企业改革有两条路可走,一是所有权改革,二是经营权改革。国企改革的核心问题是政企分开,政资分开,最后落脚点到把所有权与经营权分开。

目前改革进程显示,新一轮国有企业改革的主导方面还不是"国有企业"的自身,而是在国家层面推进国有资产的资本化管理。以国资改革带动国企改革,这个势态正在明朗。以"管资本"为主正在成为国资改革的突破口。"管资本"的职能转变,使得国资委的功能改革发生脱胎换骨的变化。

从现实情况来看,企业不能成为独立的市场的主体,政企分开这个改革开始以来最大的难点,没有解决。国资委长期将所有权、经营权、分配权一把抓,在本应属于企业的经营权领域干预太多,影响了企业的发展。所有权和经营权不分,"婆婆"似的微观管理,不断侵蚀央企经营的自主决策权。尽管不少国企都组建了董事会,但权责不明。不规范代理和委托的责、权、利,使企业不能松绑,活力少了。

《方案》的着眼点就是为解决这个问题。《方案》指出,过去国资监管存在越位、缺位、错位等问题。科学界定国有资产出资人监管的边界，国资委作为国务院直属特设机构，根据授权代表国务院依法履行出资人职责，专司国有资产监管，不行使社会公共管理职能，不干预企业依法行使自主经营权。这里的"两个不"，就是将公共管理职能归位于相关政府部门和单位，将由企业自主经营决策的事项归位于企业。作为出资人是所有权的代表，管资本而不管经营或者少管经营，国资委将回归真正的出资人身份。

管"资本"对应什么？就是"经营"。管资本为主，不是不管企业，而是不参与企业的经营，原则上就不管了，但是牵涉所有权的经营，就不能不管了。关键时刻还是要管的，原则是不要"越权"。

所谓"管资本"为主是不管企业，是一种误读。国企"所有权"是国家的，而国资委代表国务院作为出资人管理企业，是天经地义的权力与责任，岂有不能管的道理。就像球队老板可以不上场，不当队长，不当教练，但是不能不让管球队。放弃了管企业的责任，就是放弃了所有权。管不管企业，是原则问题，管什么、怎么管的问题，是方法问题。如果以方法代替原则，就逾越了底线，使这场改革走向反面。

"管资本"的新动作是"放"经营权与"授"所有权

所有权和经营权怎样分离，从放权开始。改革成功与否，最后将取决于"放""授"二字。围绕着所有权和经营权分离，使国有企业真正成为充满生机活力的市场主体。

根据《方案》，国资委将精简43项监管事项，其中取消事项26项、下放事项9项、授权事项8项。这43项被精简的国有资本监管事项，就是国资委的放权清单。此次《方案》取消多属于企业在经营中的权力，意味着国资委不再直接监管企业经营行为，但这并不是说企业的经营行为不再受到监管，只是说这些监管权力转移到了企业的股东会、董事会、监事会等主体。此次《方案》进一步提出，国资委要全面梳理并优化调整具体监管职能，相应调整内设机构。随着监管方式的转变，预计国资委中涉及经营管理的机构会缩减，体现出资人职责的机构会增加。

在 26 项取消事项中,基本上是经营范围,是放经营权的清单。这份清单,总体可划分为五种类型。一是国资委直接实施类事项,如直接规范上市公司国有股东行为,中央企业境外产权管理状况检查等;二是审批类事项,如审批中央企业子企业分红权激励方案,审批中央企业重组改制中离退休和内退人员相关费用预提方案;三是备案类事项,如对中央企业账销案存的事前备案;四是指导类事项,包括对中央企业的指导事项,如指导中央企业评估机构选聘、指导中央企业内设监事会工作等;以及对地方国资委、地方国有企业的指导事项,如指导地方国资委新闻宣传工作,指导地方国有企业重组改制上市管理;五是评比类事项,如联合开展全国企业管理现代化创新成果评审和推广,组织中国技能大赛、中央企业职工技能比赛。这些取消事项,与管资本为主的导向相关度较小,且多属于企业自主经营决策,或属于延伸到子企业、延伸到地方国资国企的事项。通过精简取消,可以促使国资监管机构进一步集中监管资源,突出监管重点。

在 9 项下放、8 项授权事中,基本上是所有权的授权清单。这份清单,均为审批类事项,涉及国有股权的日常管理和增持减持。其中,涉及地方国资委监管企业和中央企业子企业的国有股权流动事项,直接下放给地方国资委和中央企业。涉及规定标准和权限范围以内的国有出资企业股权流转的,下放给国有出资企业。如审批未导致上市公司控股权转移的国有股东通过证券交易系统增持、协议受让、认购上市公司发行股票等事项,审批未触及证监会规定的重大资产重组标准的国有股东与所控股上市公司进行资产重组事项等。

《方案》中,力度最大的当数经理层成员选聘、业绩考核和薪酬管理。这一条授权,规定范围是授予落实董事会职权试点企业,国有资本投资、运营公司试点企业,这是第一次这样明确披露。将政府部门对于经营性干部即职业经理人的考核与任免权利还给国企董事会;实现国企高管的市场化,彻底取消行政级别,由董事会向全社会"真正公开"选聘,并给予市场化的薪酬待遇。这便是我们说的在出资人代表与职业经理人之间"切一刀"。如果形成可复制的经验,意味着"所有权"与"经营权"分开迈出决定性的一步。

管资本的新架构形成，将开辟国资改革全新的阶段

从所有权与经营权分开来看，《方案》重在讲国资委与国有资产投资运营公司关系，从组织体制上切开政府与企业的联系；《意见》是从运行机制上切开出资人代表与职业经理人的联系。

国有资产有两种实现形式，也就是实物形态的国有企业和价值形态的资本；国资改革实质上是国资委在价值形态的改革，国资委的角色因此发生变化。原来是国资委与企业两层的结构，现在中间又加了一个国有资本投资运营公司，变成了三层结构。政府和企业之间形成了"隔离带"，形成了政府与企业的分离，从而实现政企分离，以国有资本投资运营公司为主要平台的管资本将成为主旋律。从产权关系来看，上面重点是"监"，中间重点是"管"，再下面是个"营"，三个层次。实际上是把国资委的监管分成两部分，国资委权限下放到派出机构了。

这样就可以清楚地划分出国有经济融入市场时的管理层级和各层级的管理界限，从而将政府和企业剥离开来。《方案》特别提到，在组织实施过程中，要分类放权、分步实施，确保放得下、接得住、管得好。"两个分"是方针，"三个得"是要求。国有资本投资、运营公司是"接得住、管得好"的主体。现在，国有资本投资运营公司正在试点，国有资本投资运营公司的改革进度，将决定国资委"管资本"的进度与成效。

目前，国有资本投资运营公司改革试点正在加快。国开投公司、中粮集团等10家央企国有资本投资公司的经验一旦被推出，国资委以"管资本"为主的国资改革将走入一个全新的阶段。

因此，国资委以管资本为主的内涵与实质在于，放出经营权，而所有权是不能放的，也不会放的。国资改革实际上是放开经营权，把资本"所有权"变成所得权，这是改革的一个很深层次的变化，是中国共产党领导国资国企改革一个了不起的变化。相信人们，会慢慢看清这个深层次的变化。

（2017年8月4日）

| 第八章 |
走向全球市场的空间突围与世界经济发言权

中央企业对外开放"新"在产能和合作

2015年6月召开的推进中央企业参与"一带一路"建设暨国际产能和装备制造合作工作会议上,国务院总理李克强批示指出,推动国际产能和装备制造合作,是新阶段下以开放促进发展的必由之路。李克强总理的重要批示较长,有429个字,寓含深意。可以分成五大块来解读。

第一段是指导思想,指出了新一轮对外开放的意义。提出为什么要这么做的问题。"推动国际产能和装备制造合作,是新阶段下以开放促进发展的必由之路,既有利于顶住经济下行压力,实现中高速增长、迈向中高端水平,也是与全球经济深度融合,在更高层次上嵌入世界产业链条,实现优势互补、合作发展的共赢之举。"点出"新一轮""高水平"定义本意,就是新常态下统筹国内国际两个大局,以开放促发展的新型道路,特色鲜明。

第二段是讲的成绩,重点是讲谁来做这件事,做得怎么样的问题。近年来,中国装备"走出去"初见成效,取得积极进展,央企立足自身,主动作为,不畏艰难,勇于开拓,在其中发挥了领头羊、主力军作用,为国内经济建设和对外经济合作做出了不可替代的重要贡献,促进提升了我国国际竞争力,有效拓展了我国经济发展空间,成绩应予充分肯定。

过渡段是讲新一轮对外开放的任务,提出做什么的问题。"当前,利用我国优势产能,突出重点领域,推动国际产能合作,条件具备,机遇难得"。

第四段是原则与要求,回答怎么做的问题。从具体工作来看,"希望同志们牢固树立大局意识,紧密结合'一带一路'战略,善于抓住和对接当地需求,坚持创新合作模式,坚持市场导向和商业运作原则,更加注重质量信用品牌服务提升,更加注重装备标准技术管理同进,更加注重自身发展与造福当地并重"。

最后是效果，达到什么样的目标。这便是"推动形成优进优出格局，促进新一轮高水平对外开放，为我国发展增添新动能、实现经济提质增效升级作出更大贡献"。

我们学习理解李克强总理批示，与学习国务院《关于推进国际产能和装备制造合作的指导意见》结合起来，要抓住精要之点，深刻理解其精神实质要抓住七点：

要点之一：弄清"企业主导"，是国家"一带一路"建设暨国际产能和装备制造合作工作的战略布局。

我们应该注意，6月16日发布了国务院《关于推进国际产能和装备制造合作的指导意见》。党中央国务院在深入分析国内国际经济新形势、综合考虑现实与未来、科学分析需要与可能等基础上，作出了积极推进国际产能和装备制造合作的重大决策。今年1月29日、4月14日和5月6日的国务院常务会议，均强调推进国际产能和装备制造合作，加大"走出去"力度。国务院刚发布的指导意见，共包括7个部分、41条，提出了"企业主导、政府推动，突出重点、有序推进，注重实效、互利共赢，积极稳妥、防控风险"的基本原则。企业主导被排在第一位，分外引人注目。

要点之二：从主题分析，弄清"一带一路"建设与国际产能和装备制造合作工作"的逻辑关系。

表面看，"一带一路"建设与国际产能和装备制造合作是两个主题，实际上是一个主题两个侧重点，是相互关联、密不可分的一个整体。实施"一带一路"战略，对于装备制造和国际产能合作也是重大的机遇和有利条件。反之，产能国际合作是推进建设"一带一路"的重要内容。国际产能能够促进"一带一路"的现有合作机制进一步向更大的范围、更深层次扩展。"一带一路"划定的区域范围，具有良好的投资前景，值得装备制造业和国际产能合作积极加以利用。"推进参与"更有姿态特征，国际产能和装备制造合作，更有实际操作特征，这是一个有机结合。

要点之三：认清我国经济发展进入新常态的背景下，推进国际产能和装备制造合作"四个有利于"的意义。

推进国际产能和装备制造合作的意义可以用四个有利于进行概括：一是有利于形成我国新的经济增长点；二是有利于促进企业不断提升技术、质量和服务水平，推动经济结构调整和产业转型升级；三是有利于推动新一轮高水平对外开放，提升开放型经济发展水平，有利于实施"一带一路"、中非"三网一化"合作等重大战略；四是有利于深化我国与有关国家的互利合作，促进当地经济和社会发展。这关系国家经济增长、企业提升和产业转型、高水平对外开放、国际合作四个方面，意义深远。

要点之四：弄清核心内容是"产能和合作"，充分理解由产品的输出转向产业与能力的输出的内涵与新意。

"产能和合作"是一个核心问题，我们必须理解。首先，过去中国的经济向外走，主要是贸易，也就是产品的输出，通过贸易的方式将中国制造的产品向外输出。我们现在要搞的产能合作含义既是产业的输出，也是能力的输出。其次，推进国际产能和装备制造的合作有一个重要思想，是中央企业要跟所在国在合作当中充分体现互利共赢和共同发展的原则，帮助这些国家建立更加完整的工业体系、制造能力，所以说中国推进国际产能和装备制造的合作，核心就在于通过这样的合作把产品的贸易、产品的输出推进到一个产业的输出和能力输出上来。这就是我们现在所讲的"产能合作"的内在含义。中央企业对外开放的"新"在何处？就是要在产业和能力的输出上做出好文章。

要点之五：认清基础，找准问题，理解中央企业在新一轮对外开放中的"一新三高"新指向。

我们注意李克强总理的批示讲到"三个高"，中高速增长、迈向中高端水平，在更高层次上嵌入世界产业链条。这三个高的提出是有基础的。中央企业国际化经营取得成效时描述出"广""快""重"的状态。对中央企业国际化中存在的问题用四句话分析：主要是国际化程度偏低，核心竞争能力不强，风险防控体系不够完善，同业无序竞争的情况时有发生等。走向新阶段，是在这个基础上达到速度、水平与层次的"三高"，是中央企业对外开放的新使命，新追求。

要点之六：理解新一轮对外开放的内容，突出重点领域，明确"一带一路"建设暨国际产能和装备制造合作工作的途径。

李克强总理不仅提出"推动形成优进优出格局，促进新一轮高水平对外开放"的宏大目标，而且提出"利用我国优势产能，突出重点领域"的途径。

"两个重点"是明确的：一是将与我国装备和产能契合度高、合作愿望强烈、合作条件和基础好的发展中国家作为推进国际产能和装备制造合作的重点国别，并积极开拓发达国家市场，以点带面，逐步扩张；二是将钢铁、有色、建材、铁路、电力、化工、轻纺、汽车、通信、工程机械、航空航天、船舶和海洋工程作为重点行业，分类实施，有序推进。

我们不能不注意，中央企业从不同角度形成了自己的目标与任务。例如，结合当地市场需求，推动钢铁、有色、建材行业优势产能国际合作；加快铁路"走出去"步伐，拓展轨道交通装备国际市场；开发和实施境外电力项目，推动化工重点领域境外投资；提高轻工纺织行业国际合作水平；通过境外设厂加快自主品牌汽车走向国际市场；提高信息通信行业国际竞争力，推动工程机械等制造企业完善全球业务网络；推动航空航天装备对外输出，开拓船舶和海洋工程装备高端市场。这些来自各中央企业负责人的思路犹如八仙过海，各显神通，使会议精神的贯彻进入实际操作阶段。

要点之七：理解"三坚持、三注重"要求，严格把握"一带一路"建设暨国际产能和装备制造合作工作的基本原则。

李克强批示提出，"坚持创新合作模式，坚持市场导向和商业运作原则，更加注重质量信用品牌服务提升，更加注重装备标准技术管理同进，更加注重自身发展与造福当地并重"。这个"三坚持""三并重"归纳起来，集中在四点上，可以用四项基本原则来表达。这便是坚持企业主体，市场导向的原则；坚持突出重点、有序推进的原则，坚持注重实效、互利共赢的原则，坚持积极稳妥、防控风险的原则。

（2015年6月17日）

央企产能走出去是增强世界经济活力的新途径

加快央企产能走出去,推进国际产能合作是中国经济对外开放的一种新模式,也是增强世界经济活力的新途径。最近,由中国铁建等中央企业承建的"新时期的坦赞铁路"——亚吉铁路建成通车,标志着中非产能合作走稳走实,为中国扩大国际产能合作开垦出一块"试验田",创造中国央企产能走出去,实施国际经济合作的一种新模式。

在国家"一带一路"、周边国家互联互通、中非"三网一化"等战略部署下,加快央企产能走出去,推进国际产能合作正在成为一种新趋势。亚吉铁路是中国企业在海外建设的第一条全产业链"走出去"的铁路,即从融资、设计、施工、装备材料,到通车后的运营管理,都由中国企业负责,呈现了全流程"中国化"铁路项目的实力。它完成的不仅是非洲经济发展过程中铁路"补位"的使命,而是刷新了中国经济对外合作的传统模式,构建起了由"政府援助为主向企业投资和建设合作为主",由"一般贸易向中高端领域合作"迈进的全方位深度融合发展新模式。"亚吉模式"对于中国经济的对外开放有两层含义:一是通过中国标准实施的铁路项目,把包括建设、装备、运营在内的全产业链带出去;二是通过铁路带动沿线经济发展,建设沿线经济带,实现国际产能合作。

全产业链走出去,为中国经济对外开放战略提供新途径。早在2000年,我国就提出了实施走出去战略。以前,中国经济向外走,主要靠贸易,即产品输出。现在,实现产业能力输出,推进国际产能和装备制造的合作,核心在于通过合作把产品的贸易、产品的输出推进到一个产业的输出和能力输出上来。全产业链走出去,改变了通过贸易进行产品输出的单一模式,侧重于产业能力的输出。当前提出的国际产能合作是根据国际市场需求和中国经济内在发展阶段提出的构建跨国产业体系的战略,是"走出去"战略的升级版。铁路"走出去"是"一带一路"倡议促进互联互通的重要抓手。亚吉铁路是中国企业在海外首次采用全套中国标准和装备建造的铁路,是经济对外开放战略提供新的模式。

全产业链走出去,为产能走出去提供新渠道。当前一些产能出现过剩,并非都是技术上的问题,很多优质产能,受市场周期性变化引发短期需求变动影响而富余。这就需要重视生产要素向新供给转移,让企业产能"走出去",在全球范围内配置产能要素、开拓产能市场,为中国经济中高速发展增力减负。在全球价值链上,实现产业、资金及技术合作的国际产能合作"多赢"格局,机遇很多。事实上,中国参与的许多国际产能合作,除高铁建设外,在核电、电力、通信和装备制造等领域,都代表了中国装备制造业的先进水平,即使在国际上也有相当的高度。亚吉铁路成为中国与相关国家合作的"新典范",很重要的一个原因是,我国铁路产能质优价廉,综合配套能力强,具有很强国际竞争力的产能合作。

全产业链走出去,为中央企业"抱团出海"提供新样本。央企抱团出海,既是全球经济复苏乏力、中国经济增速调整对央企的一种倒逼,也是央企发展成为具有国际竞争力跨国公司的需要。浩浩荡荡的出海大军中,央企是主力军,我国非金融类对外直接投资70%以上为央企;我国对外承包工程营业总额60%以上为央企。中国企业需要在整合资源的基础上抱团出海。要营造基础设施相对完善、法律政策配套的具有集聚和辐射效应的良好区域投资环境,引导国内企业抱团出海、集群式"走出去"。"抱团",不仅是企业之间抱团,还要让各种资源抱团,把中国企业的技术、装备和融资结合起来,形成更大的抱团"组合拳"。"亚吉模式",由中国金融投资、铁路建设、机车、经营管理等多家央企合作参与,减少内部恶性竞争,增强搞风险能力,是成功的中央企业"抱团出海"的范例。

全产业链走出去,为开展投资贸易有效融合提供新抓手。为推动装备走出去和国际产能合作,金融服务要同步跟进。在金融层面,中国资本需要国际化的拓展空间,而发展中国家财力有限,两相契合。产能走出去,是加快我国企业在世界市场经济体内进行资源的有效配置，需要创造性利用国际国内两个市场，拓宽外汇储备运用渠道。通过定向发行专项债券等方式，对重点合作项目提供更多融资服务。在加强风险防范前提下，更好地发挥优买贷款、援外优惠贷款作用，扩大支持国别范围和行业领域。

全球视野下的包容性发展，是中国推进"一带一路"和国际产能合作秉持的发展理念。"亚吉模式"，以全产业链走出去，带动铁路沿线经济发展，以多种方式开展物流仓储、工业园、土地开发等合作项目，建设沿线经济带，展示了国际产能合作的前景。

实现国际产能合作，推动建设沿线经济带的形成。中国的"产业输出"，不仅重视产业、资金及技术合作的对外竞争力，还带动建设沿线经济带。埃塞俄比亚是个以农业经济为主的内陆国家，落后的基础设施以及缺少出海口，严重限制了其进出口贸易和工业的发展；吉布提面积仅 2.3 万平方公里，自然资源缺乏、工农业基础薄弱。亚吉铁路建成后，吉布提至亚的斯亚贝巴的运输时间将从公路运输的 7 日降至 10 小时，这将促使两地的客货运输从完全依赖公路转变为 70% 依靠铁路。这条铁路投入使用后，将成为埃塞俄比亚出海大通道，开辟埃塞俄比亚乃至东非用地物资、出口的通道，带动一条经济带，拉动沿线地区的工业化和城市化。通过铁路带动沿线经济发展，以多种方式开展物流仓储、工业园、土地开发等合作项目，建设沿线经济带，以避免铁路建成后因为长期"无货可运"而发生"退化"。

实现国际产能合作，推动合作各方工业化进程。中国与他国开展产能合作，是要通过对接发展需求，合理转移优势产能，增强这些国家工业能力、提高制造业发展水平、培养实用人才。"亚吉模式"，使得中埃吉三方合作，发挥了"1+1+1＞3"的国际产能合作的魅力，给各方都带来发展红利。铁路承建方中土集团和中国中铁，签约了亚吉铁路六年运营权。为当地创造了就业，仅在埃塞俄比亚，就有 2000 多名当地员工接受铁路运营培训，包括乘务员、火车司机、技术人员等。铁路建设累计雇用 3 万多名当地员工，让非洲兄弟也能具备铁路建设能力。中国企业将利用这段时间，把中国铁路的运营理念传授给埃塞俄比亚和吉布提员工，其中包括如何对铁路系统进行妥善保养等。6年后，中国企业将会把铁路运营管理权交还给两国铁路人才，让非洲人民真正承担起自主运营亚吉铁路的能力。

对于中国企业而言，拓展国际产能合作，是中国积极参与全球市场竞争和价值链重构，使中国企业在国际市场与技术先进、实力雄厚的跨国公司同台竞争，装备"走出去"将倒逼企业不断提高技术、质量和服务水平，提高企业的整体素质和核心竞争力。

国际产能合作，为世界经济发展提供新动力。当前，全球经济持续低迷，国际贸易增速大幅下降。国际产能合作，将中国制造业的性价比优势同发达经济体的高端技术相结合，向广大发展中国家提供优质优价的装备，帮助他们加速工业化、城镇化进程，凝聚全球经济稳定增长的新动力。亚吉铁路，打通非洲屋脊与亚丁湾运输新动脉，为埃塞俄比亚乃至东非腹地的物资流动提供出海口，吉布提港也将变成名副其实的物流中心。亚吉铁路如期通车，使埃塞俄比亚政府看到了发展工业化、建设非洲制造业大国的希望，提振了投资商到埃塞俄比亚发展工业项目的信心。

在世界经济新格局以及全球新一轮产业转移的大背景下，国际产能合作打开了中国经济对外开放发展的新窗口，已经成为中国构建开放型经济新体制的重要目标。"亚吉模式"显示，中国企业要在国家"一带一路"、周边国家互联互通、中非"三网一化"等战略部署下，从开放中不断扩大增长空间，尤其是要积极参与国际产能合作，加快全产业链走出去，以提高有效供给催生新需求，有助于中国经济加速转型升级，拓宽国际合作领域和发展空间，增进与相关国家各领域交流和互信，进而提振全球经济增长信心，推动实现全球经济再平衡。必将给"一带一路"沿线国家带来发展新契机，为促进世界繁荣进步注入正能量。

(2015年9月28日)

从国家治理向全球治理的跨越

9月3日，习近平总书记在二十国集团工商峰会开幕式上发表主旨演讲，提出建设联动型世界经济思路，这是习近平治理国家思想向参与治理全球思想的发展，是习近平全球治理思想形成的重要标志。

习近平主席说"希望杭州峰会能够在以往的基础上，为世界经济开出一剂标本兼治、综合施策的药方，让世界经济走上强劲、可持续、平衡、包容增长之路。这个药方就是"创新、活力、联动、包容"的新思维。

联动，是G20杭州峰会的重点议题，是完善全球经济治理的可行性方案，也是习近平全球治理思想的核心。今天，围绕这个主题讲四层意思。

第一层意思，提出全球治理新思维的背景与意义。

先从G20峰会背景说起。G20峰会是为人类提供思想的。在2008年之前世界经济有问题，谁来解决？七国集团，这是西方治理。到了2008年几个大国在讨论究竟用什么样的平台应对金融危机的时候，七国集团不行，大家就想到了"G20"。选择了G20，就把G20推到了历史舞台的中央，也就是把中国推到了世界舞台的中央。

2008年的转折对G20，对全球治理来说，是一个从"西方治理"到"东西方共同治理"，发达国家跟发展中国家共同来治理这个世界，全球经济治理进入一个历史新阶段。中国也到了这个位置了。

世界经济出现问题时，大家都把目光放在中国身上，就看中国怎么办，美国说我也没钱了，欧洲国家都是债务很重，都说手头很紧。2008年峰会英国就说要再增加5000亿美元，布朗首相反复找中国领导人，最后中国方面承诺500亿，出了大力，占10%。

到了2016年的G20峰会，一个是期待中国经济中高速发展，我们现在每年给全球经济增长的贡献率要在30%左右。这是大家心知肚明的事情。

更重要的期待是中国能够给全球治理提供新的思想。近年来,世界经济增长乏力,仍难摆脱国际金融危机的阴影。大家没什么想法,等中国来提供思想,提供方案。2008年的时候是中国出钱出力就可以了,现在需要中国发挥"引领作用",这个"引领作用"实际上是思想上的引领作用。这8个字,不知最初是谁想起来的,当然,最后是总书记吸纳并敲定的。

促进世界经济新一轮增长和繁荣,不能靠老套路,而要靠创新增长方式、挖掘增长动能。这次,习近平确定"构建创新、活力、联动、包容的世界经济"这个主题。

提出这个主题,是考虑在经济全球化时代,各国发展环环相扣,一荣俱荣,一损俱损。没有哪一个国家可以独善其身,协调合作是必然选择。

现在发展不平衡是制约世界经济增长的大障碍。因此,杭州峰会特别强调增强增长的包容性,构建包容联动的全球发展治理格局。世界范围的发展不平衡,主要体现在富国与穷国之间的财富和能力差距拉大,财富集中在少数国家、少数大公司大集团,许多国家则被排斥在世界经济增长的进程之外,长期处于贫困状态,甚至被边缘化。目前,反映收入分配指标的基尼系数,在世界范围已超过了公认的警戒线。从经济角度来说,发展不平衡使得世界经济增长缺乏内在支撑;从政治与安全角度而言,发展不平衡导致国家、地区的动荡与冲突,滋生极端主义、恐怖主义势力。因此,杭州峰会第一次把发展问题置于全球宏观政策框架的突出位置,强调共同构建合作共赢的全球伙伴关系,就落实2030年可持续发展议程制订计划,首次集体支持非洲和最不发达国家工业化。这是协调与化解矛盾的思路。

第二层意思,联动型经济新思维的逻辑关系。

从内部逻辑看,创新是方向,活力是目标,联动是途径,包容是环境、是保障。从历史逻辑看,从开放到合作,到联动包容,是对外开放的深化,是与时俱进。从因果逻辑看,原因是存在贸易保护主义,以邻为壑的贸易和投资政策。我们应该通过增进利益共赢的联动,推动构建和优化全球价值链,打造全球增长共赢链。这两个链是结果。

再从习近平论述逻辑看,由治国到全球治理,是一个大跨越。十八大以来,以习近平为总书记的党中央特别重视全球治理,中国作为一个全球性大国,历史的发展进程中,要对中国从大国向强国迈进的历史阶段需要发挥重要的力量,全球治理你不想参与也不行,因为这关系到中国和世界关系的变化,我们已经处在一个新的历史起点上。中国十八届三中全会就提出来了五大发展理念,"创新""平衡""绿色""开放""共享","创新"放在第一位,这个不仅仅是对中国经济来讲如此,对世界经济也是如此,这是中国推动G20杭州峰会通过了创新增长的规划,创新我们放进去了。治理世界的"创新、活力、联动、包容",我看,是中国"创新""协调""绿色""开放""共享"的世界版。这不再是对全球经济结构性危机的简单回应,而是在为全球经济健康发展建设长效机制,希望促进"公平的发展",推动全球经济走出"新平庸"。

怎么联动?具体说是加强政策规则的联动,一方面通过宏观经济政策协调放大正面外溢效应,减少负面外部影响;另一方面倡导交流互鉴,解决制度、政策、标准不对称问题。

第三层意思,联动型经济新思维的落实措施。

杭州峰会为治理世界经济的病根开出了"良方",习近平呼吁,二十国集团要成为行动队,而不是清谈馆。要让这次峰会达成的共识、制定的议程和指导原则得到落实。我们不是说空话,有几个方面要注意,我们这个联动型经济是实实在在的。

一个思路。《二十国集团创新增长蓝图》,就是要通过创新、结构性改革、新工业革命、数字经济等新方式,为世界经济增长开辟新道路、拓展新边界、提供新动能。

三个文件。杭州峰会把贸易和投资列为重要议程,大力推动开放的贸易和投资机制建设,制定了《二十国集团全球贸易增长战略》和《二十国集团全球投资指导原则》。解决了什么问题?加强全球宏观经济政策协调,需要各国政府在汇率政策、贸易政策、货币政策和财政政策等宏观经济政策上展开磋商和合作,共同反对贸易保护主义,防止采取以邻为壑的贸易和投资政策，切实维护多边贸易体制的基础、推进新的开放进程，扭转国际贸易和投资规则碎片化趋向。

还有一个文件是《二十国集团深化结构性改革议程》，是针对全球经济面临的潜在产出下降、有效需求不足、结构性改革滞后等结构性矛盾的。

一个重点。我们应该夯实基础设施的联动，中方发起全球基础设施互联互通联盟倡议，推动多边开发银行发表联合愿景声明，加大对基础设施项目的资金投入和智力支持，以加速全球基础设施互联互通进程。这里讲的都落在基础设施的联动上，现在"一带一路"上，中国的央企，都在搞基础设施，是实实在在的事。

第四层意思，联动经济新思维下我国发展新动能的战略目标。

中国作为最大的发展中国家和世界第二大经济体，对世界经济发展的影响巨大，要把自己的事情办好，为世界经济发展提供更多的公共产品。世界的目标是联动发展，是实现强劲、可持续、平衡和包容性增长的要求，联动经济，是G20杭州峰会的重点议题，也是完善全球经济治理的可行性方案。中国在全球治理中从一个"参与者""建设者"到"领跑者""引领者"。联动，首先是中国自己要动起来，要动好。

习近平总书记提出的供给侧结构性改革，旨在以创新发展理念，挖掘经济发展新动力，加快推动经济发展，创造有效供给。面临经济增长的新动力的形成和旧动力的逐渐弱化这两股力量的双重交织，正在着力寻求经济发展新动力。从杭州会议，我们看到中国已经站在世界经济舞台的中央，进入为人类贡献智慧而引领世界的时代。目前，中国培育新动能，改造传统动能，就是在经济发展新常态下从单纯追求速度到更多追求质量的转变。

（2016年9月11日）

央企要多在"一带一路"上建"样板间"

中国企业走出去成功与否是决定中华民族复兴的重要因素。在"一带一路"战略实施的3年，中国国企"走出去"实现了由"通"走向"共"，再由"共"走向"融"的跨越，与当地国家人民在经济上互利互惠，文化上融合共通。但是在"一带一路"项目建设的整体部署和统筹安排方面还有相当的空间，要洗牌，建立新的体系，目前建议多建几个"样板间"，提供经验给更多企业进行参考。

央企开始"输出标准"

"一带一路"倡议提出3年多时间以来，共有47家央企参与、参股或者投资，或与当地企业合作共建了1676个项目。1600多个是主要项目，实际上有中国企业参与的项目大大小小加起来有数万个。国企在"一带一路"项目建设中带头作用明显，尤其是中交建、中铁建、中铁工、中能建、中电建、中冶等央企承包了98%的基础设施建设项目，是"一带一路"建设的排头兵和领头羊。

总体来说，"一带一路"建设中，目前央企发挥的作用比较突出，集中在基础设施、交通、建筑建材、通讯等领域。

如果把中国企业"一带一路"中的战略意义比作一艘航母的话，央企就是旗舰，起主力带头作用，地方国企紧紧跟进，民企外企合作的格局正在形成，民企的分量在逐渐加重。

国企"走出去"经历了一个变化的过程，主要有三个方面的转变，其一是从别人"走进来"到我们"走出去"，其二是由"产品"走出去到"产能"走出去，第三个是单方面走出去到合作共赢。这是一个由"通"走向"共"，由"共"走向"融"的过程，央企走出去经历了这三个阶段。

在内容方面，资本、技术、设备、标准、人才都在走出去，其中"标准走出去"最为关键，标志着中国制造进入一个新的历史阶段。

过去都是以西方的标准为主，而现在在"一带一路"的建设中，中国推行的绿色、环保的标准能为越来越多的国家所接受，成为新的世界标准，这个艰难的转变是非常重要的。

经过3年时间，国企取得的成果是显而易见的。首先，市场更广阔了，经济数字和投资利润都有很大增长，国外市场开拓后，可以在世界市场范围内配置资源；其次，自身经济结构也得到调整，富余的产能走出去，把"中国制造"变成"中国创造"，加速了国企的产业升级和技术更新换代。从前"一带一路"沿线的国家都接受法国、英国、日本几个国家的高铁技术，现在接受中国的，反过来对国企自身能力提高也有刺激作用。

关键是文化融合

文化融合是决定"一带一路"的能否取得最终成功的关键因素。一些老牌的国家"走出去"大体上要用30年的时间才达到文化融合。

19世纪末第二次鸦片战争后，西方列强到中国来掠夺中国的资源，推销他们的产品，在中国引起强烈的反抗和激烈的文化冲突。后来他们接受了教训，通过办学校、建医院、修铁路、建教堂这4个方式才在20世纪20年代末在中国站住脚，大概用了二三十年。短期的用力只能是渗入，长期才是融合。不熟悉当地文化，不懂得怎样和当地社会合作，任何一个项目都不会持久，因此，与当地社会建立命运共同体十分必要。

在"一带一路"建设里有一些例子，说明了长期扎根当地建设可以带来文化上的"同化"效果。比如中国铁建中非建设有限公司的曹保刚，通过十余年在尼日利亚兴建铁路、参与当地的工程抢险工作，获得了当地人民的爱戴，被授予了酋长称号。

当前"中国威胁论"的论调主要来自欧美国家，而且他们传播这种言论的方式主要是通过讲故事。这一点正好是我们政府和国企在跨文化形象宣传上需要学习的，不能一味去讲我们如何优秀，而是要多讲我们中国工人和当地人民文化融合的故事，把中国人的善意和善良品性传达出去，才能让人家接受我们。

多建几个"样板间"

中国已由世界边缘，走向世界中央，这是一个跨时代的变化。"一带一路"是中国的百年大计，是走向世界中央，实现中华民族伟大复兴的生命线。正因为是生命线，所以要重视文化融合，人性相通相近，利益共建共享，它不是一朝一夕的事情，是要长期坚持才能实现的。

目前主要形成了两个趋势，一个是在产业上从基础建设到装备制造业的过渡，一开始的建设大部分都集中于基础设施建设，由央企这种大国企打头阵，那么之后民企会逐渐增多；另一个就是，由引进到合作共赢的过渡，初期主要是我们在投资，当然也遇到了一些投资、经济上的风险。但到中期，希望能实现互利双赢。

从未来发展角度讲，中外合作的项目会涉及大大小小的问题，需要一些经验来参照。要加强整体统筹规划，多建几个"样板间"。比如说，建中巴经济走廊时，瓜达尔港众多项目的收益问题；中巴铁路建设的可行性问题；印巴之间围绕克什米尔地区的矛盾冲突问题；旁遮普省和俾路支省的利益纠葛问题；巴国内各种政治力量的平衡问题；中巴经济走廊与新疆发展战略的协同问题；围绕巴基斯坦所形成的中美俄印的大国博弈问题等等……再比如白俄罗斯的中国-白俄罗斯工业园区，都给之后的建设留下很多经验。每个问题都是一个信息库，我们采取解剖麻雀的方法把它总结好，成为未来"一带一路"建设中解决问题的蓝本。由浅入深，举一反三，把有价值的经验推广出去。

（2017年5月11日）

中央企业"做大",品牌落后"堪忧"

又逢世界500强公布,我已跟踪总结了六年。今年想到做大做强做优,优的问题差距甚大,令人担忧。

今年世界500强公布,中国增加到115家,这是预料到的。紧随处在第一名的美国(132家),而远远超过处在第三名的日本(51家)。一些上榜的中国企业有很强的政府背景;一些中国企业属于能源资源性企业,技术含量不一定很高;还有一部分中国企业的上榜与企业的兼并重组有关。央企少了三家,是中冶、武钢,都是被重组进去了的。这些500强,都是500"大",当然"大"也是"强"的一种表现。然而,决定强的终极因素还是优。优的标志是质量体系、自主品牌、知识产权。这方面,我们就太差了。

令人高兴的发现,是今年500强里阿里巴巴和腾讯这两家来自中国的互联网企业首次进入排行榜,而去年上榜的京东集团今年再次榜上有名。由此看来,在全球最大的6家互联网企业中,来自中国的京东、阿里巴巴和腾讯就占据三个席位,与来自美国的互联网企业平分秋色。这几家中国企业都是民营企业,又站在互联网经济的前沿。这是这届500强最值得说道的看点。可能中国成为互联网第一强国,这是中国走向现代化强国的重要标志,不可小看。

从这届世界500强评比,看到代表技术创新和时代发展潮流的互联网企业,也代表着中国经济发展的一股新动力正在变得越来越强劲。华为这次在全球财富500强榜单上列第83位,超过了所有专门经营移动通信设备的企业。作为中国民营企业的佼佼者,华为取得今天的成绩在很大程度上靠的就是在研发上的高投入。华为去年研发投入高达110亿美元,分列中国第一和世界第八,而近些年来华为的专利申请数量也处于世界前列。这点，所有的央企都应该学华为。

13家中国内地公司首次上榜，除了电子商务公司京东、家电巨头美的集团，以及三大房地产公司：万科、大连万达、恒大。民企进入世界500强，是五年来最多的年份之一。

如今，经济全球化进程中的国际竞争越来越表现为品牌的竞争。近年，伴随我国众多企业在创新领域正从"跟跑者"向"并跑者"进而向"领跑者"转变，企业品牌意识普遍增强，一批具有影响力的自主品牌正在形成。国务院国资委颁布《关于加强中央企业品牌建设的指导意见》明确指出："加强品牌建设是培育世界一流企业的战略选择""中央企业要实现'做强做优，世界一流'的目标就必须努力打造世界一流的品牌。"

我认为，不仅仅是中央企业，实施品牌战略，确立品牌建设的价值标准，建立新的品牌建设体系，是所有企业必须重视的问题。著名管理学家迈克尔·波特指出："品牌作为资产的关键在其核心价值，即品牌的精髓就是品牌价值。"中国企业品牌的培育和建设除了创造世界级质量这一指标外，还可以从文化、社会、市场、人才、创新多个维度构建科学、全面的品牌价值评估体系。比如文化，以往经验表明，历史悠久的品牌，必定承载着某种优秀的人文精神。比如，德国品牌的严谨，日本品牌的精致，法国品牌的浪漫，等等。品牌建设应重视文化的力量，用文化滋养品牌，用文化擦亮品牌。要执著追求和培育企业精神、形象、职业道德、经营理念等内在的质量文化，要传达"人文""和谐""活力""创新"等时代主题。那么，中国的品牌应该是什么文化？当然不应该是粗老笨重，不应该是投机取巧，不应该是大规模低成本的农民操作方式。

2017年世界500强的发布，是对中国经济发结构调整成功的认可，是创新研发与民营经济等三方面的进步，我们高兴。

（2017年7月10日）

| 第九章 |

以国企党建为核心的政治治理是对国企改革方向的校正

央企的"一股独大、一权独大、一人独大"现象

央企高管的腐败问题从来没有像现在这样突出。2014年开局以来，中国的国企落马老总已有十余人，国企特别是中央企业正在成为中共"反腐主战场"之一。此前的中石油人事地震，到中国移动多人被调查，都不乏窝案。在央企里，抓腐败就像摘葡萄，一摘一大串。为什么在央企抓腐败就像摘葡萄？更值得思考的是建立什么样的机制才能防范腐败案的频发？靠党内反腐败就能反得彻底，是不是还有其他思路？

中纪委网站近日公布，"华润集团董事长、党委书记宋林涉嫌严重违纪违法，目前正接受组织调查。"在宋林宣布"被调查"之前的一周内，至少有6例企业负责人被调查、逮捕或定罪。其中，有5例国企高管落马案，均在中央纪委监察部网站公布。

实名举报宋林的，是来自中国官媒的一名记者，举报内容中涉及包养情妇，而"重头戏"则是宋林等华润高管在收购山西金业资产的百亿并购案中故意放水，致使数十亿元人民币国资流失，举报称宋林等已构成渎职，并有巨额贪腐之嫌。

据悉，自宋林案发生后，华润系股票集体大幅下挫，其中，华润旗下的5家香港上市公司市值累计共蒸发290亿港元（约228亿元人民币）。尽管该局面在原招商局集团董事长傅育宁23日宣布接任华润董事长之后有所改善，但企业形象和经济损失已难以挽回。

一方面是贪腐高管接连落马，"一把手""垄断行业""窝案""官商勾结""金额巨大"成为显著特征；另一方面是央企系统的反腐网络正在收紧，从中纪委专设国资监察室、派驻央企专职纪检负责人，到国资委专项巡视、公布"反腐五年规划"等。显然，央企反腐的高压态势业已形成，下一步，如何以深化改革来推动党风廉政建设和反腐败斗争，如何深

入改革央企监管体制成为必须面对的严肃课题。我们考虑国企容易成为腐败的重灾区原因,我认为对央企存在的"一股独大、一权独大、一人独大"现象要有清醒的认识。缺乏公司市场化法制化治理的党内反腐败是一种跛足的反腐败。因此,央企反腐系统需要重新设计。

第一个原因,是我们采取过去苏联的模式,权力集中在一人。企业的权力结构不科学,将决策权、执行权和监督权都重叠在一起,央企老总的权力比地方党委的还要集中。当年作为国家电力公司总经理的高严就权力一把抓,国家电力公司的纪检组织也无法对他进行监督,想怎么干就怎么干,以至他出逃出境一个多月了,公司领导班子都还不知道,依靠一个秘书也能支撑那么长时间,可想他的权力集中到什么程度。

第二个原因,在于国企的"一把手"用人体制。国企的负责人几乎全部都是通过行政授职制,层层任命产生。实际上,世界上搞得好的大企业,都是市场经济用投票选出来的。这些年很多国企搞不好,和这种并非市场化选择而是授职制的职业经理人任命方式有关。不能说市场经济能彻底解决腐败问题,但是缺乏市场经济的法治因素,是导致人治因素上升,这是企业腐败的重要原因。

第三个原因,计划与市场的二元体制,为官商勾结留下巨大空间。我们不是无形之手主导的市场改革,而是有形之手主导的市场改革,企业直接在经济生产的一线,对于主导的有形之手,权力的含金量就大大增加,企业尤其是企业领导干部被拉拢腐蚀诱惑的可能性就更大。

第四个原因,组织设计上是块块管理,内部人控制现象非常严重。企业纪检监督部门从属于同级党委,下级无法监督上级。央企从人事任命到纪检监督,都是以内部管理为主。此外,央企本身拥有大量的子公司和分支机构,据国家审计署年中公布的2012年度审计报告披露,有45户央企内部层级超过4级、最多达11级,这导致监管链条拉得太长,管理不到底。一部分央企已形成了自己的利益王国,外部难以监管,群众监督制度则更为缺失。

第五个原因,公司治理中"所有者缺位"和控制权与剩余索取权不相配，内部无法监督。名义上，国有股的产权是清晰的，国有股也是明确的，可事实上，没有一个真正的主体对国家的这部分股权负责，包括国有资产管理公司。我国的国有资产一直实行的是"国家所有、分级管理"的原则，国有资产实际上由各级政府机构代表国家进行具体管理。事实上，从根本上说，国有企业不存在严格意义上的委托人。所以当国有资产部门作为全民的代理人来监管和控制国有资产时，不仅激励不足而且缺乏信息来发现和任命有能力的企业家。所以导致官员无须为自己的选择承担任何风险，或风险损失小于从内部人所获取的收益时，国有资产部门这个代理人的活动主体是缺位的，职工则无法参与监督。

央企中"一股独大、一权独大、一人独大"，无疑是央企高管腐败的重要原因。央企高管腐败怎么治理，无疑要从政治与经济治理的结合上，从治权入手，治人入手。而股权多元与公司法人治理将是重要方面。

(2014年5月2日)

国企反腐败要从权力制衡抓起

国企在与市场经济体制融合过程中，要采取哪些基本对策来加强反腐倡廉建设？深入研究与回答这些问题，是摆在国企改革面前无法回避的问题。

9月13日，中共中央、国务院印发了《关于深化国有企业改革的指导意见》（以下简称《指导意见》）。在此之前的6月5日，先行公布《关于在深化国有企业改革中坚持党的领导加强党的建设的若干意见》（以下简称《若干意见》）。在此之后，又发布了《关于加强和改进企业国有资产监督防止国有资产流失的意见》。

系列文件的出台是对国企反腐败问题给予前所未有的重视，从制度上进行系列创新，既显示出中国国企向制度反腐新阶段迈进的势态，也显示出改革未动，保障先行的特色。

为什么加强党的领导与反腐败居于这么突出的位置？怎样加强党的领导和反腐败？理解系列文件，有助于消除误解、统一观念、深化认识，自觉推动向制度反腐新阶段迈进。

国企腐败形势严峻

一直以来，国企反腐备受关注。2015年中央第一轮巡视截至目前，已将全部反馈情况向社会公示。能源、建设投资、机械与制造、电信等权力集中、资金密集、资源丰富领域的国企成为腐败高发区。据调查，自2014年至2015年6月初，中央纪委监察部网站纪律审查栏目至少公布了115名国企高管涉嫌违纪违法接受组织调查的信息。十八大以来，仅"老虎"级国企高管便有7人"落马"，国企腐败的严重性可见一斑。

在上一轮巡视中就凸显的"利益输送"问题，在本轮巡视反馈中仍然是高频词，且此次被巡视的17家央企均被点名。在国资委监管的112家央企中，由中组部负责人事任命的53家中管企业将纳入此番"巡视全覆盖"。下一步巡视重点转向金融国企，因为金融行业国有资产流失速度更快、数目更大，对实体经济影响也更大。

从巡视、审计、信访反映的问题以及审查案例引出的问题线索看，国有企业在管党治党、党风廉政建设上存在一些普遍性问题，有的问题相当突出。有的企业党委负责人不履行党要管党、从严治党职责，党组织没能发挥战斗堡垒作用。利用手中权力在资产资源交易中贵买贱卖，采购招投标违规谋利，家属子女靠山吃山、谋取私利。有的国企负责人对中央八项规定精神置若罔闻，"四风"问题禁而不绝。种种情况表明，党的观念淡漠，主体责任不落实，是产生问题的总病根。

国有企业在我国的特殊地位决定了国企廉洁性的至关重要性。国有企业是我国国民经济的重要支柱，是中国共产党执政的重要经济基础。加强国有企业反腐倡廉工作，不仅有助于国有企业的廉洁健康发展，还能增强国有企业的核心竞争力，实现国有资产保值增值。

国企改革系列文件的制定是与纪检巡视同时进行的，对于制度反腐予以高度重视。本轮国企改革的鲜明特色是一抓活力，二抓监管。在五项原则中，有一条是增强活力与加强监管的关系。《指导意见》中专门设一章，强化监督防止国有资产流失，就是针对产权流动过程中的腐败现象。产权流动机制不健全、不透明和监管存在漏洞等问题，对于正在进行的国有企业改革进程而言，已经成为隐藏其中的一个毒瘤，如果缺乏有效的监管，完全可能会造成本轮改革的倒退。《指导意见》对权力集中的部门和岗位实行分事行权、分岗设权、分级授权，定期轮岗，强化内部流程控制，建立常态化监督制度，都作出规定。在《指导意见》第24、25、26节里集中讲了加强和改进党对国有企业的领导问题，突出严管党治党、反腐败问题。多个文件在化解国有企业发展弊端和反腐败问题上，出台了若干制度性的举措。

| 第九章　以国企党建为核心的政治治理是对国企改革方向的校正 |

重在"把权力关进笼子里"

不难发现，国企改革系列文件反腐制度制定，基本上是围绕对"权力"遏制进行的。因为中央企业专项巡视一次次证明，央企高管权力过度集中是滋生腐败的弊端，是导致国有资产流失的症结所在。

19世纪，英国思想史学家阿克顿勋爵道出了一句具有铁律性质的警世格言："权力导致腐败，绝对权力导致绝对腐败"。纵观古今中外，凡是腐化堕落的"公仆"，都是把"公权"变成了"私权"，最后被权力的虎口吞噬。比如，蒋洁敏涉案、中石油高管腐败案、中储粮窝案、中国移动腐败窝案等，无一不是权力运行失控，导致主要用权者权力寻租、以权谋私造成的。这就提醒我们：国有企业的反腐倡廉，既要治"标"，更要治"本"。这个"治本"就是"治权"，重在分好权、用好权、控好权上制定制度。故而，国有企业反腐倡廉的制度制定要围绕权力制衡展开，真正"把权力关进笼子里"。

对于国企高管权力腐败，从规律上看，是体制造成的。

从外在体制看，由于国有企业从计划经济到市场经济的体制过渡还不成熟，计划经济的权力高度集中与市场经济和商品交换同时存在，把行政权力作为经济交换的条件，这种体制二元结构是造成国企高管权力滥用和腐败的根源所在。

从内在体制看，何者是治理主体，何者是治理客体，并不清楚。官商勾结和腐败行为被发现的大概率说明，出资人代表大权独占或者与职业经理人勾结。过去所说的"政企分开"，主要是解决企业"自主经营、自负盈亏"的问题，现在谈"政企分开"，应该更明确的是"所有权和经营权的分开"。党组织和董事会毫无疑问是治理主体，经理层则是治理客体，二者不能混同。国企改革系列文件对改革的核心问题——经营权与所有权的重视，是抓住关键。

国企改革系列文件在构建决策科学、执行坚决、监督有力的运行体系上下功夫，健全惩治和预防腐败体系，而最核心的就是强化权力制衡，形成权力闭环体系，对权力进行制约监督。

《指导意见》提出，对于权力集中的领域和岗位，实行分事行权、分岗设权、分级授权，防止权力滥用。将国企推向市场，建立规范完善的现代企业制度，落实法人治理结构，使股东会、董事会、经理层、监事会、职代会、党组织等机构各司其职，内外部监督互相配合协调。通过科学规范的企业运营制度，让国企高管不能腐；设计完善的薪酬激励和约束体系，让其不愿腐；继续加大反腐查处力度，让其不敢腐。这些制度建设目标，在一定程度上实现了。

进入制度建设新阶段

反腐不能只靠中纪委巡视，也不能仅仅依靠党组织进行，若想根治国企中的腐败问题，需要从根本上改革国有企业的运行机制和外部环境，真正扭转并清除国有企业存在的腐败隐患，这就是公司治理的制度建设。把党组织反腐与公司治理反腐结合起来。

国企改革系列文件注重顶层设计，建立健全决策权、执行权、监督权既相互制约又相互协调的权力结构，形成结构合理、配置科学、程序严密、制约有效的权力运行机制，其明确的制度反腐思路，一是形成科学有效的权力制约和协调机制；二是加强反腐败体制机制创新和制度保障；三是健全改进作风常态化制度。每个方面都突出了制度对于权力制衡的重要性。

《指导意见》明确划分党委、董事会、执行层、监事会、纪委以及各部门、单位和岗位的权限范围、基本职能，按照职权法定、权责一致的要求，锁定权力运行边界，从而让权力在既定轨道、按既定线路运行，形成不易腐败的保障机制。

《指导意见》规定，董事长、总经理原则上分设，党组织书记、董事长一般由一人担任。把加强党的领导和完善公司治理统一起来，重点体现在坚持和完善双向进入、交叉任职的领导体制。董事长、总经理分设是政企分开的重要一招。董事长是出资人代表，是所有权的代表，而总经理是职业经理人，是经营权的代表，在他们中间分开，解决了监管的主客体问题。如果董事长与党委书记一人担任，而董事长既有所有权又有经营权，这将埋下极大的腐败隐患，必将在数年后成为反腐重点。

《指导意见》强调必须筑牢企业内部监督、出资人监督、专项监督、社会舆论监督"四道防线"。高悬决策问责、监督问责"两把利剑"，建立高效顺畅的监督协同机制。同时把社会监管单独一条列出，打造"阳光国企"，有利于进一步完善国有资产和国有企业信息公开制度，建立健全信息公开网络平台，依法依规、及时准确披露国有资本整体运营和监管、国有企业公司治理以及管理架构、经营情况、财务状况等信息，自觉接受社会监督。

针对当前对国有企业领导人员管理失之于宽、失之于软的问题，《若干意见》从教育、管理、监督三个方面明确提出了从严管理企业领导人员的具体内容、措施和要求。教育方面，明确要求要加强党性教育和道德教育、法治教育、警示教育。管理方面，《若干意见》提出要加大企业领导人员交流力度，董事长（未设立董事会企业的总经理）在同一职位任职超过 3 个任期，同时还能任满 1 个任期以上的，一般应当进行交流。

构建不能腐的防范机制，不仅有赖于完备的制度体系，更要不断提高制度的执行力，强化制度的权威性与威慑力。国企改革系列文件，尤其强化权力行使的责任追究。《若干意见》提出既追究主体责任、监督责任，又严肃追究领导人员责任，使责任追究到具体人身上。

国企改革系列文件，是加强国企反腐制度建设的重要成果，相关规定和措施一旦实施，国企反腐的方式将发生重要变化，将推动国企反腐从运动反腐阶段转向制度反腐阶段，转向公司法人治理阶段，增强国有经济的活力、控制力、影响力和防风险能力，有利于保障全面深化国有企业改革任务的完成，加快建立中国特色现代国有企业制度进程，从而确保国有资产的保值增值。

（2015 年 2 月）

国企,姓"国"名"企"

中共中央全面深化改革领导小组第十三次会议通过了《关于在深化国有企业改革中坚持党的领导加强党的建设的若干意见》(以下简称《若干意见》)。日前,中央办公厅印发了《若干意见》。这是在深化国有企业改革的关键时刻发出的重要文件,是在国企改革中坚持党的领导的纲领性文件。

学习理解《若干意见》,充分认识坚持党的领导、加强党的建设在深化国有企业改革中的意义,准确把握党的领导的内涵,找准国有企业党建工作在国有企业改革中的基本定位,明确国企改革中国有企业党建工作的主要职责,这为我们在加快建立中国特色现代国有企业制度进程中,正确处理党组织与公司治理结构的关系指明了方向,是完成全面深化国有企业改革任务的重要保障。

为什么要规定在深化国有企业改革中坚持党的领导加强党的建设呢?在深化国有企业改革中党的领导的意义何在呢?

有人提出,既然搞现代企业制度,中国企业就应当与外国企业接轨。外国企业没有党组织也能搞好,中国企业也可以不要党组织,更不必让其处于"核心"地位。还有人提出,企业不设党组织,可以降低管理成本。这是一种脱离中国实际的看法。

什么是国企?我们首先要弄明白这个问题。国企,姓国名企。《意见》开宗明义指出,"国有企业是我国经济发展的重要力量,是党和国家事业发展的重要物质基础。坚持党的领导,是中国特色社会主义最本质的特征,也是国有企业的独特优势"。

从中国特色社会主义的本质特征看,国有企业的产权属性是公有制,全体人民是国有资产的终极所有者和出资人,因此国有企业公司治理结构

| 第九章　以国企党建为核心的政治治理是对国企改革方向的校正 |

依法履行职权的目标就是维护国家和人民的利益。而中国共产党作为执政党和全国最广大人民群众根本利益的忠实代表，在国有企业中主要是通过党组织发挥作用来实现和维护人民的根本利益。

从国有企业的独特优势看，党组织在国有企业发挥作用，主要是从国有企业的政治属性出发，保证监督党和国家方针、政策在企业的贯彻执行，支持公司治理结构依法行使职权，确保党对国有企业的领导。而董事会、经理层和监事会作为公司运行的权力中心，主要是从国有企业作为市场竞争主体的经济属性上，维护股东的权利，保证国有资产保值增值，实现企业经营效益最大化。因此，只有把两者功能有机融合起来，才能真正实现国有企业在追求经营效益最大化的同时，不会偏离中国特色社会主义方向，并确保企业科学发展。

国有企业党组织作为中国共产党的基层组织，具有先进的理论指导和价值追求、健全的组织体系和工作机制、严明的组织纪律和优良作风、广泛的群众基础和影响力。可以说，中国特色现代国有企业制度就是把国有企业党组织的政治优势与现代企业制度的体制机制优势相结合的产物。

值得指出的是，党组织和党员队伍作为政治资源，这种资源所体现的政治优势，是中国国有企业（包括其他所有制的许多企业）独有的。我们有自己的独特优势，这就是党的政治优势。国有企业党组织可以运用执政党基层组织所拥有的思想政治建设、组织建设和作风建设等工作资源，来促进和保证国有企业的改革和发展。从人力资源角度来考察，党员队伍是有坚定信念和严密组织的先进人力资源。外国企业管理有两个基本层面，即管理层和被管理层。中国国有企业除了这两个层面外，还有渗透于这两个层面的党员队伍，起先锋模范作用并且团结和带领广大职工共同进步。在各种优势中，人的优势是最重要的优势，中国国有企业所具有的党员队伍优势成为企业发展最重要的优势。

西方企业在长期的发展过程中，创立了现代企业制度，确实值得中国企业借鉴。但是，这不能无视甚至抛弃自身的独特优势。必须认识到，中国的企业管理，特别是国有企业的管理，有一个"西方管理中国化"的问题。坚持走中国特色的企业管理之路,在中国特色社会主义现代国有企业制度框架内,党组织与公司治理结构依法履行职权,具有目标上的同一性和功能上的互补性。只要我们解决了结合问题,就可能形成超越西方的更先进的管理模式,从而有效地提高企业的核心竞争力,创造相比西方现代国家更高的生产力。

综上所述,在深化国有企业改革中坚持党的领导加强党的建设,是一项重大原则,任何时候都不能动摇。

在中国,离开了党的领导,就不叫国企,离开了党的领导的改革,也不叫国企改革。任何离开中国国情,照搬照抄西方企业做法的改革,都不是中国特色的国企改革。照搬照抄从来就不是思想解放,而是思想僵化的一种表现。大量事实说明,照搬照抄是不可能取得成功的。

因此,在协调推进"四个全面"战略布局的伟大进程中,必须毫不动摇坚持党对国有企业的领导,毫不动摇加强国有企业党的建设。当前,国有企业改革正处于攻坚期和深水区,党的领导只能加强,不能削弱。两个毫不动摇,这是本质的规定,历史的结论!①

(2015 年 9 月 22 日)

---

① 注:《若干意见》发表当天,新华网发出作者关于党在国企领导的评论,一组五篇,这是其中第一篇。

第九章 以国企党建为核心的政治治理是对国企改革方向的校正

党的领导和公司治理结合是重大创新

中央全面深化改革领导小组第十三次会议通过了《关于在深化国有企业改革中坚持党的领导加强党的建设的若干意见》（以下简称《若干意见》），是党的历史上第一次就深化国有企业改革，加强党的建设发出的重要文件，也是新一轮国企改革的第一个文件。这个文件把加强党的领导和完善公司治理统一起来，明确国有企业党组织在公司法人治理结构中的法定地位，格外引人注目。

中国特色社会主义是中国国有企业改革的方向与原则，中国的市场经济是完善和发展社会主义制度的发展道路。当前，社会主义与市场经济已经基本适应，建立和完善国有企业治理的探索取得了明显成效，目标、方向已经明确。但是，中国特色社会主义现代企业制度完全不同于计划经济下旧的企业制度，也不同于西方的企业制度，实践中必然会存在各种问题，其中企业党组织在法人治理结构和治理机制中的角色定位、发挥作用的途径，就是一个无法回避的问题，需要理论认识和实践上的突破。

中央全面深化改革领导小组第十三次会议公布"把加强党的领导和完善公司治理统一起来"的提法后，也有人担心，国有企业必须建立现代企业制度，其重要内容是以完善公司法人治理结构为目标，明确党组织在公司法人治理结构中的定位，会影响深化企业公司制改革。确实，在现代企业制度下，如何把握党组织在公司法人治理结构中的定位，是一个重大理论与实践问题。我们的回答是，建立现代企业制度，是与完善社会主义市场经济体制联系在一起的。市场经济体制是中性的，它本身不能体现社会主义。社会主义市场经济要靠党的领导来推进。国有企业党组织承担着坚持企业的社会主义方向，适应完善社会主义市场经济体制要求的重大政治责任。

我们党历来高度重视国有企业党的建设，探索现代企业制度下，如何把握党组织在公司法人治理结构中的定位。《若干意见》就国有企业作出一系列重大部署，提出国有企业党组织在公司法人治理结构中的法定地位，是长期探索形成的结论。

其实，探索早已经开始。十六届四中全会通过的《中共中央关于加强党的执政能力建设的决定》提出："国有企业党组织要适应建立现代企业制度的要求，充分发挥政治核心作用。"2009年，全国国有企业党建工作会议提出，要适应公司制股份制改革，建立确保党组织充分发挥作用的公司治理结构。

近年来，在2015年被查的国企高管重大腐败案里，可见党的领导的严重缺位。明确和落实党组织在公司法人治理结构中的法定地位，并且从党的领导和公司治理结合的同一性着眼探索结合，是必然趋势。近年国企高管重大腐败案有：一汽集团原董事长徐建一、中石油原总经理廖永远、中国石化原总经理王天普、武钢集团原董事长邓崎琳、东风汽车原总经理朱福寿和南方航空集团总经理司献民。自2014年至2015年6月初，中央纪委监察部网站纪律审查栏目至少公布了115名国企高管涉嫌违纪违法接受组织调查的信息。十八大以来，仅"老虎"级国企高管便有7人"落马"，国企腐败的严重性可见一斑。

为什么在中纪委巡视央企的两年中，会连续发现国企高管重大腐败案件？为什么长期以来的国有企业改革未能有效遏制这些腐败行为，反而表现出愈演愈烈之势？关键在于国企高管的权力过于集中。在于党的领导和公司治理在权力治理上双重缺失。

"权力导致腐败，绝对权力导致绝对腐败。"纵观古今中外，凡是腐化堕落的"公仆"，都是把"公权"变成了"私权"，最后被权力的虎口吞噬。在2015年被查的央企高管腐败案，无一不是权力运行失控，导致主要用权者权力寻租、以权谋私造成的。这就提醒我们：国有企业的反腐倡廉，既要治"标"，更要治"本"。这个"治本"就是"治权"，重在分好权、用好权、控好权上制定制度。故而，国有企业反腐倡廉的制度制定要围绕权力制衡展开，真正"把权力关进笼子里"。

对于国企高管权力腐败，从规律上看，是体制造成的。

从外在体制看，由于国有企业从计划经济到市场经济的体制过渡还不成熟，计划经济的权力高度集中与市场经济和商品交换同时存在，把行政权力作为经济交换的条件，这种体制二元结构是造成国企高管权力滥用和腐败的根源所在。

从内在体制看，何者是治理主体，何者是治理客体，并不清楚。官商勾结和腐败行为被发现的大概率说明，出资人代表大权独占或者与职业经理人勾结。过去所说的"政企分开"，主要是解决企业"自主经营、自负盈亏"的问题，现在谈"政企分开"，应该更明确的是"所有权和经营权的分开"。党组织和董事会毫无疑问是治理主体，经理层则是治理客体，二者不能混同。

建立中国特色现代国有企业制度，是国有企业的改革方向，是现代企业制度的重大理论创新和实践创新，其核心就在于党组织是公司法人治理结构的重要组成部分，就在于充分发挥党建工作与公司治理两个优势，这是我们必须坚定的立场。据此，《若干意见》强调，要把加强党的领导和完善公司治理统一起来，明确国有企业党组织在公司法人治理结构中的法定地位。

中国国企有党的领导的独特优势，把人和资本两个方面的治理结合起来，是现代公司发展史上的创造性实践。1993年所提出的"产权清晰，职责分明，政企分开，管理科学"16个字的基础是产权，如此便重视了"国有企业"中的"企业"功能，而对"国有"属性重视不够，甚至是放弃了。把"国有""企业"这两个问题分开，就导致了在现实中过于强调产权清晰的现代企业制度，并将产权、资本作为现代企业治理的基础和前提。国企改革发展多年来的实践证明，单靠经济手段无法解决国企深层次矛盾，必须全面优化资源配置，充分发挥政治优势，这正是国企党的领导和公司治理结合的本质要求。

如何明确国有企业党组织在公司法人治理结构中的法定地位，对此，

《若干意见》给出了三个重要建议，包括机构设置、人事安排和法律定位，充分体现了未来国企改革中具有鲜明的创新思维。

首先，是将党建工作总体要求纳入国有企业章程。各国有企业应当在章程中明确党建工作总体要求，将党组织的机构设置、职责分工、工作任务纳入企业的管理体制、管理制度、工作规范，明确党组织在企业决策、执行、监督各环节的权责和工作方式以及与其他治理主体的关系，使党组织成为公司法人治理结构的有机组成部分，使党组织发挥领导核心作用和政治核心作用组织化、制度化、具体化。

其次，是在领导体制上解决问题，坚持和完善双向进入、交叉任职的体制。中国特色现代国有企业制度，"特"就特在把党的领导融入公司治理各环节，把企业党组织内嵌到公司治理结构之中。实践证明，"双向进入、交叉任职"是实现党组织与公司治理结构有机结合的有效办法。在具体实践中，党组织书记在企业中的职务配置有多种形式，试点的中央企业成功经验，证明通过"双向进入、交叉任职"，企业党组织班子成员通过法定程序分别进入董事会、经理层、监事会，董事会、经理层、监事会中的党员依照有关规定进入党组织班子，有效实现企业党组织与董事会、经理层、监事会职能上的有机结合。

当然，明确国有企业党组织在公司法人治理结构中的法定地位，需要在法律上确定国有企业党组织在公司法人治理结构中的地位。《中华人民共和国公司法》规定："在公司中，根据中国共产党章程的规定，设立中国共产党的组织，开展党的活动。公司应当为党组织的活动提供必要条件。"这一规定为包括国有企业在内的所有企业党组织建设，提供了重要的法律保障。现在《若干意见》在这个有重大意义的创新上"破了题"，还需要修改《公司法》，这是下一步的探索任务。

最终治理是体制改革。国企改革系列文件对改革的核心问题——经营权与所有权的重视，是抓住关键。对此，我们要有清醒的认识。董事长放手经营权，看住总经理，腐败问题便形成新的治理结构。

强调"把加强党的领导和完善公司治理统一起来，明确国有企业党组织在公司法人治理结构中的法定地位",也是对建立现代企业制度的补充。有利于发挥国有企业党组织的重要作用,正确处理国有企业党组织与股东会、董事会、监事会和经理的关系。这样的定位,既能加强和改进党对国有企业的领导,又适应了建立现代企业制度的要求,在改善党对国有企业的领导方面,具有重大的创新意义。

怎样解决党组织在公司法人治理结构中的法定地位,是一个重大改革课题。党组织在国有企业发挥作用,主要是从国有企业的政治属性出发,保证监督党和国家方针、政策在企业的贯彻执行,支持公司治理结构依法行使职权,确保党对国有企业的政治领导。而董事会、经理层和监事会作为公司运行的权力中心,主要是从国有企业作为市场竞争主体的经济属性上,维护股东的权利,保证国有资产保值增值,实现企业经营效益最大化。只有把两者功能有机融合起来,才能真正实现国有企业在追求经营效益最大化的同时,不会偏离中国特色社会主义方向,并确保企业科学发展。

思路创新后面是方法创新。怎样充分发挥党建与公司治理两个优势,是一项重要的方法创新。我们将在改革中创新,在创新中改革,走出一条新路来。

(2015年9月22日)

国企党建讲话与"古田会议"决议的比较

习近平总书记在 10 月 10 日至 11 日举行的全国国有企业党的建设工作会议上强调，国有企业是中国特色社会主义的重要物质基础和政治基础，是我们党执政兴国的重要支柱和依靠力量。坚持党的领导、加强党的建设，是国有企业的"根"和"魂"。习总书记国企党建讲话实际上是一篇"国企论"，是习近平国企治理思想的核心，回答与解决什么是国企、为什么要有国企、需要什么样的国企、需要什么样的国企干部、怎样搞好国企党建等一系列重大问题，在国企发展史上堪比建党建军史上的"古田会议"，将深刻地影响国企的历史走向。

习总书记讲话，有一个根本的理论，这就是国企的地位与使命，这是通篇讲话是从这个根本出发的，是根与魂。这个讲话，回答了为什么要有国企，需要什么样的国企，这样两个大问题。《讲话》指出，使国有企业成为党和国家最可信赖的依靠力量，成为坚决贯彻执行党中央决策部署的重要力量，成为贯彻新发展理念、全面深化改革的重要力量，成为实施"走出去"战略、"一带一路"建设等重大战略的重要力量，成为壮大综合国力、促进经济社会发展、保障和改善民生的重要力量，成为我们党赢得具有许多新的历史特点的伟大斗争胜利的重要力量。"党和国家最可信赖的依靠力量"，"最可信赖"的用词有石破天惊之力，"依靠"两字更是不同，其他五项是重要力量。一句话，是从根子上回答了问题。枝枝叶叶很多，莫要忘记根本。一年前发表的文件讲的是物质基础，现在加上政治基础，这不是一个微小的变化，而是一个重大的变化。正是有了这一变化，才出现六个力量定位。这提醒我们，国有企业不是单纯地为了盈利而盈利的经济组织，而且是政治组织，是中国共产党的执政基础。

其实，2016年7月4日在全国国有企业改革座谈会召开时，习近平总书记批示就显示出"国企论"的思想端倪。强调"要坚持党要管党、从严治党，加强和改进党对国有企业的领导，充分发挥党组织的政治核心作用。各级党委和政府要牢记搞好国有企业、发展壮大国有经济的重大责任，加强对国有企业改革的组织领导，尽快在国有企业改革重要领域和关键环节取得新成效"。这次讲话是那次批示的深化，既一脉相承，又有重大发展，集大成于一体，现在把一个体系托出了。

"10·11会议讲话"可以与"古田会议"相比较。古田会议是中国共产党历史上的一次重要会议，会议认真总结了南昌起义以来建军建党的经验，确立了人民军队建设的基本原则，核心内容党指挥枪，不是枪指挥党，重申了党对红军实行绝对领导，规定了红军的性质、宗旨和任务等事关党的事业兴衰成败的根本性问题。由毛泽东同志起草的著名的古田会议决议的第一部分《关于纠正党内的错误思想》，是中国共产党及其领导的人民军队建设的纲领性文献，其精神至今仍有重要的现实意义。

正是87年前那年冬天的古田会议，一举消除了党内"红旗还能打多久"的悲观，直指种种旧军队积习，使红军成为党的军队和人民的军队，从此有了"根"和"魂"。

87年后的"10·11会议"，一举消除了"还要不要国企"的动摇，直指"国企私有化"及国企本身的种种腐败陋习，使国企成为党的国企和人民的企业，使国企从此有了"根"和"魂"。

古田会议的意义是什么？该会议解决了如何把一支以农民为主要成分的军队建设成为中共领导下的新型人民军队的问题，它所确定的着重从思想上建党和从政治上建军的原则，为后来的农村包围城市、武装夺取政权道路思想的形成、发展和成功实践奠定了基础，古田会议因此成为中国共产党人民军队建设史上的重要里程碑。

87年后的"10·11会议"，党中央在国企改革的关键时刻提出如何加强和改进国企党建工作，面临西方化与私有化冲击，追踪溯源，解决了国企成为中共领导下的新型国企的问题,科学地阐明了国企的性质和使命任务,指明了国企党的建设的内涵、方向、原则与任务。会议将成为中国共产党国企建设史上的重要里程碑。

以习近平同志为核心的党中央站在中国特色社会主义、巩固党的执政基础执政地位高度,提出了党在新形势下的强企目标。这一目标鲜明地体现反映了新形势对国企建设的新要求,寄托了党和人民对国企队建设的新期望,为在新的历史起点上强企兴企指明了前进方向。坚持党的领导与现代企业的统一,深谙强企之要,夯实强企之基,铸牢强企之魂,展现强企之路,使国企成为党领导人民实现中华民族伟大复兴的可靠依托和重要保证。

古田会议的焦点是阐明军事和政治的关系,确定的着重从思想上建党和从政治上建军的原则。"10·11会议"的焦点是阐明加强和改进国企党建工作与深化国企改革的关系。

习近平总书记提出两个必须一以贯之。实际上,是明确了解决融合问题是当前的一个主要矛盾,是处于核心地位的矛盾。

总书记谈到,中国特色现代国有企业制度,"特"就特在把党的领导融入公司治理各环节,把企业党组织内嵌到公司治理结构之中,明确和落实党组织在公司法人治理结构中的法定地位,做到组织落实、干部到位、职责明确、监督严格。"组织落实、干部到位、职责明确、监督严格"这16字,是对下一步开展工作的具体要求。

怎样解决党组织在公司法人治理结构中的法定地位,是一个重大改革课题。党组织在国有企业发挥作用,主要是从国有企业的政治属性出发,保证监督党和国家方针、政策在企业的贯彻执行,支持公司治理结构依法行使职权,确保党对国有企业的政治领导。而董事会、经理层和监事会作为公司运行的权力中心,主要是从国有企业作为市场竞争主体的经济属性上,维护股东的权利,保证国有资产保值增值,实现企业经营效益最大化。只有把两者功能有机融合起来,才能真正实现国有企业在追求经营效益最大化的同时，不会偏离中国特色社会主义方向。

显然，习近平总书记在全国国有企业党的建设工作会议上讲话，是对国有企业内容最全面、最系统、最深刻的一次讲话。坚持和加强党对国有企业的领导是重大的政治原则。实现国有企业改革发展的目标，解决国有企业积累的种种问题，必须毫不讳言地坚持中国共产党的领导，把加强党的领导作为头等大事，坚决抓紧抓实抓好。这件事情，对于做强做优做大国有企业、推进党和国家事业发展具有重要指导意义。要深入学习领会、全面贯彻落实，切实把思想和行动统一到讲话精神上来。我们要深化对国有企业重要地位的认识，深化对国有企业党的建设重大意义和目标任务的认识，增强做好工作的责任感。要落实党的领导的根本原则，按照把加强党的领导与完善公司治理统一起来的要求，推动党组织领导核心和政治核心作用组织化、制度化、具体化。要着力抓好政治引领，抓好国有企业领导人员队伍建设和管理，抓好基层党组织建设和职工群众的思想政治工作。要强化问题导向，弘扬改革创新精神，切实解决国有企业党的建设存在的突出问题。

本文开始已经从背景、意义上对"古田会议"与"10·11会议"比较，从内容上进行归纳一下，可以看出两个会议解决的问题非常接近。古田会议决议2万多字，其基本内容有五项：（一）"中国的红军是一个执行革命的政治任务的武装集团"，规定了红军的无产阶级性质和全心全意为人民服务的根本宗旨。（二）确立了中国共产党对军队实行绝对领导的原则。（三）阐明军事和政治的关系。（四）规定了军队内部、外部关系和瓦解敌军的原则。（五）全面提出了在红军内加强党的建设的方法和途径。因此，使红四军"九大"通过的《古田会议决议》成为建党建军的纲领性文件，70年来指导着中国革命不断从胜利走向胜利。

对应起来看，"10·11会议"也解决了国有企业五大问题，其基本内容为：（一）从坚持和发展中国特色社会主义、巩固党的执政基础执政地位的高度规定了国有企业的性质、地位与作用。（二）确立了中国共产党对国有企业实行领导的原则。(三)阐明国有企业党的领导与现代企业制度的关系。(四)规定党对国有企业的领导及国企领导干部的内容、要求。(五)全面提出了在国有企业加强党的建设的任务、方法和途径。

总体看,习近平总书记的重要讲话站在国企问题上站在从来没有的新高度提出与回答问题,从坚持和发展中国特色社会主义、巩固党的执政基础执政地位的高度,提出与回答为什么要有国企,要有什么样的国企?为什么要搞国企党建,怎样进行国企党建?为什么要在国企改革中加强党建,怎样以国企党建引领与保障国企改革?并提出一系列新观点、新论断、新思路,具有很强的战略性、思想性、理论性和针对性。对于我们系统把握国企治理的内在规律和重点任务,具有十分重要的政治意义、理论意义和实践指导意义。

因此,我们认为,习近平国企党建讲话与87年前的古田会议决议一样,不仅是国有企业发展史的一个里程碑,也是中国共产党党建史上一个里程碑。习近平国企党建讲话,是习近平国企治理思想的核心内容,也是中国特色社会主义理论的重要组成部分。时间愈久,人们认识会愈清楚。

(2016年11月20日)

附录

李锦——中国国企改革走向新时代的舆论旗手

孟禹

党的十九大胜利召开，吹响进入新时代的号角。人们可以发现，媒体上关于对十九大报告的国企解读，多出于同一来源，这便是被称为中国国企改革政策与新闻"第一解读人""国企舆论旗手"的李锦教授。

"国企舆论旗手"应该是这样的：第一个发言因观点鲜明，声音响亮；第一时间为重大政策解读，分量较重；众多媒体采访报道较多，影响较广。李锦就是走在新时代国企改革舆论的引领者。

习近平总书记关于国企党建的讲话发表后，李锦连夜写出8000多字，凌晨5点发出，各大网站都是李锦解读的声音。连续6年，党中央、国务院与深改组多数国企改革文件，李锦教授是主要解读人。因解读题材的重要性，使李锦教授的权威地位尤为突出。

旗手的第一职责，就是走在时代的最前列。之前，国企改革的第一份文件《关于在深化国有企业改革中坚持党的领导加强党的建设的若干意见》发表时，新华网当天发了李锦写的"没有党的领导，怎么叫国企改革"五篇评论。难得的是，李锦的解读，与几天后的官方文章口径一致，甚至解读得更深入、更到位。

擂台是打出来的，旗手是在战场上拼出来的，五年解读 600 多个文件，在 22 号文件出台后，他连续接受 24 家采访，忙得两天只吃一顿饭。

李普曼说过："各种新闻事件接连发生，而这些事件本身似乎是毫无意义的。于是，一个'为什么'变得与'是什么'同样重要的时代开始了"。五年来，李锦以自己的创新理论成果回答"为什么"，吸引媒体。细细查阅，五年来国企改革文件的陆续出台，李锦总是第一时间进行认真研究解读。

2015 年 9 月 13 日，中共中央、国务院发布《关于深化国有企业改革的指导意见》。在 9 月 14 日至 9 月 25 日的十天内，李锦像一座发射塔传播出大量观点，仅 9 月 15 日便有 24 家媒体采用他的文章。当天，新京报、京华时报、21 世纪经济报道、中国企业报、中国经济导报五家媒体对李锦进行专访，都是以整版发表，这是学术界极少出现的盛况。

在 22 号文件发表当天，李锦一天接受 5 家专访。当天晚上一夜未睡，写出长达万字的 60 个看点解读。发出后，又赶到中国新闻社接受电视现场直播。到了 14 日晚上 8 点，他才发现自己还是前一天早上喝过稀饭，已经两天没吃饭了。简单吃点东西，半个小时后又匆匆赶回电脑前写稿，争取第一时间为社会提供正确的引导，他的努力远非废寝忘食所能形容。

李锦是"联通混改冲击波"到来时的砥柱中流，他横刀立马，发挥"龙头"与"压阵"作用。国企改革困难叠加，阻力重重，暗礁不断。2017 年 8 月，联通的混合所有制改革成为焦点。然而有人呼吁在党的十九大前停止混合所有制改革，他力挺联通的混合所有制改革，提出联通混改的三大突破点，其与别人相异的观点一齐摆到中央高层领导层面前，对局势发展起到国家智囊的重要作用。

十九大前，李锦发出重磅文章《把维护混改作为国企改革重要突破口的正确抉择》，这篇文章格局高，作用发挥重大。

旗手是否英勇，态度是否鲜明至关重要。李锦并没有因为国企改革话题的敏感性和复杂性而模棱两可。《人民日报》发表的访谈及李锦在《经济日报》评论版头条发表的文章《央企"瘦身健体"是为"轻装上阵"》，鲜明地提出"瘦身健体是为了做大做强做优"，积极传播国企改革的指导意图。在之后一个月的时间内，李锦发表31篇文章，每日一篇，都是围绕学习和落实习近平关于国企改革精神这个主题而写的。

"博大胆识铁石坚，刀光剑影任翔旋"。李锦对国企改革提出独立的观点是厚积薄发的结果。可以发现，他在国企改革中舆论地位是：主动发声，占领主流媒体，形成主旋律，主导舆论方向。

供给侧改革全过程，李锦的引领作用举足轻重。在每个关键时刻，李锦都第一时间发文章，提对策。发表对策论文达50万字。十八大以来，他每年出版一本国企改革的著作，都是"活的理论"。

供给侧改革是这五年经济生活中最值得大书特写的一个专题。中国经济在连续48个月下行后，在2016年10月开始逆势上扬，进入分化优化新阶段。我们可以看到，李锦多次在国内舆论的"第一个"发声。习近平提出供给侧结构性改革的战略部署的当月，李锦就发出一万多字的国企供给侧建议；2016年5月，当投资刺激带来"小阳天"时，他站出来呼吁"保持战略定力不能动摇"；2016年12月，他提出要看清供给侧改革红利。当他发现终止2014年和2015年连续两年的下降态势，还创造了2012年以来的最高增速，他站出来欢呼新境界的出现。每一个转折关口，中国媒体上都会看到他在振臂高呼。

李锦的著作《国企供给侧改革的难点与对策》，是论述供给侧改革的专著。我们盘点一下，李锦是我国在近五年出版关于国企改革著作最多的人。党的十八大后，李锦主编《十八大报告国企学习读本》；十八届三中全会召开，他写出《国企改革的方向与焦点》；党中央、国务院发表《关于深化国企改革的指导意见》，他及时出版了专著《国企改革顶层设计解析》；2016年10月，李锦主持编写《习近平关于国有企业治理重要论述摘编》，作为中国大连高级经理学院学员读本。十九大刚刚闭幕，他及时出版了《新时代国企改革策》。

这五本关于国企改革的书籍，超过200多万字。此前他出版的专著《资本经营理论的提出》《实体经济99评》《金融危机在中国的演变》等，约24部。李锦不仅是国有企业政策解读人，而且是国企经济学理论家。李锦之所以能够在国企研究领域气势如虹、所向披靡，源自他深厚的理论功底，对现实矛盾的了解。如此多国企论著摆在我们面前，谁能不敬佩李锦老师！

李锦在2016年写了360篇关于国企改革的微信，他就像一座思想发射塔，每天深夜发射出观点。一个人便是一座智库，一个观点就是一个通讯社。

2017年元旦这天，李锦在北京飞往西双版纳的飞机上，写出一篇流传甚广的微信日记，"2016年我写了360篇国企改革日记"。平时再忙再累，每天一篇是雷打不动的，哪怕是大年三十、正月初一，也不停笔。

李锦写的日记，都是通过微信公众号发出去的，少则千余字，最多的有一万七千字，平均每天三千字，一年大概有一百万字。

李锦文章的主要内容：一是领导讲话学习体会，二是政策解读，三是理论研究，四是重大新闻事件的评说。李锦的文章读者群中核心对象有1000多名财经媒体的记者与编辑，1000多名国企负责人，还有1000多名政策理论研究者。李锦深知，任何时候都是"内容为王""思想至上"，无论媒体变局多么剧烈、传播介质如何进化，人们总是需要优质的信息、深刻独到的观点和破解难题的思路。

李锦很感谢互联网。他开设博客、微博、微信，一发而不可收。李锦每年在各门户网站上撰写100多篇博文，几乎全部获得重点推荐。比如《天津食品街国企"小股独大"欺负民企太甚》当天得到11万人次点击，96人评论。

很多媒体中流行的关于国企改革的文章，总是李锦通过微信最先发出来，被舆论传播，然后才流传开的。经常是李锦首次提出，就成为媒体约定俗成的标题。例如"央企瘦身""混改基调发生变化：积极变为有序""一股独大、一权独大、一人独大""分类是国企改革的基础与前提""国企改革设计图转变为施工图""在政府企业间应当设隔离层""四梁八柱""改革要有天花板与地板""国企，姓'国'名'企'""中国国企将进入公司制时代"。一些提法与概念，本来没有，因为李锦说了，便也流传开了。他说话到位，一针见血，透彻明快，且常用比喻，让人一听就懂，很多媒体用他的话做标题，让人记得住，传播也广。

特别令人佩服的是，早在2015年11月中央提出供给侧改革部署，李锦就提出"不平衡是当前经济发展的主要矛盾"的观点，并且对这个观点进行分析，提出建议。在他提出这个观点的一年多后，党的十九大报告作出当前主要矛盾是"不平衡、不充分"的评判。显然，作为一个智囊，李锦的许多新观点为决策层关注与参考，发出国企改革的"天气预报"。

李锦的智囊功力,归根结底在于调研。现在他一年能完成三个大调查,化解各类矛盾,他总能出口成章,体现出调研大师的非凡功力。

李锦,是国企改革舆论界的一面旗帜。从 1977 年起,他参与中国农村改革的调查与政策理论研究,最早发现报道"万元户"。1982 年,邓小平听取汇报并称其对改革"有发言权"。他被胡耀邦当作改革调研的一面旗帜进行表彰。新华社中直机关党委与山东省都曾经组织颇有规模的学习李锦活动。范敬宜、徐光春、蒋齐生等都写过学习李锦的文章。胡锦涛表扬他"会搞调查,会总结经验"。

李锦曾经担任新华社西藏分社、山东分社副社长,中国企业报总编辑。李锦做行政工作也没有停止调查研究与写稿。2010 年以来先后调查 20 多家央企,总结推广中建材、保利、中冶、联通、葛洲坝等经验。李锦提出思路对策的调查报告,先后被许多位中央领导批示,是中国典型的智囊型学者。

2016 年,对中冶扭亏转盈深化改革的过程进行调研,写出 11 万字的考察报告,这件事影响很大。中冶集团党委发出通知,开展学习李锦文章的活动,23 家二级企业写出学习体会。

2016 年,山东沂蒙山区的鲁南制药厂的董事长赵志全事迹比较典型,他们请李锦老师去做宣传总结,李锦调研了 9 天,写出长篇通讯。以后被中宣部确定为重大典型,山东省委发出决定学习。

李锦非常重视对企业的调研,立白集团是个民营企业,李锦一年去了 4 次,拿出两份调研报告,召开论坛。

居高声自远,非是藉秋风。李锦的成功,体现对四大规律的把握:格调上是在江湖上干庙堂的事;内容上是在学术界回答实践中的问题;方法上是把过去练就的本领用于现代的互联网的传播;范式上是在新闻与理论的结合处发挥作用。用他自己的话说是,做自己喜欢干的事,把自己长处集中到一起发挥。

中国的国企改革,已经走过近40个年头。李锦从改革开放一开始,便摇举改革的旌旗,40年间,以"发现思想、引领社会"为理念,坚守在改革一线发言。从不懈怠,从不畏缩,他对改革有种与生俱来的热忱、执着、专注与勤奋。新时代国企改革任重道远,李锦将以其真知灼见助推国企改革的滚滚车轮!

后 记

我是搞策论研究的，经历了五年来国企改革所有的大事，重点研究现实问题，提出化解矛盾的对策。这本书，是从这五年的文章、评论和演讲中精选出来的。

这本书重点是十九大前后写的内容。因为兼顾走向新时代的历史，也收进几篇前几年的文章。包括对习近平关于国企的几次讲话解读，对十八届三中全会及顶层设计的解读。在篇末都注明写作时间，在阅读时联系当时的背景可能对十八大开启的新时代会理解得更好些。

中国走向新时代的过程，并不是一帆风顺，矛盾迭出。中国经济出版社出于为新时代国企改革提供经验教训考虑，建议我把这五年东西，整理一下。从2012年到2017年，是我国社会主义市场经济体制转变的关键时期，我国国有企业改革走向新时代的真实情况在这本书里都有所反映。我不习惯人云亦云，能做到的是着眼新问题、新矛盾的解决，讲重要的话，讲真话，讲新话，讲自己的话，讲对国家有用的话，特别是在化解新矛盾提出对策上下功夫。这是自己努力坚持的，但常常做得不够。

这些研究文章，不少是事来即写，写好即发，来不及修饰，有些是参加论坛的演讲，有些是微信公众号上的文章，为了保持原汁原味，在收入时未作修改，故粗糙处甚多，还望读者指正。

作 者
2017年10月